国家精品在线开放课程辅导丛书

"毛泽东思想和中国特色社会主义理论体系概论"

学习辅导

主编 丁俊萍

副主编 李向勇 李华

武汉大学出版社

WUHAN UNIVERSITY PRESS

图书在版编目(CIP)数据

"毛泽东思想和中国特色社会主义理论体系概论"学习辅导/丁俊萍主编.—武汉：武汉大学出版社,2020.9
国家精品在线开放课程辅导丛书
ISBN 978-7-307-21557-3

Ⅰ.毛⋯　Ⅱ.丁⋯　Ⅲ.①毛泽东思想—高等学校—教学参考资料②中国特色社会主义理论体系—高等学校—教学参考资料　Ⅳ.①A84②D610

中国版本图书馆 CIP 数据核字(2020)第 091123 号

责任编辑:韩秋婷　　　责任校对:汪欣怡　　　版式设计:韩闻锦

出版发行：**武汉大学出版社**　(430072　武昌　珞珈山)
　　　　　(电子邮箱：cbs22@whu.edu.cn　网址：www.wdp.com.cn)
印刷:湖北金海印务有限公司
开本:787×1092　1/16　印张:18.25　字数:322 千字　插页:1
版次:2020 年 9 月第 1 版　　2020 年 9 月第 1 次印刷
ISBN 978-7-307-21557-3　　定价:48.00 元

目　录

导　论

一、教学基本要求

导论部分主要介绍马克思主义中国化的历程及其理论成果，明确学习"毛泽东思想和中国特色社会主义理论体系概论"这门课程的目的、基本要求和方法。通过导论内容的学习，使同学们能够理解马克思主义中国化的科学概念和丰富内涵，认识马克思主义中国化的历史必然性，了解马克思主义中国化的历程及其历史性飞跃所产生的理论成果，认识马克思主义中国化的两大理论成果及其相互关系，明确学习"毛泽东思想和中国特色社会主义理论体系概论"课程的目的、基本要求和主要方法。知识点框架图如图0-1所示。

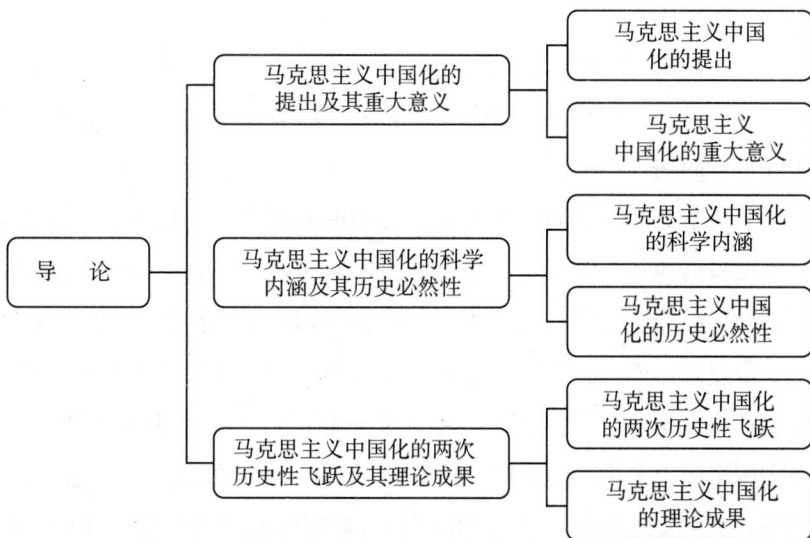

图 0-1　导论知识点框架图

二、重点讲解

(一)马克思主义中国化的提出及其重大意义

毛泽东思想和中国特色社会主义理论体系，都是马克思主义中国化的理论成果。没有马克思主义中国化，就不会有这两大理论成果。"马克思主义中国化"，是中国共产党提出的一个重大命题和重大任务。要搞清楚"马克思主义中国化"这个重大命题和重大任务是怎样提出来的这个问题，我们可以从中国共产党历史发展和中国思想文化变迁这两个方面加以考察。

首先，从中国共产党历史发展来看，"马克思主义中国化"这个重大命题和重大任务的提出，是党成立以后多年探索和思考的产物。为什么这么说呢？

我们知道，中国共产党从成立之日起，就明确把马克思列宁主义确定为指导思想。然而，党找到了马克思主义这个崭新的思想武器，并不意味着就能够自然而然地解决中国革命所面临的问题，还有一个如何把马克思主义基本原理同中国具体实际相结合的问题，也就是如何实现马克思主义中国化的问题。中国共产党人对这个问题的认识，经历了一个长期思考和探索的过程。

在党的创建时期和大革命时期，李大钊等党的早期领导人，曾经提出过要以马克思主义为指导、努力研究和解决中国实际问题的思想。党的一大提出了最终的奋斗目标，二大提出了民主革命时期的纲领，三大提出了建立革命统一战线，四大提出了坚持无产阶级领导权和农民同盟军等思想，这些是中国共产党把马克思主义运用于中国实际形成的初步成果。

土地革命战争时期，党领导人民在极端艰苦的环境下创建了工农红军，建立了农村革命根据地和工农政权，即使在国民党统治区，也发展了党和其他革命组织，展开了群众革命斗争。这些成就都是党从中国实际出发运用马克思主义的结果。

但就总体而言，由于党处在幼年时期，理论准备和实践经验都不足，对于中国的历史和社会状况、中国革命的特点和规律不甚了解，再加上共产国际指导上的失误，使中国革命走了很大的弯路。特别是1931年开始的在党内占统治地位的"左"倾错误，把马克思主义教条化，把共产国际决议和苏联经验神圣化，使中国革命遭受严重挫折，几乎陷入绝境。

1935 年红军长征途中召开的遵义会议，确立了毛泽东在全党的实际领导地位，这是党的历史上一个生死攸关的转折点。遵义会议后，毛泽东领导全党坚决纠正"左"倾错误，注重在马克思列宁主义指导下系统总结中国革命的实践经验。抗日战争初期，又排除了党内在统一战线问题上出现的右倾错误的干扰。在抗日战争时期，党逐渐形成了合乎中国实际的正确的理论、路线、方针和政策。

1938 年，毛泽东在党的六届六中全会上作了《论新阶段》的政治报告，明确提出了"马克思主义的中国化"的问题。毛泽东指出："马克思主义的中国化，使之在其每一表现中带着中国的特性，即是说，按照中国的特点去应用它，成为全党亟待了解并亟须解决的问题。"①这是中国共产党首次明确提出"马克思主义中国化"这一重大命题和重大任务，对后来党的理论发展和事业推进产生了深远影响。

其次，从中国思想文化变迁来考察，我们可以看出，马克思主义中国化与当时中国思想文化界形成的外来文化要"中国化"的思路是有密切关联的。这是因为"包括马克思主义在内的外来文化要'中国化'的思路，在五四运动之际就已经形成。那时，西方的学说传入中国后，思想界在学习效仿过程中渐渐感悟到，任何外来文化都是异质的，要为中国人接受并为中国文化吸收，必须与中国实际相结合，便开始有'中国化'的思路，并产生了'中国化'的概念"②。例如，1921 年有人提出"中国式的无政府主义"；1922 年有人提出"要使教会学校……更加中国化"；1924 年有人提出"使中国的教育中国化"；1931 年有人提出"中国化的社会学"；1933 年有人撰文阐述"新教育的中国化"；1938 年 4 月，艾思奇在《自由中国》创刊号上发表的《哲学的现状和任务》中说："现在需要来一个哲学研究的中国化、现实化。"1938 年 7 月，胡绳在《辩证法唯物论入门》中说："用现实的中国的具体事实来阐明理论，这应该是所谓'中国化'的意义的另一面。"③

可见，在 1938 年 10 月毛泽东正式提出"马克思主义的中国化"这一重大命题和重大任务之前，"中国化"的概念确实已经被广泛使用，"中国化"这个词已经非常流行，不管人们从什么角度都可以随口说出来。因此，我们可以说，毛泽东提出"马克思主义中国化"，主要是中国共产党成立后多年探索和思考的产物，同时也是受"五四"以来思

① 中央档案馆：《中共中央文件选集》第 11 册，中共中央党校出版社 1991 年版，第 658～659 页。
② 首席专家龚育之、石仲泉，"马克思主义中国化的历史进程和基本经验"课题组：《马克思主义中国化研究——历史进程和基本经验》，北京出版集团公司、北京人民出版社 2009 年版，第 38 页。
③ 张静如：《关于中国化》，载《党史教学与研究》2006 年第 5 期。

想界、学术界引进外国学说应该"中国化"思路影响的结果。

正因为如此，当毛泽东的"马克思主义中国化"命题提出后，立即在社会上产生了很大反响，得到了思想文化界的认同和肯定。比如，1939年2月10日，《战时文化》第2卷第2期上发表了张申府的《论中国化》。文章一开头就引用了毛泽东在《论新阶段》中讲"马克思主义中国化"的那段话，然后说："我们认为这一段话的意思完全是对的。不但是对的，而且值得欢喜赞叹。由这一段话，更可以象征出来，中国最近思想见解上的一大进步。"这从一个侧面说明了毛泽东提出"马克思主义中国化"这一主张在当时中国思想文化界的政治影响力。

"马克思主义中国化"这个重大命题和重大任务的提出，无疑具有重大意义。

从理论上看，马克思主义中国化倡导了对待马克思主义的科学态度和优良学风，不断开拓着马克思主义在中国发展的新境界。它坚持马克思主义与中国实际和时代特征相结合，体现了马克思主义基本原理与中国具体实际的统一，体现了坚持马克思主义与发展马克思主义的统一，既反对轻视甚至背离马克思主义，又反对教条式地对待马克思主义和静止地孤立地研究马克思主义。马克思主义中国化理论成果的形成和发展，不但以新的形态发展了马克思主义，而且展示了马克思主义的强大生命力，使马克思主义在中国放射出真理的光芒。

从实践上看，马克思主义中国化所形成的理论成果，指引着党和人民的伟大事业不断取得胜利。没有革命的理论，就没有革命的实践。在马克思主义及其中国化的理论成果指引下，中国共产党领导全国各族人民，经过革命、建设、改革的长期奋斗，中华民族实现了从"东亚病夫"到站起来的伟大飞跃，实现了从站起来到富起来的伟大飞跃，迎来了从富起来到强起来的伟大飞跃。实践证明，没有马克思主义为中国革命、建设、改革提供的强大思想武器，没有马克思主义中国化及其理论成果的指引，我们的实践就会陷入盲目性，我们的事业就会遭受挫折和失败。

回顾历史，我们可以看出，中国共产党成立以来紧紧依靠人民进行革命、建设、改革的历史，充满着苦难和辉煌、曲折和胜利、付出和收获，而贯穿其间的思想理论主题，始终是马克思主义中国化的问题。今天，我们面向未来、面对挑战，坚持不忘初心、继续前进，首先就要坚持马克思主义的指导地位，坚持把马克思主义基本原理同当代中国实际和时代特点紧密结合起来，推进理论创新、实践创新，不断把马克思主义中国化推向前进。

（二）马克思主义中国化的科学内涵及其历史必然性

毛泽东是马克思主义中国化的伟大开拓者，他对马克思主义中国化有很多论述，特别是在延安时期，他曾经多次谈到马克思主义中国化的问题。毛泽东说："我们历史上的马克思主义有很多种，有香的马克思主义，有臭的马克思主义，有活的马克思主义，有死的马克思主义，把这些马克思主义堆在一起就多得很。我们所要的是香的马克思主义，不是臭的马克思主义；是活的马克思主义，不是死的马克思主义。"①毛泽东批评一些人对待马克思主义采取教条主义的态度，他指出：一些同志引证马克思主义经典著作是很会的，但运用它的立场、观点和方法，具体地分析与解决中国革命的实际问题则是不会的。他们学习马列理论的方法是直接违反马列的。这是"反科学的反马克思列宁主义的主观主义的方法"②。毛泽东还说："我们学习马克思列宁主义不是为着好看，也不是因为它有什么神秘，只是因为它是领导无产阶级革命事业走向胜利的科学。直到现在，还有不少的人，把马克思列宁主义书本上的某些个别字句看作现成的灵丹圣药，似乎只要得了它，就可以不费气力地包医百病。这是一种幼稚者的蒙昧，我们对这些人应该作启蒙运动。那些将马克思列宁主义当宗教教条看待的人，就是这种蒙昧无知的人。"③在1942年3月中央学习组的一次讲话中，毛泽东指出："我们要把马、恩、列、斯的方法用到中国来，在中国创造出一些新的东西。只有一般的理论，不用于中国的实际，打不得敌人。但如果把理论用到实际上去，用马克思主义的立场、方法来解决中国问题，创造些新的东西，这样就用得了。"④

总之，毛泽东强调："要分清创造性的马克思主义和教条式的马克思主义"，要"宣传创造性的马克思主义"，"使中国革命丰富的实际马克思主义化"。⑤

由此可见，"解决中国问题"和"创造些新的东西"，这是马克思主义中国化的两个目标。要实现毛泽东提出的这两个目标，就必须推进马克思主义中国化。关于马克思主义中国化的丰富内涵，可以从三个方面来把握：一是把马克思主义基本原理同中国具体实际和时代特征结合起来，运用马克思主义的立场、观点和方法，来研究和解决中国革命、建设和改革中的实际问题；二是总结和提炼中国革命、建设和改革的实践

① 《毛泽东文集》第3卷，人民出版社1996年版，第331~332页。
② 《改革开放三十年重要文献选编》上，人民出版社2008年版，第72页。
③ 《毛泽东选集》第3卷，人民出版社1991年版，第820页。
④ 《毛泽东文集》第2卷，人民出版社1993年版，第408页。
⑤ 《毛泽东文集》第2卷，人民出版社1993年版，第374页。

经验，揭示其客观规律，并使之上升为理论，为马克思主义理论宝库增添新的内容，丰富和发展马克思主义；三是运用中国人民喜闻乐见的民族语言来阐述马克思主义理论，赋予马克思主义以鲜明的中国特色，使之成为具有中国风格、中国气派的中国化的马克思主义。

实现马克思主义中国化具有历史必然性。这种历史必然性主要体现为两个方面，一是解决中国实际问题的客观需要，二是马克思主义理论发展的内在要求。

首先，马克思主义中国化是解决中国实际问题的客观需要。因为中国有自己的特殊国情，中国问题的解决，需要科学理论，需要科学理论与中国实际相结合。马克思主义作为科学真理，虽然具有普遍的指导意义，但我们对待科学理论必须有科学的态度。恩格斯曾经深刻指出："马克思的整个世界观不是教义，而是方法。它提供的不是现成的教条，而是进一步研究的出发点和供这种研究使用的方法。"①也就是说，中国共产党人要真正运用马克思主义来指导中国革命、建设和改革，就必须根据中国的具体情况，实现马克思主义的中国化。中国革命、建设和改革的实践反复证明，马克思主义之所以能在中国发挥指导作用，不仅因为它是科学，而且是因为中国的社会条件有这种需要，是因为它同中国人民的革命、建设和改革的实践发生了联系，实现了结合，是因为它被中国人民所掌握。

马克思主义中国化，不仅是解决中国实际问题的客观需要，同时也是马克思主义理论发展的内在要求。马克思主义理论之所以具有与时俱进的强大生命力，就是因为它能够与各个国家的具体实际相结合，实现马克思主义具体化，从而不断得到创新和发展；同时，马克思主义只有在同各国具体实际相结合的过程中，才能开辟自身的发展道路。

马克思主义要在中国发挥指导作用，就必须同中国的具体实际相结合，实现马克思主义的中国化，并形成中国化的马克思主义；而中国化的马克思主义的形成和发展，又为马克思主义理论宝库增添了新的内容。

"马克思主义中国化"不仅具有历史必然性，而且具有重大意义。它不仅对中国共产党的理论发展和事业推进产生了深远影响，而且对中华文明的深刻变革和马克思主义的发展也产生了深远影响。

---

① 《马克思恩格斯文集》第10卷，人民出版社2009年版，第691页。

（三）马克思主义中国化的两次历史性飞跃及其理论成果

在中国革命、建设、改革的历史进程中，马克思主义中国化实现了两次历史性飞跃。第一次历史性飞跃发生在新民主主义革命时期，形成了毛泽东思想。第二次历史性飞跃发生在改革开放新时期，形成了包括邓小平理论、"三个代表"重要思想、科学发展观、习近平新时代中国特色社会主义思想在内的中国特色社会主义理论体系。

毛泽东思想是以毛泽东为主要代表的中国共产党人，在革命和建设的长期实践中，坚持把马克思列宁主义基本原理与中国具体实际相结合而形成的适合中国情况的科学指导思想。毛泽东思想是马克思列宁主义在中国的运用和发展，是被实践证明了的关于中国革命和建设的正确的理论原则和经验总结，是中国共产党集体智慧的结晶。毛泽东思想以独创性理论丰富和发展了马克思列宁主义。

在毛泽东思想的指导下，我们党团结带领中国人民进行长期浴血奋战，打败了日本帝国主义，推翻了国民党反动统治，完成了新民主主义革命，建立了中华人民共和国，彻底结束了旧中国半殖民地半封建社会的历史，彻底结束了旧中国一盘散沙的局面，彻底废除了列强强加给中国的不平等条约和帝国主义在中国的一切特权，实现了中国从几千年封建专制政治向人民民主的伟大飞跃。近代以来久经磨难的中华民族从此站起来了。中华人民共和国成立后，我们党团结带领中国人民完成社会主义革命，消灭一切剥削制度，确立社会主义基本制度，推进社会主义建设，完成了中华民族有史以来最为广泛而深刻的社会变革，为当代中国一切发展进步奠定了根本政治前提和制度基础，为中国发展富强、中国人民生活富裕奠定了坚实基础，实现了中华民族由不断衰落到根本扭转命运、持续走向繁荣富强的伟大飞跃。伟大的事业不可能一帆风顺，我们在马克思主义中国化方面也走过一段弯路，党和国家也曾因此遭遇诸如"文化大革命"这样的严重曲折。

中国特色社会主义理论体系是包括邓小平理论、"三个代表"重要思想、科学发展观、习近平新时代中国特色社会主义思想在内的科学理论体系。

1978年召开的党的十一届三中全会，实现了新中国成立以来党的历史上具有深远意义的伟大转折，开启了改革开放和社会主义现代化建设历史新时期。以邓小平为主要代表的中国共产党人，重新确立了实事求是的思想路线，在总结国内外社会主义建设的历史经验，特别是改革开放以来新鲜经验的基础上，鲜明地回答了什么是社会主义、怎样建设社会主义这个首要的基本的理论问题，逐步形成了建设中国特色社会主义的路线、方针、政策，阐明了在中国建设社会主义、巩固和发展社会主义的基本问题，创立了邓小平理论，开辟了建设中国特色社会主义的正确道路，推进了马克思主义的中国化。在邓小平理论的指导下，20世纪的中国又一次发生了翻天覆地的变化，开启了中华民族"富起来"的新征程。

20世纪80年代末90年代初，国际上发生了东欧剧变、苏联解体，国内发生了1989年政治风波。面对严峻复杂的国内外形势，以江泽民为主要代表的中国共产党人，在建设中国特色社会主义的实践中，加深了对什么是社会主义、怎样建设社会主义和建设什么样的党、怎样建设党的认识，积累了治党治国新的宝贵经验，形成了"三个代表"重要思想。"三个代表"重要思想是加强和改进党的建设、推进我国社会主义自我完善和发展的强大理论武器，丰富和发展了中国特色社会主义理论体系，成功把中国特色社会主义推向21世纪。

进入新世纪新阶段，以胡锦涛为主要代表的中国共产党人，抓住重要战略机遇，在全面建设小康社会进程中，不断推进实践创新、理论创新、制度创新，根据新的发展要求，深刻认识和回答了新形势下实现什么样的发展、怎样发展等重大问题，形成了以人为本、全面协调可持续发展的科学发展观。科学发展观是马克思主义关于发展的世界观和方法论的集中体现，是马克思主义中国化的重大成果，在新的历史起点上坚持和发展了中国特色社会主义。

党的十八大以来，以习近平为主要代表的中国共产党人以巨大的政治勇气和强烈的责任担当，提出了一系列新理念新思想新战略，从理论和实践结合上系统回答了新时代坚持和发展什么样的中国特色社会主义、怎样坚持和发展中国特色社会主义这个重大时代课题，创立了习近平新时代中国特色社会主义思想。习近平新时代中国特色社会主义思想，是对马克思列宁主义、毛泽东思想、邓小平理论、"三个代表"重要思想、科学发展观的继承和发展，是马克思主义中国化最新成果，是党和人民实践经验和集体智慧的结晶，是中国特色社会主义理论体系的重要组成部分，是全党全国人民为实现中华民族伟大复兴而奋斗的行动指南。在习近平新时代中国特色社会主义思想指导下，中国共产党领导全国各族人民，统揽伟大斗争、伟大工程、伟大事业、伟大梦想，推动中国特色社会主义进入了新时代，推动中华民族迎来了从站起来、富起来到强起来的伟大飞跃。

毛泽东思想和中国特色社会主义理论体系，都是马克思主义中国化的理论成果，都是中国化的马克思主义，它们同马克思列宁主义一起，是中国共产党长期坚持的指导思想和全国各族人民团结奋斗的共同思想基础。

三、释疑解惑

※ 为什么要开设"毛泽东思想和中国特色社会主义理论体系概论"课程？

开设"毛泽东思想和中国特色社会主义理论体系概论"，是为了使大学生对马克思主义中国化进程中形成的理论成果有更加准确的把握；对中国共产党领导人民进行的革命、建设、改革的历史进程、历史变革、历史成就有更加深刻的认识；对中国共产党在新时代坚持的基本理论、基本路线、基本方略有更加透彻的理解；对运用马克思主义立场、观点和方法认识问题、分析问题和解决问题能力的提升有更加切实的帮助。

※ 怎样学好"毛泽东思想和中国特色社会主义理论体系概论"课程？

学好这门课，我们要把握好以下三点：一是努力掌握基本理论。从整体上把握马克思主义中国化的理论成果的科学内涵、理论体系，特别是中国特色社会主义理论体系的基本观点，增强中国特色社会主义的自觉自信。二是坚持理论联系实际。紧密联系改革开放和社会主义现代化建设的实际，联系自己的思想实际，树立历史观点、世界视野、国情意识和问题意识，增强分析问题、解决问题的能力。三是培养理论思考习惯。不断提高理论思维能力，以更好地把握中国的国情、中国社会的状况和自己的生活环境，以自己的实际行动为中国特色社会主义事业和中华民族伟大复兴作贡献。

四、学习测试

(一)单项选择题

1. 马克思主义要在中国大地上闪耀真理光芒，就必须(　　)

    A. 学术化　　　　　B. 政治化　　　　　C. 中国化　　　　　D. 革命化

2. 中国共产党历史上，最先明确提出"马克思主义中国化"概念的是(　　)

    A. 李大钊　　　　　B. 陈独秀　　　　　C. 毛泽东　　　　　D. 王明

3. 马克思主义中国化理论成果的精髓是(　　)

    A. 一切从实际出发　　　　　　B. 理论联系实际

    C. 在实践中检验真理和发展真理　　　　　D. 实事求是

4. 马克思主义中国化第一次历史性飞跃发生在(　　)

    A. 旧民主主义革命时期   B. 新民主主义革命时期

    C. 从新民主主义向社会主义过渡时期 D. 社会主义建设时期

5. 马克思主义中国化第二次历史性飞跃发生在(　　)

    A. 新民主主义革命时期   B. 过渡时期

    C. 社会主义建设时期   D. 改革开放新时期

6. 马克思主义中国化第一次历史性飞跃产生的理论成果是(　　)

    A. 毛泽东思想   B. 新民主主义革命总路线

    C. 新民主主义革命纲领   D. 过渡时期总路线

7. 马克思主义中国化第二次历史性飞跃产生的理论成果是(　　)

    A. 邓小平理论   B. "三个代表"重要思想

    C. 科学发展观   D. 中国特色社会主义理论体系

8. 被实践证明了的关于中国革命和建设的正确的理论原则和经验总结是(　　)

    A. 毛泽东思想   B. 邓小平理论

    C. "三个代表"重要思想   D. 科学发展观

9. 邓小平理论创立于(　　)

    A. 党的六届六中全会以后   B. 党的七届二中全会以后

    C. 党的十一届三中全会以后   D. 党的十八大以来

10. 2018 年第十三届全国人民代表大会第一次会议通过的宪法修正案首次写入宪法的是(　　)

    A. 毛泽东思想   B. 邓小平理论

    C. 中国特色社会主义理论   D. 习近平新时代中国特色社会主义思想

(二) 多项选择题

1. 十月革命一声炮响, 给我们送来了(　　)

    A. 社会民主主义   B. 天赋人权学说

    C. 马克思主义   D. 列宁主义

2. "马克思主义中国化"成为中国共产党人重大时代课题的原因在于(　　)

    A. 解决中国实际问题的客观需要 B. 马克思主义理论发展的内在要求

    C. 共产国际的指示   D. 人民群众的呼唤

3. 中国共产党人对待马克思主义的科学态度不是(　　)

    A. 实事求是
            B. 主观主义

    C. 经验主义
            D. 教条主义

4. 马克思主义中国化两次历史性飞跃分别发生在(　　)

    A. 旧民主主义革命时期
            B. 新民主主义革命时期

    C. 社会主义建设时期
            D. 改革开放新时期

5. 毛泽东思想和中国特色社会主义理论体系都是(　　)

    A. 马克思主义中国化的理论成果
        B. 中国化的马克思主义

    C. 马克思主义中国化的最新成果
      D. 21 世纪的马克思主义

◎ 参考答案

(一)单项选择题

1. C　2. C　3. D　4. B　5. D　6. A　7. D　8. A　9. C　10. D

(二)多项选择题

1. CD　2. AB　3. BCD　4. BD　5. AB

第一章
毛泽东思想及其历史地位

一、教学基本要求

本章主要阐述毛泽东思想的形成和发展、主要内容和历史地位。通过本章内容的学习，使同学们能够掌握毛泽东思想形成发展的社会历史条件和发展过程，了解毛泽东思想的主要内容和活的灵魂，明确毛泽东思想的历史地位。知识点框架图如图 1-1 所示。

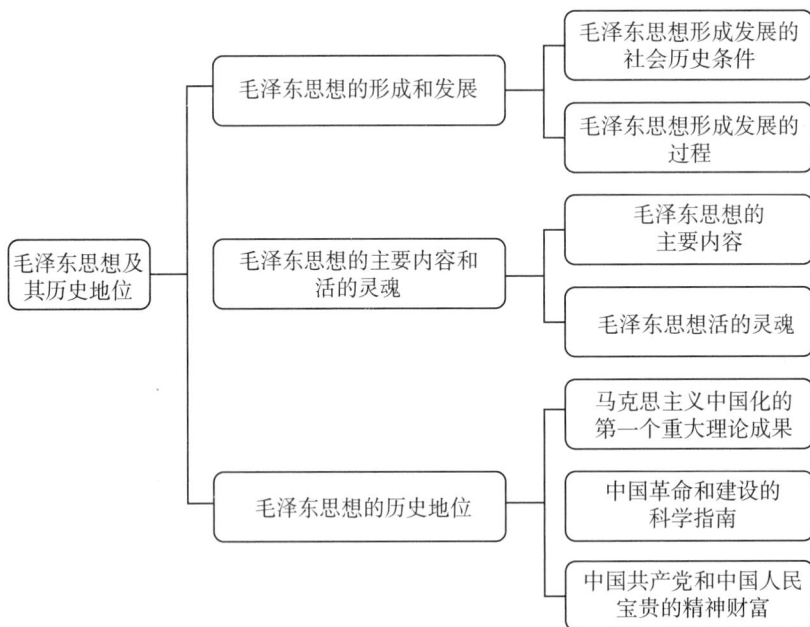

图 1-1　第一章知识点框架图

二、重点讲解

(一)毛泽东思想的形成和发展

毛泽东思想是在我国新民主主义革命、社会主义革命和社会主义建设的实践过程中，在总结我国革命和建设正反两方面历史经验的基础上，逐步形成和发展起来的。

建党和大革命时期，毛泽东以马克思列宁主义为指导，深入实际调查研究，在《中国社会各阶级的分析》《湖南农民运动考察报告》等著作中，分析了中国社会各阶级在革命中的地位和作用，提出了新民主主义革命的基本思想。

土地革命战争前期，以毛泽东为主要代表的中国共产党人，坚持马克思列宁主义必须与中国革命具体实际相结合的基本原则，在探索中国革命新道路的具体实践中，在同党内一度盛行的把马克思主义教条化、把共产国际决议和苏联经验神圣化的错误倾向的斗争中，逐步开辟了农村包围城市、武装夺取政权的革命道路。毛泽东在这个时期写了一系列著作，主要是《中国的红色政权为什么能够存在?》《井冈山的斗争》《星星之火，可以燎原》《反对本本主义》等。在这些著作中，毛泽东提出并阐述了农村包围城市、武装夺取政权的思想，标志着毛泽东思想的初步形成。

土地革命战争中后期和抗日战争时期，毛泽东系统地总结了党领导中国革命特别是全民族抗日战争以来的历史经验，深入分析中国革命具体实际，在《实践论》和《矛盾论》两篇著作中，运用马克思主义的认识论和辩证法，系统分析了党内"左"的和右的错误的思想根源。在《〈共产党人〉发刊词》《中国革命和中国共产党》《新民主主义论》《论联合政府》等著作中，科学阐述了新民主主义革命的对象、动力、领导力量、性质和前途等基本问题，提出了新民主主义革命的总路线，并制定了相应的经济、政治、文化纲领，指明了新民主主义革命的具体目标。毛泽东还详细论述了统一战线、武装斗争和党的建设的基本规律和内在联系，为新民主主义革命的胜利找到了正确方法。这一时期，毛泽东对新民主主义革命理论的系统阐述，实现了马克思主义与中国革命实践相结合的历史性飞跃，标志着毛泽东思想得到多方面展开而臻至成熟。1945 年召开的党的七大，将毛泽东思想写入党章，确立为党必须长期坚持的指导思想。

解放战争时期和中华人民共和国成立以后，以毛泽东为主要代表的中国共产党人先后提出人民民主专政理论、社会主义改造理论、社会主义社会矛盾理论，这些理论成果集中体现在毛泽东的一系列重要著作中，主要有《在中国共产党第七届中央委员会第二次全体会议上的报告》《论人民民主专政》《论十大关系》《关于正确处理人民内部矛盾的问题》等。这一时期是毛泽东思想继续丰富和发展的阶段。

(二)毛泽东思想的主要内容

中国革命和建设是毛泽东思想回答的两大主题。围绕这两大主题，毛泽东思想提出了一系列相互关联的重要理论观点，构成了一个完整的科学思想体系。毛泽东思想主要从六个方面，以独创性的理论丰富和发展了马克思列宁主义：①新民主主义革命理论；②社会主义革命和社会主义建设理论；③革命军队建设和军事战略的理论；④政策和策略的理论；⑤思想政治工作和文化工作的理论；⑥党的建设理论。

1. 新民主主义革命理论

习近平说："在一个半殖民地半封建的东方大国进行革命，面对的特殊国情是农民占人口的绝大多数，落后分散的小农经济、小生产及其社会影响根深蒂固，又遭受着西方列强侵略和压迫，经济文化十分落后，选择一条什么样的道路才能把中国革命引向胜利成为首要问题，也是马克思主义发展史上前所未有过的难题。"[①]为了解决这个难题，毛泽东从中国的历史和现实出发，深刻研究中国革命的特点和规律，发展了马克思列宁主义关于无产阶级在民主革命中的领导权思想，创立了无产阶级领导的，以工农联盟为基础的，人民大众的，反对帝国主义、封建主义和官僚资本主义的新民主主义革命理论。

新民主主义革命理论有两个基本点，其中第一个基本点是认为中国资产阶级有两个部分：一部分是依附于帝国主义的大资产阶级，另一部分是既有革命要求又有动摇性的民族资产阶级。无产阶级领导的统一战线要争取民族资产阶级参加，并且在面对外敌侵略的特殊条件下，可以把一部分大地主大资产阶级也包括在内，以求最大限度地孤立最主要的敌人。在同资产阶级结成统一战线时，要保持无产阶级的独立性，实行又团结又斗争、以斗争求团结的政策；在被迫同资产阶级、主要是同大资产阶级分裂时，要敢于并善于同大资产阶级进行坚决的武装斗争，同时要继续争取民族资产阶级的同情或中立。第二个基本点是认为由于帝国主义的侵略，加之中国没有资产阶级民主，因此中国革命只能以长期的武装斗争为主要形式。中国的武装斗争，是无产阶级领导的以农民为主体的革命战争，通过建立农村根据地，进

---

① 《十八大以来重要文献选编》上，中央文献出版社 2014 年版，第 688~689 页。

行长期的革命斗争，发展和壮大革命力量，开创出一条以农村包围城市，最后夺取全国胜利的革命道路。

毛泽东还明确提出了"三大法宝"问题，他指出，"统一战线和武装斗争，是战胜敌人的两个基本武器"，加上党自身的建设，就成为中国共产党在中国革命中战胜敌人的三个主要的法宝。

毛泽东创立的新民主主义革命理论，是反映新民主主义革命客观规律的完备的理论形态，为中国革命的胜利指明了前进方向。

2. 社会主义革命和社会主义建设理论

新民主主义革命胜利后，毛泽东领导中国共产党，依据新民主主义革命胜利所创造的向社会主义过渡的经济政治条件，采取社会主义工业化和社会主义改造并举的方针，实行逐步改造生产资料私有制的具体政策，从理论和实践上解决了在中国这样一个占世界人口近1/4、经济文化落后的大国建立社会主义制度这一重大问题。

毛泽东提出的把对人民内部的民主和对敌人的专政互相结合起来也即人民民主专政的理论，丰富了马克思列宁主义关于无产阶级专政的学说。

社会主义制度建立以后，毛泽东又领导全党和全国人民积极探索适合中国国情的社会主义建设道路，提出了一系列具有战略意义的正确思想和方针。其中包括：关于社会主义社会仍然存在着矛盾，基本矛盾仍然是生产关系和生产力之间的矛盾、上层建筑和经济基础之间的矛盾，必须严格区分和正确处理敌我矛盾和人民内部矛盾的思想。

毛泽东提出了一系列正确处理人民内部矛盾的方针和原则，例如，人民内部要在政治上实行"团结—批评—团结"的方针；在共产党与民主党派的关系上，实行"长期共存、互相监督"的方针；在科学文化工作中，实行"百花齐放、百家争鸣"的方针；在经济工作以及其他各项工作中，实行"统筹兼顾、适当安排"的方针，等等。

毛泽东提出了走中国工业化道路的思想，他说，不要机械搬用外国的经验，而要从中国是一个农业大国这种情况出发，以工业为主导，以农业为基础，正确处理重工业同农业、轻工业的关系，充分重视农业和轻工业，走出一条适合我国国情的中国工业化道路。

毛泽东提出了正确处理一系列关系和一整套"两条腿走路"的方针，指出：在社会主义建设中要处理好经济建设和国防建设的关系、大型企业和中小企业的关系、汉族和少数民族的关系、沿海和内地的关系、中央和地方的关系、积累和消费的关系、自力更生和学习外国的关系，注意综合平衡，等等。

毛泽东明确提出了调动一切积极因素，化消极因素为积极因素，团结全国各族人民建设社会主义强大国家的思想；提出要造成又有集中又有民主，又有纪律又有自由，又有统一意志又有个人心情舒畅、生动活泼，那样一种政治局面的主张，等等。

毛泽东提出的这些正确的思想、方针和主张，对中国特色社会主义建设道路的探索具有重要的指导意义，本身也是中国社会主义建设道路探索的积极成果。

3. 革命军队建设和军事战略的理论

毛泽东系统解决了如何把以农民为主要成分的革命军队建设成一支无产阶级性质的、具有严格纪律的、同人民群众保持亲密联系的新型人民军队的问题。他规定了全心全意为人民服务是人民军队的唯一宗旨，规定了是党指挥枪而不是枪指挥党的原则，制定了"三大纪律、八项注意"，强调实行政治、经济、军事三大民主，实行官兵一致、军民一致和瓦解敌军的原则，提出和总结了一套军队政治工作的方针和方法。

毛泽东总结了中国长期革命战争的经验，系统地提出了建设人民军队的思想，提出了以人民军队为骨干，依靠广大人民群众，建立农村根据地，进行人民战争的思想。他把游击战争提到了战略的地位，认为中国革命战争在长时期内的主要作战形式是游击战和带游击性的运动战。

毛泽东论述了要随着敌我力量对比的变化和战争发展的进程，正确地实行军事战略的转变。他为革命军队制定了在敌强我弱的形势下实行战略上的持久战，以及战役、战斗上的速决战，把战略上的劣势转变为战役、战斗上的优势，集中优势兵力、各个歼灭敌人等一系列人民战争的战略战术。他在解放战争中总结出著名的十大军事原则。这些都是毛泽东对马克思列宁主义军事理论极为杰出的贡献。在中华人民共和国成立以后，毛泽东提出必须加强国防，建设现代化革命武装力量和发展现代化国防技术的重要指导思想。

4. 政策和策略的理论

毛泽东精辟地论证了革命斗争中政策和策略问题的极端重要性，指出政策和策略是党的生命，必须根据政治形势、阶级关系和实际情况及其变化制定党的政策，把原则性和灵活性结合起来。

毛泽东在总结实践经验的基础上，提出了许多重要的政策和策略思想。其中包括：弱小的革命力量在变化着的主客观条件下能够最终战胜强大的反动力量；战略上要藐视敌人，战术上要重视敌人；要掌握斗争的主要方向，不要四面出击；对敌人要区别对待、分化瓦解，实行利用矛盾、争取多数、反对少数、各个击破的策略，并做到有理、有利、有节；在反动统治地区，把公开斗争和秘密斗争结合起来，在组织上采取隐蔽精干的方针；对被打倒的反动统治阶级成员和反动分子，只要他们不造反、不捣乱，都给予生活出路，让他们在劳动中改造为自食其力的劳动者；无产阶级及其政党要实现自己对同盟者的领导，必须具备两个条件：一是率领被领导者向着共同的敌人作坚决斗争并取得胜利；二是对被领导者给予物质利益，至少不损害其利益，同时给予政治教育，等等。

5. 思想政治工作和文化工作的理论

毛泽东认为，"一定的文化（当作观念形态的文化）是一定社会的政治和经济的反映，又给予伟大影响和作用于一定社会的政治和经济；而经济是基础，政治则是经济的集中的表现"[①]。根据这个基本观点，毛泽东提出了许多具有长远意义的重要思想。例如：关于思想政治工作是经济工作和其他一切工作的生命线，要实行政治和经济的统一、政治和技术的统一、又红又专的方针；关于发展民族的、科学的、大众的文化，实行百花齐放、百家争鸣和古为今用、洋为中用、推陈出新的方针；关于知识分子在革命和建设中具有重要作用，知识分子要同工农相结合，通过学习马克思列宁主义、学习社会和工作实践，树立无产阶级世界观的思想，等等。毛泽东还特别指出："为什么人的问题，是一个根本的问题，原则的问题。"[②]他强调要全心全意为人民服务，对革命工作要极端负责，要艰苦奋斗和不怕牺牲。毛泽东关于思想政治文化的许多思想理论观点，至今仍有重要意义。

6. 党的建设理论

在中国这样一个无产阶级人数很少而战斗力很强、农民和其他小资产阶级占人口大多数的国家，要建设一个具有广泛群众性的、马克思主义的无产阶级政党，是一项极其艰巨的任务。毛泽东建党学说成功地解决了这个问题。

毛泽东特别注重从思想上建党，他提出，党员不但要在组织上入党，而且要在思想上入党，经常注意以无产阶级思想改造和克服各种非无产阶级思想。他指出，理论和实践相结合的作风、和人民群众紧密地联系在一起的作风，以及自我批评的作风，这三大作风是中国共产党区别于其他任何政党的显著标志。

针对历史上党内斗争中存在过的"残酷斗争、无情打击"的"左"的错误，毛泽东提

---

① 《毛泽东选集》第 2 卷，人民出版社 1991 年版，第 663～664 页。
② 《毛泽东选集》第 3 卷，人民出版社 1991 年版，第 857 页。

出"惩前毖后、治病救人"的正确方针，强调在党内斗争中要达到既弄清思想又团结同志的目的。毛泽东创造了全党通过批评与自我批评进行马克思列宁主义思想教育的整风形式。

中华人民共和国成立前后，鉴于中国共产党已成为领导全国政权的党，他多次提出务必使同志们继续地保持谦虚、谨慎、不骄、不躁的作风，务必使同志们继续地保持艰苦奋斗的作风；要求全党警惕资产阶级思想的侵蚀，反对脱离群众的官僚主义。

毛泽东的这些重要思想，为马克思主义党建理论增添了新的内容，为中国共产党的建设指明了正确的方向。

除了上述六个方面的独创性理论外，在毛泽东思想科学体系中，还包括国际战略、外交工作理论等内容，它们都是中国共产党的宝贵精神财富。

(三)毛泽东思想活的灵魂

毛泽东把辩证唯物主义和历史唯物主义运用于党的全部工作，在中国革命和建设的长期艰苦奋斗中，形成了具有中国共产党人特色的立场、观点和方法，丰富和发展了马克思列宁主义。1981年党的十一届六中全会通过的《关于建国以来党的若干历史问题的决议》(以下简称《历史决议》)指出：贯穿于毛泽东思想各个组成部分的立场、观点和方法，是毛泽东思想的活的灵魂，它们有三个基本方面，即实事求是、群众路线、独立自主。

1. 实事求是

实事求是，就是一切从实际出发，理论联系实际，坚持在实践中检验真理和发展真理。毛泽东指出："'实事'就是客观存在着的一切事物，'是'就是客观事物的内部联系，即规律性，'求'就是我们去研究。"①

习近平在纪念毛泽东诞辰120周年座谈会上指出："实事求是，是马克思主义的根本观点，是中国共产党人认识世界、改造世界的根本要求，是我们党的基本思想方法、工作方法、领导方法。不论过去、现在和将来，我们都要坚持一切从实际出发，理论联系实际，在实践中检验真理和发展真理。"②

坚持实事求是，就要深入实际了解事物的本来面貌，把握事物内在必然联系，按照客观规律办事。坚持实事求是，不可能一劳永逸。我们要自觉坚定实事求是的信念、

---

① 《毛泽东选集》第3卷，人民出版社1991年版，第801页。
② 《十八大以来重要文献选编》上，中央文献出版社2014年版，第695页。

增强实事求是的本领，时时处处把实事求是牢记于心、付诸于行。

坚持实事求是，就要清醒认识和正确把握我国基本国情。我们一切路线、方针、政策的制定仍应坚持从我国基本国情出发，牢牢立足基本国情这个最大实际，充分体现这个基本国情的必然要求。任何超越现实、超越阶段而急于求成的倾向都要努力避免，任何落后于实际、无视深刻变化着的客观事实而因循守旧、故步自封的观念和做法都要坚决纠正。

坚持实事求是，就要不断推进实践基础上的理论创新。实践没有止境，理论创新也没有止境。马克思主义基本原理是普遍真理，具有永恒的思想价值，但马克思主义经典作家并没有穷尽真理，而是为不断寻求真理和发展真理开辟了道路，我们必须以马克思主义为指导，继续开拓创新，在实践中丰富和发展马克思主义。与此同时，我们要及时总结党领导人民在实践中创造的新鲜经验，形成和发展中国化的马克思主义理论成果，不断开辟马克思主义中国化新境界。

2. 群众路线

群众路线就是一切为了群众、一切依靠群众，从群众中来、到群众中去，把党的正确主张变为群众的自觉行动。群众路线是以毛泽东为主要代表的中国共产党人坚持把马克思列宁主义关于人民群众是历史创造者的原理系统地运用在党的全部活动中，从而形成的党的根本工作路线。不论过去、现在和将来，群众路线都是我们党的生命线和根本工作路线，是我们党永葆青春活力和战斗力的重要传家宝。

群众路线本质上体现的是马克思主义关于人民群众是历史的创造者这一基本原理。只有坚持这一基本原理，我们才能把握历史前进的基本规律。只有按历史规律办事，我们才能无往而不胜。历史反复证明，人民群众是历史发展和社会进步的主体力量。

坚持群众路线，就要坚持人民是推动历史发展的根本力量。毛泽东指出："人民，只有人民，才是创造世界历史的动力。"[①]必须尊重人民首创精神，调动最广大人民的积极性、主动性、创造性，充分发挥人民群众的历史推动作用。在人民面前，我们永远是小学生，必须自觉拜人民为师，向能者求教，向智者问策；必须充分尊重人民所表达的意愿、所创造的经验、所拥有的权利、所发挥的作用。要正确行使人民给予的权力，服务人民、为了人民、依靠人民，自觉接受人民监督，紧紧依靠人民创造历史伟业，使我们党的根基永远坚如磐石。

坚持群众路线，就要坚持全心全意为人民服务的根本宗旨。全心全意为人民服务，

---

① 《毛泽东选集》第 3 卷，人民出版社 1991 年版，第 1031 页。

是中国共产党一切行动的根本出发点和落脚点，是中国共产党区别于其他一切政党的根本标志。党除了工人阶级和最广大人民群众的利益，没有自己的特殊利益。党在任何时候都把群众利益放在第一位，不允许任何党员脱离群众，凌驾于群众之上。检验党的一切工作的成效，最终要以最广大人民根本利益为最高标准。

坚持群众路线，就要保持党同人民群众的血肉联系。党风问题、党同人民群众的联系问题关系党的生死存亡。毛泽东指出："我们共产党人好比种子，人民好比土地。我们到了一个地方，就要同那里的人民结合起来，在人民中间生根、开花。"①要把群众观点、群众路线深深植根于全党同志思想中，真正落实到每个党员的行动上。

3. 独立自主

独立自主就是坚持独立思考，走自己的路，就是坚定不移地维护民族独立、捍卫国家主权，把立足点放在依靠自己力量的基础上，同时积极争取外援，开展国际经济文化交流，学习外国一切对我们有益的先进事物。独立自主是中华民族的优良传统，是中国共产党、中华人民共和国立党立国的重要原则，是中国共产党从中国实际出发、依靠党和人民力量进行革命、建设、改革的必然结论。在中国这样一个人口众多和经济文化落后的东方大国进行革命和建设，决定了我们只能走自己的路。不论过去、现在和将来，我们都要把国家和民族发展放在自己力量的基点上，增强民族自尊心和自信心，坚定不移走自己的路。

坚持独立自主，就要坚持中国的事情必须由中国人民自己处理。中国共产党在领导革命、建设、改革的长期实践中，历来坚持独立自主开拓前进道路，这种独立自主的探索和实践精神，这种坚持走自己的路的坚定信心和决心，是中国共产党全部理论和实践的立足点，也是党和人民事业不断从胜利走向胜利的根本保证。

坚持独立自主，就要坚持独立自主的和平外交政策，坚定不移走和平发展道路。恪守维护世界和平、促进共同发展的外交宗旨，坚持在和平共处五项原则基础上同各国友好相处，在平等互利基础上积极开展同各国的交流合作。中国尊重各国人民自主选择发展道路的权利，维护国际公平正义，根据事情本身的是非曲直决定自己的立场和政策，主张以和平方式解决国际争端，反对各种形式的霸权主义和强权政治，反对把自己的意志强加于人，反对干涉别国内政，反对以强凌弱。中国无论发展到什么程度都永远不称霸，永远不搞扩张。

---

① 《毛泽东选集》第4卷，人民出版社1991年版，第1162页。

（四）毛泽东思想的历史地位

1. 毛泽东思想是马克思主义中国化的第一个重大理论成果

毛泽东思想在新民主主义革命、社会主义革命和建设，革命军队建设、军事战略和国防建设，政策和策略，思想政治工作和文化工作，外交工作和党的建设等方面，以独创性的理论丰富和发展了马克思列宁主义。贯穿于毛泽东思想科学体系中的立场、观点和方法是最能体现毛泽东思想理论本质特点的思想内容，属于哲学层面的概括和总结。实事求是、群众路线、独立自主是毛泽东把辩证唯物主义和历史唯物主义运用到中国革命和建设实践中，所形成的具有中国共产党人鲜明特色的立场、观点、方法，是中国共产党进行革命、建设和改革的出发点、根本点和立足点。

在马克思主义中国化的历史进程中，毛泽东思想为中国特色社会主义理论体系的形成奠定了理论基础。尤其是毛泽东思想关于社会主义建设的理论，为开创和发展中国特色社会主义作了重要的理论准备。

此外，毛泽东思想的话语表达做到了理论的通俗化，以通俗的言语解释深刻道理；在表达方式上具有鲜明的民族特色，为广大人民群众所喜闻乐见。毛泽东思想所体现的独特理论风格，也给改革开放新时期党的理论创新、进一步推进马克思主义大众化以重要的启迪。

毛泽东思想所确立的马克思主义中国化的奋斗方向、基本原则和基本方法，指导着我们党不断推进马克思主义中国化，不断开辟马克思主义中国化新境界。

2. 毛泽东思想是中国革命和建设的科学指南

毛泽东思想是被实践证明了的关于中国革命和建设的正确的理论原则和经验总结。在毛泽东思想指引下，中国共产党领导全国人民，找到了一条新民主主义革命的正确道路，完成了反对帝国主义、封建主义、官僚资本主义的任务，结束了中国半殖民地半封建社会的历史，建立了中华人民共和国；找到了一条从新民主主义向社会主义过渡的道路，确立了社会主义基本制度，实现了中国历史上最深刻最伟大的社会变革。毛泽东对适合中国国情的社会主义建设道路进行了艰苦探索，并取得了重要的理论成果，提出了许多很有启发性的论断。他领导我们建立起独立的、比较完整的工业体系和国民经济体系，为社会主义现代化建设奠定了重要的物质技术基础，为在中国这样落后的东方大国进行社会主义建设积累了重要经验。

毛泽东思想关于社会主义建设的基本思想观点，仍具有重要的现实指导作用。关于正确认识和处理社会主义社会基本矛盾、两类不同性质的矛盾尤其是人民内部矛盾的思想，关于调动一切积极因素为社会主义事业服务的思想，关于走中国工业化道路的思想，关于完善社会主义政治制度、扩大社会主义民主等思想，关于实行百花齐放、百家争鸣的思想，关于从思想上建党、加强执政党建设等思想，对于建设和发展中国特色社会主义仍然具有十分重要的指导意义。

3. 毛泽东思想是中国共产党和中国人民宝贵的精神财富

毛泽东思想形成和发展的历史条件，与我们今天面临的形势和任务有很大的不同，但这丝毫没有减弱和降低毛泽东思想的科学价值。毛泽东思想基本原理、原则和科学方法具有普遍的指导意义。毛泽东追求和倡导的中华民族重新自立于世界民族之林的理想，实事求是的思想路线，全心全意为人民服务的奋斗宗旨，自力更生、艰苦奋斗的革命精神，等等，依然是中国人民不断奋进的强大精神动力，将长期激励和指导我们前进。

正确认识毛泽东思想的历史地位和指导意义，有一个怎样科学评价毛泽东和毛泽东思想的问题。这个问题关系到怎样看待党和国家过去几十年奋斗和前进的历史，关系到党的团结、国家的安定，也关系到党和国家未来的发展前途，不仅有重要的历史意义，而且有重要的现实意义。

毛泽东一生为党和人民的事业作出了杰出贡献，《历史决议》指出，毛泽东是伟大的马克思主义者、伟大的无产阶级革命家、战略家和理论家。他为中国共产党和中国人民解放军的创立和发展，为中国各族人民解放事业的胜利，为中华人民共和国的缔造和社会主义事业的发展，建立了不可磨灭的功勋，为世界被压迫民族的解放和人类进步事业作出了重大贡献。

由于在中国建设社会主义是一项崭新的事业，人们对如何走出一条适合中国国情的社会主义道路还缺少规律性认识，加上当时复杂严峻的国际环境的影响，中国共产党在社会主义建设道路的探索中发生过曲折。对此，我们需要认真总结经验教训。但是，就毛泽东的一生来看，毛泽东的功绩是第一位的，错误是第二位的。他的错误是一个伟大的革命家、一个伟大的马克思主义者所犯的错误。《历史决议》将毛泽东晚年的错误同经过长期历史检验成为科学理论的毛泽东思想区别开来，为我们完整准确地理解毛泽东思想、坚持和发展毛泽东思想指明了方向。我们应该珍视毛泽东思想这个半个多世纪以来在中国革命和建设过程中形成的科学理论成果，并在新的实践中运用和发展。

三、释疑解惑

※ 如何认识实事求是思想路线的重要意义？

实事求是思想路线具有重要的理论意义和实践意义。

第一，它是马克思主义认识论在马克思主义中国化实践过程中的运用、丰富和发展。马克思以科学的实践观为基础，将思维的客观性和能动性统一起来，阐明了人类意识和社会生活的本质：人类意识是社会生活的反映，社会生活在本质上是实践的，人类思维的真理性应该由实践来证明，等等，从而实现了唯物论和辩证法的结合。毛泽东指出："实践的观点是辩证唯物论的认识论之第一的和基本的观点。"①党的实事求是思想路线的确立，就是以马克思主义认识论为哲学基础的。这条思想路线强调从实际出发，用全面的观点和发展的观点看问题；强调思想和实际相结合，主观和客观相结合，理论和实践相结合；强调认识是从实践到理论，再从理论到实践的没有止境的过程；强调没有调查就没有发言权、解放思想和实事求是的有机统一、民主是解放思想和实事求是的重要条件、与时俱进是马克思主义的理论品质，实践基础上的理论创新是社会发展和变革的先导，等等，都充分体现并进一步丰富和发展了马克思主义认识论。

第二，它是制定并贯彻执行正确的政治路线的思想基础。政治路线是党为实现一定历史时期的奋斗目标而制定的总路线和总政策，它的正确与否直接关系到人民的根本利益。然而，正确的政治路线不是凭空产生的，它必须建立在对客观情况的深刻了解和科学分析的基础上，必须以正确的思想路线为指导。回顾党的历史，在革命、建设和改革的各个历史阶段，从根本上说，我们取得的一切胜利，都是因为坚持了实事求是的思想路线，才制定出并贯彻执行了正确的政治路线，从而推进了党的事业的发展和党本身的成熟；而所遭受的一切挫折，或是因为违背了实事求是思想路线而没有能够制定出正确的政治路线，或是因为在实践过程中偏离了实事求是思想路线而没有能够将原来制定的正确的政治路线坚持贯彻下去的结果。

第三，它是加强党的思想作风建设和提高党的领导能力的重要内容。毛泽东把理论和实践相结合的作风、和人民群众紧密联系在一起的作风，以及自我批评的作风，概括为中国共产党新的工作作风。在这三大作风中，理论和实践相结合是最根本的，

① 《毛泽东选集》第1卷，人民出版社1991年版，第284页。

强调的就是实事求是的思想路线。坚持实事求是的思想路线，就要自觉地深入群众，关心群众生活，注意工作方法，而不会浮在面上，脱离群众；坚持实事求是的思想路线，就要老老实实做人和老老实实办事，严于律己，接受群众的批评，勇于自我批评，而不能夸夸其谈、哗众取宠。实事求是还是党的基本领导方法和工作方法。无论是在革命、建设还是改革中，我们都必须坚持实事求是。

四、学习测试

(一)单项选择题

1. 毛泽东思想形成的时代条件是( )

　A. 俄国十月革命开辟了世界无产阶级社会主义革命的新时代

　B. 1840 年以后中国进入半殖民地半封建的社会

　C. 1919 年以后中国革命进入新民主主义革命时期

　D. 1927 年以后中国共产党独立担负起领导中国革命的重任

2. 毛泽东思想形成和发展的实践基础是( )

　A. 人民战争

　B. 土地革命

　C. 社会主义建设

　D. 中国共产党领导人民进行革命和建设的成功实践

3. 毛泽东思想的初步形成是在( )

　A. 第一次国内革命战争时期

　B. 土地革命战争时期

　C. 抗日战争时期

　D. 解放战争时期

4. 毛泽东思想趋于成熟的标志是( )

　A. 提出新民主主义革命的基本思想

　B. 提出农村包围城市、武装夺取政权的思想

　C. 系统阐述新民主主义革命理论

　D. 提出把马克思列宁主义同中国革命和建设的具体实际进行第二次结合

5. 毛泽东在《反对本本主义》一文中所反对的主要错误倾向是( )

    A. 宗派主义   B. 经验主义   C. 教条主义   D. 冒险主义

6. 在中国共产党历史上，第一个明确提出"马克思主义的中国化"命题的是( )

    A. 张闻天   B. 王稼祥   C. 毛泽东   D. 李大钊

7. 毛泽东思想的主题是( )

    A. 革命   B. 建设   C. 战争   D. 革命和建设

8. 新民主主义革命的领导阶级是( )

    A. 无产阶级   B. 资产阶级   C. 农民   D. 半无产阶级

9. 毛泽东创造性地发展了马克思主义关于社会发展基本矛盾的学说，指出在社会主义社会( )

    A. 矛盾消失了

    B. 存在着和阶级社会一样的矛盾

    C. 主要是无产阶级和资产阶级的矛盾

    D. 基本矛盾仍然是生产关系和生产力之间的矛盾、上层建筑和经济基础之间的矛盾

10. 毛泽东的建党学说特别注重( )

    A. 制度建党   B. 思想建党

    C. 组织入党   D. 批评和自我批评

11. 中国共产党的思想方法是( )

    A. 全心全意为人民服务   B. 实事求是

    C. 一切从实际出发   D. 理论联系实际

12. 中国共产党区别于其他一切政党的根本标志是( )

    A. 实事求是   B. 群众路线

    C. 全心全意为人民服务   D. 独立自主

13. 中国共产党一切工作的根本路线是( )

    A. 政治路线   B. 群众路线   C. 思想路线   D. 组织路线

14. 中国革命的主要形式是( )

    A. 土地革命   B. 武装斗争   C. 合法斗争   D. 议会斗争

15. 毛泽东探索适合中国情况社会主义建设道路的开篇之作是( )

    A.《论人民民主专政》

B.《在中国共产党第七届中央委员会第二次全体会议上的报告》

C.《论十大关系》

D.《关于正确处理人民内部矛盾的问题》

(二) 多项选择题

1. 毛泽东思想的科学含义包括(　　　)

　　A. 它是马克思主义中国化的第一个重大理论成果

　　B. 它是马克思列宁主义在中国的运用和发展

　　C. 它是被实践证明了的关于中国革命和建设的正确的理论原则和经验总结

　　D. 它是中国共产党集体智慧的结晶

2. 毛泽东思想的主要内容除了新民主主义革命理论、社会主义革命和社会主义建设理论之外，还包括(　　　)

　　A. 革命军队建设和军事战略理论

　　B. 政策和策略理论

　　C. 思想政治工作和文化工作理论

　　D. 党的建设理论

3. 毛泽东思想活的灵魂是贯穿于其独创性理论的立场、观点和方法。它们有三个基本方面，即(　　　)

　　A. 实事求是　　　B. 群众路线　　　C. 独立自主　　　D. 艰苦奋斗

4. 毛泽东思想的历史地位和指导意义在于它是(　　　)

　　A. 马克思主义中国化的第一个重大理论成果

　　B. 中国革命和建设的科学指南

　　C. 中国共产党和中华民族宝贵的精神财富

　　D. 放之四海而皆准的普遍真理

5. 中国共产党区别于其他任何政党的显著标志是(　　　)

　　A. 理论和实践相结合的作风

　　B. 坚持实事求是

　　C. 和人民群众紧密地联系在一起的作风

　　D. 自我批评的作风

◎ 参考答案

(一)单项选择题

1. A　2. D　3. B　4. C　5. C　6. C　7. D　8. A　9. D　10. B
11. B　12. C　13. B　14. B　15. C

(二)多项选择题

1. ABCD　2. ABCD　3. ABC　4. ABC　5. ACD

第二章
新民主主义革命理论

一、教学基本要求

本章主要内容是介绍新民主主义革命理论形成的依据，新民主主义革命的对象、领导阶级、动力、前途、性质、特点等，新民主主义政治、经济、文化纲领，农村包围城市、武装夺取政权道路的必要性和主要内容，新民主主义革命的三大法宝等。本章中同学们需要掌握的基本知识点主要有：近代中国的基本国情和主要矛盾；新民主主义革命的总路线；新民主主义革命的基本纲领；新民主主义革命的道路；新民主主义革命的基本经验。知识点框架图如图 2-1 所示。

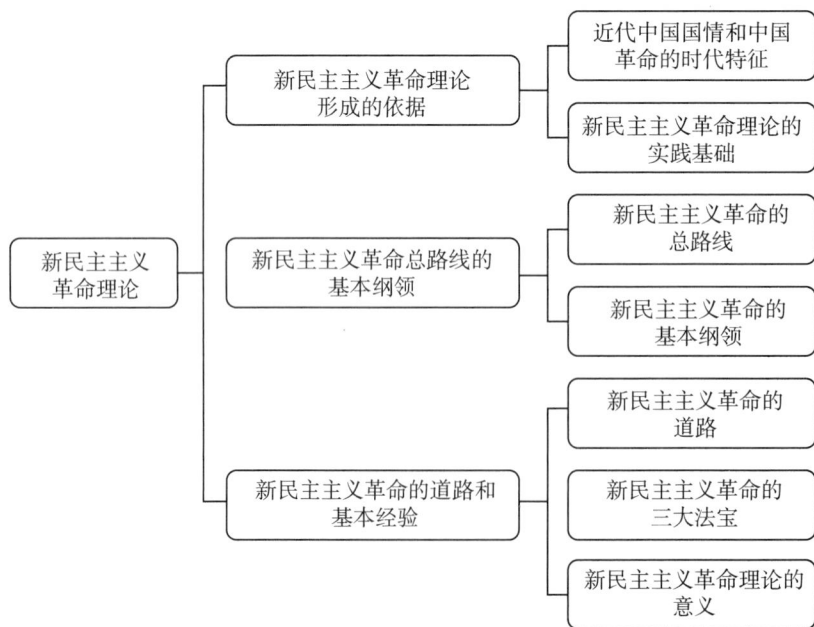

图 2-1　第二章知识点框架图

二、重点讲解

(一)新民主主义革命的对象

毛泽东曾指出：谁是我们的敌人？谁是我们的朋友，这个问题是革命的首要问题。为什么说分清敌友是中国革命的首要问题呢？

近代以来，中国人民进行了可歌可泣的反侵略反封建斗争，但这些斗争不能获胜的根本原因，就是没有认清革命的对象。义和团运动甚至提出了"扶清灭洋"的口号，这说明农民既没有认清外国侵略者的实质，也没有认清本国封建统治者同外国侵略者的关系。辛亥革命推翻了清政府，但是资产阶级革命派既无反对帝国主义的明确立场，又联合地方封建军阀，弄不清中国革命的对象，无法为中国人民指明斗争的目标。直到1922年，党的二大在全国人民面前破天荒地第一次明确提出了彻底的反帝反封建的民主革命纲领，解决了80多年没有弄清楚的革命对象问题，为中国革命指明了方向。历史表明，能否分清敌友关系到中国革命的成败。

近代中国社会性质和主要矛盾，决定了中国革命的主要对象或主要敌人，就是帝国主义、封建主义和官僚资本主义。其中，帝国主义是中国人民第一和最凶恶的敌人。

为什么说帝国主义是中国革命的首要对象呢？近代中国所遭受的最大的压迫是来自帝国主义的民族压迫。帝国主义发动的一系列侵略战争，给中华民族带来了无尽的战乱和灾难，使近代中国由独立的封建社会变成半殖民地半封建的社会。帝国主义是中国社会进步和发展的最大障碍，是近代中国贫困落后和一切灾难祸害的总根源。推翻帝国主义的压迫是中国走向独立和富强的前提。

西方殖民主义者叫嚷"侵华有功"，我们该如何认识这个问题？帝国主义的侵略无疑在一定程度上成为唤醒中国的惊雷，正如马克思所说，它"充当了历史的不自觉的工具"[①]。但是，我们应从目的和结果来认识帝国主义侵略的本质。从其目的看，帝国主义侵华是要变中国为其商品倾销市场和原料产地，而不是为了使中国走上现代化的道路，更不是为了给中国带来民主、自由和平等。从结果看，帝国主义通过野蛮的侵略战争，从中国获得巨额经济利益，对中国人民犯下了滔天罪行，给中华民族带来了深重的灾难。

----

① 《马克思恩格斯选集》第1卷，人民出版社2012年版，第854页。

为什么说地主阶级是中国革命的对象呢？封建地主阶级是帝国主义统治中国和封建军阀实行专制统治的社会基础。地主阶级是用封建制度剥削和压迫农民的阶级，是在政治上、经济上、文化上阻碍中国社会前进而没有丝毫进步作用的阶级，是中国经济现代化和政治民主化的主要障碍。

在近代中国经济生活中，占优势地位的是封建经济。封建剥削制度是以地主占有土地，剥削农民的剩余劳动为前提的。一般来说，占乡村人口不到10%的地主和富农，占有70%~80%的土地，而占乡村人口90%以上的贫农、雇农、中农和其他人民，占有土地的20%~30%。地主出租土地给农民，收取高额地租，地租率一般在50%。除地租外，农民还受到商业资本、高利贷资本的剥削。

残酷的封建剥削和压迫，使中国生产力水平低下，人民生活极度贫困。反对封建主义，从根本上说，就是要在经济上消灭封建制度，在政治上消灭军阀的专制统治，消灭地主阶级，解放生产力，为中国的经济现代化和政治民主化创造条件。

毛泽东指出："民族革命和民主革命这样两个基本任务，是互相区别，又是互相统一的。"①我们如何理解这句话呢？

帝国主义和封建主义相互勾结，残酷地压迫和掠夺中国人民，严重地阻碍着中国社会的发展。中国革命主要就是打击这两个敌人，就是对外推翻帝国主义压迫的民族革命和对内推翻封建地主压迫的民主革命，而最主要的任务是推翻帝国主义的民族革命。民族革命和民主革命两个基本任务，既相互区别，又相互统一。帝国主义是封建地主阶级的靠山，如果不推翻帝国主义的统治，就不能消灭封建地主阶级的统治；地主阶级是帝国主义统治中国的主要社会基础，如果不推翻地主阶级，就不能彻底铲除封建制度的根基、组织起强大的革命队伍，就不能推翻帝国主义在中国的统治。

官僚资本主义也是中国革命的对象。官僚资本主义是依靠帝国主义、勾结封建势力、利用国家政权力量而发展起来的买办的封建的国家垄断资本主义。它背靠帝国主义，通过国家垄断金融机构，滥发纸币和国债而疯狂侵吞社会财富，通过建立国家专卖制度控制大量商品和物资而大肆牟取暴利，通过超经济的特权垄断一些行业的经营权而压迫和兼并私人资本主义企业。官僚资本主义对广大劳动人民的残酷剥削和对民族工商业的巧取豪夺，严重束缚了中国社会生产力的发展，因此也是中国革命的对象。

中国革命的对象是"三座大山"，这是不是指在革命的不同历史时期，革命的对象都是"三座大山"呢？从总体上说，中国革命的对象是帝国主义、封建主义和官僚资本

---

① 《毛泽东选集》第2卷，人民出版社1991年版，第637页。

主义，它们是压在中国人民头上的三座大山。但是，在不同历史阶段，随着社会主要矛盾的变化，革命的主要对象有所不同。在国共合作的大革命时期，革命的主要对象是帝国主义支持下的北洋军阀；在土地革命战争时期，革命的主要对象是国民党新军阀；在抗日战争时期，革命的主要对象是日本帝国主义；在解放战争时期，革命的主要对象是美帝国主义支持下的国民党反动派。中国共产党领导中国人民，经过长期艰苦卓绝的斗争，推翻了帝国主义、封建主义和官僚资本主义的统治，取得了新民主主义革命的伟大胜利。

(二)新民主主义革命的动力

革命的动力就是革命的参与者和促进者。一个阶级的政治态度往往是由其经济地位决定的。在新民主主义革命时期，那些在经济上受剥削、政治上受压迫的阶级或阶层，都是革命的动力。在新民主主义革命时期，革命的动力包括无产阶级、农民阶级、城市小资产阶级和民族资产阶级。

无产阶级是中国革命最基本动力，如何认识无产阶级呢？无产阶级是中国沦为半殖民地半封建社会过程中最早出现的一个新的社会阶级。中国无产阶级最早出现在19世纪四五十年代西方列强在华创办的企业中。在19世纪60年代以后洋务派创办的近代企业以及19世纪70年代以后的中国民族企业中，先后产生了两批无产阶级。辛亥革命后到五四运动爆发前，伴随着中国资本主义经济的迅速发展，中国无产阶级已经达到200万人，开始由一个自在的阶级转化为自为的阶级。五四运动中，中国无产阶级显示了伟大的力量。无产阶级是新的社会生产力的代表，是近代中国最进步的阶级，是中国革命的领导力量。

在半殖民地半封建的中国，农民占绝大多数。如何认识农村中的各阶级呢？中国农村有地主和农民两大阶级。其中地主占农村人口的5%，农民占农村人口的95%。农民依据其经济地位和劳动状况，可以划分为富农、中农、贫农和雇农，他们分别占农村人口的5%、20%、70%。地主占有农村的大部分土地，主要靠出租土地、剥削农民为生，是中国革命的对象。富农的经济收入一部分来自出租土地，另外一部分是自己的合法劳动收入。地主和富农的区别有两点：一是富农的土地没有地主多；二是地主不劳动，富农则参加劳动。富农一般在农民群众反对帝国主义的斗争中可能贡献一份力量，在反对地主的土地革命斗争中也可能保持中立。因此，不应把富农看成和地主无分别的阶级，不应过早地采取消灭富农的政策。中农占有一小部分土地，但不足以满足基本生活需求，还需要向地主和富农租赁土地。中农不但能够参加反对帝国主义革命和土地革命，并且能够接受社会主义。因此，全部中农都可以成为无产阶级的可靠的同盟军。贫农和雇农是农村中的半无产阶级和无产阶级，他们仅拥有极少部分土地或者不占有任何土地，其经济收入主要靠租赁地主和富农土地，或者靠出卖劳动力为生。他们是中国革命的最广大的动力，是无产阶级最可靠的同盟军。

在半殖民地半封建的中国，农民占全国人口的80%以上，他们深受"三座大山"的压迫和剥削，具有强烈的反帝反封建的革命要求。农民问题是中国革命的基本问题，新民主主义革命实质上就是党领导下的农民革命，中国革命战争实质上就是党领导下的农民战争。无产阶级只有与农民结成巩固的联盟，开展土地革命，才能赢得农民对革命的支持和参与，才能形成强大的力量，赢得革命的胜利。无产阶级对农民的领导，是实现革命领导权的基础。没有无产阶级及其政党的领导，农民的革命动力作用就无法得到充分发挥。

城市小资产阶级，主要包括广大的知识分子、小商人、手工业者和自由职业者。他们同样受帝国主义、封建主义和官僚资本主义的压迫。在城市小资产阶级中，知识分子不是一个独立的阶级，由于他们经济地位和生活状况与小商人、手工业者和自由职业者类似，所以把它纳入城市小资产阶级。知识分子中的大部分人常常在中国革命中起着先锋和桥梁的作用。小商人、手工业者和自由职业者，伴随着帝国主义列强入侵和封建主义、官僚资本主义的压迫加剧，他们的经济地位和生活状况愈来愈差。因此，城市小资产阶级一般能够参加和拥护革命，他们同样是中国革命的动力。

民族资产阶级也是中国革命的动力之一，但它既不可充当革命的主要力量，更不可能是革命的领导力量。这是为什么呢？

中国的资产阶级可以分为两部分：一部分是官僚资产阶级，他们和帝国主义、封建主义结合起来，严重阻碍了中国经济社会的发展，是中国革命的对象；另一部分是民族资产阶级，他们最早产生于19世纪70年代，主要来源于买办、商人、地主、官僚。民族资产阶级是一个带有两面性的阶级。一方面，他们既受帝国主义的压迫，又受封建主义的束缚，同帝国主义和封建主义有矛盾，是革命的力量之一。另一方面，由于他们在经济上和政治上与帝国主义和封建主义有着千丝万缕的联系，没有彻底的反帝反封建的勇气，在革命的关键时刻往往表现出明显的动摇性。民族资产阶级的这种两重性，决定了它在一定时期内和一定程度上能够参加反帝反封建的革命，而在另一时期，又有跟在官僚资产阶级后面反对革命的危险。比如，大革命后期，民族资产阶级就跟着大地主和官僚资产阶级叛变了革命。因此，它既不可能充当革命的主要力量，更不可能是革命的领导力量。所以，无产阶级及其政党要对民族资产阶级采取又联合又斗争的策略。在政治上，既要争取它，与其建立统一战线，又要对其动摇性和妥协性进行批评和斗争。在经济上，要实行保护民族工商业的政策，发挥其有利于国计民生的积极作用。

(三)新民主主义革命的领导力量

无产阶级的领导权是中国革命的中心问题，也是新民主主义革命理论的核心问题。区别新旧两种不同范畴的民主主义革命的根本标志是，革命的领导权是掌握在无产阶级手中还是掌握在资产阶级手中。

既然新民主主义革命仍然是资产阶级民主革命，不是无产阶级社会主义革命，那么为什么要由无产阶级而不是资产阶级来领导呢？革命的性质是由革命的对象和任务决定的，不是由革命的领导阶级决定的。由于中国的民族资产阶级不能领导资产阶级民主革命取得胜利，领导中国革命的重任，历史性地落到了中国无产阶级及其政党的肩上。

为什么新民主主义革命不能由任何别的阶级和任何政党充当领导者？近代以后，由于西方列强的入侵，由于封建统治的腐败，中国逐渐成为半殖民地半封建社会，陷入内忧外患的黑暗境地，中国人民经历了战乱频仍、山河破碎、民不聊生的深重苦难。为了民族复兴，无数仁人志士不屈不挠、前仆后继，进行了可歌可泣的斗争，进行了各式各样的尝试。太平天国运动、戊戌变法、义和团运动，不甘屈服的中国人民一次次抗争，但又一次次失败。孙中山先生领导的辛亥革命，结束了统治中国几千年的君主专制制度，对推动中国社会进步具有重大意义，但终究也未能改变旧中国的社会性质和中国人民的悲惨命运。事实说明，无论是农民阶级还是民族资产阶级都没有能力领导中国人民完成反帝反封建的历史任务。要解决中国发展进步问题，必须找到能够领导中国社会变革的先进社会力量。

为什么农民阶级不能充当新民主主义革命的领导者呢？农民阶级不是新的生产力和生产关系的代表，农民阶级由于其小生产者的阶级局限性，不能够正确认识中国国情，提不出反帝反封建的革命纲领，也很难形成坚强的领导核心。近代中国农民革命的失败表明，在半殖民地半封建的中国，农民是革命的主力军；但它自身不能担负起领导反帝反封建斗争取得胜利的重任。

　　为什么中国民族资产阶级不能领导中国革命取得胜利呢？从根本上说，是因为在帝国主义时代，在半殖民地半封建的中国，资本主义的建国方案是行不通的。首先，帝国主义不允许中国民族资产阶级建立独立的资产阶级共和国，而是要把中国变成它们的殖民地和半殖民地，成为它们剥削、奴役的对象。其次，虽然民族资产阶级是真诚地希望中国通过建立资产阶级共和国，走上独立、富强之路，但由于中国民族资产阶级的软弱性和妥协性，决定了它没有勇气和能力去领导中国人民进行彻底反帝反封建的革命斗争，从而为建立资产阶级共和国扫清障碍。最后，中国的反动统治者的社会基础极其狭窄，不能容忍任何的民主改革。

　　为什么说新民主主义革命只能和必须由无产阶级及其政党充当领导者？在无产阶级已经走上政治舞台的时代，中国革命的领导责任，就必然落到无产阶级及其政党肩上。无产阶级及其政党的领导，是中国革命取得胜利的根本保证。这是由中国无产阶级特点和优点决定的。近代中国的无产阶级，具有世界各国无产阶级共同的特点和优点，即不占有任何生产资料，与现代大工业相联系，是先进生产力的代表，具有大公无私，组织性、纪律性、革命性强等特点。此外，中国无产阶级还有自己特殊的优点：一是它从诞生之日起，就深受外国资本主义、本国封建势力和资产阶级的三重压迫，而这些压迫的严重性和残酷性，是世界各民族中少见的，因此，中国无产阶级在革命斗争中比其他任何阶级都来得坚决和彻底；二是它分布集中，主要集中于沿海和沿江的少数大城市，有利于无产阶级队伍的组织和团结，有利于革命思想的传播和强大革命力量的形成；三是它的成员中的大部分出身于破产农民，和农民有着天然的联系，这使得无产阶级便于和农民结成亲密的联盟，共同团结战斗。

　　基于以上分析，毛泽东明确指出："半殖民地的中国的社会各阶层和各种政治集团中，只有无产阶级和共产党，才最没有狭隘性和自私自利性，最有远大的政治眼光和最有组织性，而且也最能虚心地接受世界上先进的无产阶级及其政党的经验而用之于自己的事业。因此，只有无产阶级和共产党能够领导农民、城市小资产阶级和资产阶级，克服农民和小资产阶级的狭隘性，克服失业者群的破坏性，并且还能够克服资产阶级的动摇和不彻底性(如果共产党的政策不犯错误的话)，而使革命和战争走上胜利的道路。"[①]

　　中国无产阶级的这些特点和优点，使其从走上革命舞台开始，就在本阶级的革命政党——中国共产党领导之下，成为中国社会里最有觉悟性的阶级，从而使它能够成

---

① 《毛泽东选集》第1卷，人民出版社1991年版，第183~184页。

为中国革命的领导力量。无产阶级及其政党——中国共产党的领导，是中国革命取得胜利的根本保证。

无产阶级及其政党如何实现对中国革命的领导权呢？无产阶级及其政党对中国革命的领导权不是自然而然得来的，而是在与资产阶级争夺领导权的斗争中实现的。无产阶级及其政党实现对各革命阶级的领导，必须建立以工农联盟为基础的广泛的统一战线，这是实现领导权的关键。中国的新民主主义革命实质上就是无产阶级领导下的农民革命。中国革命的一些基本理论和实践问题都和农民问题紧密地联系着。因此，首先必须建立巩固的工农联盟。无产阶级在同资产阶级建立统一战线时，必须坚持独立自主的原则，保持党在思想上、政治上和组织上的独立性，实行又联合又斗争的方针，这是坚持领导权的基本策略。无产阶级要保持在民主革命中的领导权，就必须建立和发展人民的革命武装力量。建立一支无产阶级领导的以农民为主体的强大的革命武装，是保证无产阶级领导权的坚强支柱；加强无产阶级政党的建设，是实现无产阶级领导权的根本保证。

（四）新民主主义革命的道路

在一个以农民为主体的半殖民地半封建的国度里进行革命，应该选择什么样的道路，这是中国共产党在领导中国革命的过程中必须面对和回答的重大问题。中国共产党在马克思主义指导下，立足中国国情，走出了一条不同于俄国十月革命的道路，即农村包围城市、武装夺取政权的革命道路。

中国革命应该走什么样的道路？党对这一问题的认识，经过了逐步探索的过程。党成立初期，首先把工作重心放在城市，领导工人阶级，开展工人运动，这样有利于扩大党的阶级基础。但当时对于发动农民参加革命、建立农村革命根据地的重要性缺乏足够的认识。

1927年大革命失败后，党的工作重心开始转向农村。秋收起义失败后，毛泽东率领队伍奔赴井冈山，创建了井冈山革命根据地，把武装斗争的主攻方向首先指向农村。在领导农村革命根据地的斗争实践中，毛泽东相继写下了《中国的红色政权为什么能够存在？》《井冈山的斗争》《星星之火，可以燎原》等文章，提出了"工农武装割据"思想，初步形成了农村包围城市的革命道路理论。

红军长征到达陕北后，毛泽东深入分析了近代中国所处的时代特点和国情，论述了中国革命的长期性和不平衡性等特点，进一步丰富了农村包围城市的整体战略思想。

1938 年 11 月，他在党的六届六中全会上明确指出："共产党的任务，基本地不是经过长期合法斗争以进入起义和战争，也不是先占城市后取乡村，而是走相反的道路。"①从而确立了经过长期武装斗争，先占乡村，后取城市，最后夺取全国胜利的革命道路。

中国革命为什么必须走农村包围城市、武装夺取政权的道路？这是由中国所处的时代特点和具体国情决定的。第一，在半殖民地半封建的中国社会，内无民主制度而受封建主义的压迫，外无民族独立而受帝国主义的压迫。中国的无产阶级根本不可能像在资本主义国家那样，先在城市经过长期的、公开的合法斗争，然后再组织武装起义，夺取政权。中国革命的主要斗争形式只能是武装斗争，以革命的武装消灭反革命的武装，相应的主要组织形式必然是军队。第二，近代中国是一个农业大国，农民占全国人口的绝大多数，是无产阶级可靠的同盟军和革命的主力军。在中国开展革命斗争，必须充分地发动农民，凝聚农民阶级的革命力量，否则就无法摧毁帝国主义和封建地主阶级反动统治的基础。这就要求无产阶级及其政党必须深入农村，从解决农民的土地问题入手，组织、发动和武装农民，使革命战争获得广大农民的支持和参加，为最后夺取全国政权奠定基础。第三，中国革命的敌人虽然建立了庞大的反革命军队，并长期占据中心城市，而农村则是其统治的薄弱环节。无产阶级及其政党必须将工作中心放在农村，在农村长期积蓄和锻炼自己的力量。只有把农村建设成先进的、巩固的革命根据地，才能与占据在中心城市的敌人进行长期有效斗争。以农村包围城市，逐步夺取城市，取得革命的最后胜利。

中国革命为什么能够走农村包围城市、武装夺取政权的道路？这同样是由中国所处的时代特点和特殊国情决定的。党之所以能够深入农村积蓄革命力量，建设农村革命根据地，最终实现农村包围城市并夺取政权，是因为以下五个方面原因：第一，近代中国是多个帝国主义间接统治的经济落后的半殖民地国家，社会政治经济发展极端不平衡，四分五裂，军阀割据，存在不少的统治薄弱环节，为党在农村开展革命斗争、建设革命根据地提供了缝隙和可能；第二，近代中国的广大农村深受反动统治阶级的多重压迫和剥削，人民革命愿望强烈，加之经历过大革命的洗礼，革命的群众基础好；第三，全国革命形势的继续向前发展，为在农村建设革命根据地提供了客观条件；第四，相当力量正式红军的存在，为农村革命根据地的创立、巩固和发展提供了坚强后盾；第五，党的领导的有力量及其政策的不错误，为农村革命根据地建设和发展提供了重要的主观条件。

---

① 《毛泽东选集》第 2 卷，人民出版社 1991 年版，第 542 页。

新民主主义革命道路的内容是什么呢？中国革命走农村包围城市、武装夺取政权的道路，根本在于处理好土地革命、武装斗争、农村革命根据地建设三者之间的关系。土地革命是民主革命的基本内容；武装斗争是中国革命的主要形式，是农村根据地建设和土地革命的强有力保证；农村革命根据地是中国革命的战略阵地，是进行武装斗争和开展土地革命的依托。在党的领导下，实现了土地革命、武装斗争、农村革命根据地建设三者的密切结合和有机统一。

新民主主义革命道路理论的意义是什么呢？中国革命道路的理论，反映了中国半殖民地半封建社会民主革命发展的客观规律。党在探索中国革命道路的过程中，不是照抄照搬俄国十月革命的经验，而是从中国的实际出发，开辟了引导中国革命走向胜利的正确道路，创造性地发展了马克思列宁主义。中国革命道路理论，是党运用马克思主义的立场、观点和方法，分析、研究和解决中国革命具体问题的光辉典范，对于推进马克思主义中国化具有重要的方法论意义。

三、释疑解惑

※ 为什么说新民主主义革命是新式的资产阶级民主革命？

鸦片战争后，由于西方列强的入侵，由于封建统治的腐败，中国逐渐成为半殖民地半封建社会，这是近代中国最基本的国情。近代中国社会的主要矛盾是帝国主义和中华民族的矛盾，封建主义和人民大众的矛盾。这决定了近代中国革命的根本任务是推翻帝国主义、封建主义和官僚资本主义的统治，为建设富强民主的国家创造必要的前提。

近代中国半殖民地半封建社会的性质和中国革命的历史任务，决定了1919年五四运动以后的中国革命的性质不是无产阶级社会主义革命，而仍然是资产阶级民主主义革命。这是因为：①这个革命的对象仍主要是帝国主义和封建主义势力，革命的任务就是推翻这两个主要敌人，而不是资产阶级；②这个革命还有资产阶级参加，它还曾领导过这个革命；③这个革命的经济政策不是一般地废除私有财产，而是一般地保护私有财产，具体地说就是要把封建地主土地私有制变为农民土地所有制，为民族资本主义的发展扫清道路并保护它。所以，1919年五四运动以后中国革命的性质，就不是无产阶级社会主义革命，而仍然是资产阶级民主主义革命。

但是，中国革命已不是旧式的、一般的资产阶级民主主义革命，而是新的民主主义革命。与旧民主主义革命相比，它有新的内容和特点，集中表现在中国革命处于世界无产阶级社会主义革命的时代，是世界无产阶级社会主义革命的一部分；革命的领导力量是中国无产阶级及其先锋队——中国共产党；革命的指导思想是马克思列宁主义；革命的前途是社会主义而不是资本主义。

新民主主义革命与社会主义革命性质不同。新民主主义革命仍然属于资产阶级民主主义革命的范畴。它推翻帝国主义、封建主义和官僚资本主义的反动统治，在政治上争取和联合民族资产阶级去反对共同的敌人，在经济上保护民族工商业，容许有利于国计民生的私人资本主义发展。它要建立的是无产阶级领导的各革命阶级的联合专政，而不是无产阶级专政。社会主义革命是无产阶级性质的革命，它所要实现的目标是消灭资本主义剥削制度和改造小生产的私有制。

新民主主义革命与社会主义革命又是互相联系、紧密衔接的，中间不容横插一个资产阶级专政。毛泽东把新民主主义革命和社会主义革命比喻为文章的上篇和下篇："两篇文章，上篇与下篇，只有上篇做好，下篇才能做好。坚决地领导民主革命，是争取社会主义胜利的条件。"[1]"民主主义革命是社会主义革命的必要准备，社会主义革命是民主主义革命的必然趋势。"[2]只有认清新民主主义革命和社会主义革命的区别，又认清两者的联系，才能正确地领导中国革命。

四、学习测试

(一)单项选择题

1. 近代中国的国情是(   )

    A. 封建社会   B. 半封建半殖民地社会

    C. 资本主义社会   D. 旧民主主义社会

2. 近代中国社会各种矛盾中最主要的矛盾是(   )

    A. 帝国主义和中华民族的矛盾   B. 封建主义和人民大众的矛盾

    C. 资产阶级和无产阶级的矛盾   D. 地主阶级和农民阶级的矛盾

3. 近代中国革命的根本任务是(   )

---

[1] 《毛泽东选集》第1卷，人民出版社1991年版，第276页。
[2] 《毛泽东选集》第2卷，人民出版社1991年版，第651页。

A. 反对资产阶级

B. 建立无产阶级专政

C. 建设富强民主的国家、改善人民生活

D. 推翻帝国主义、封建主义和官僚资本主义的压迫

4. 近代中国的社会性质和主要矛盾，决定了中国革命仍然是(　　)

A. 资产阶级民主革命　　　　　B. 无产阶级革命

C. 社会主义革命　　　　　　　D. 联合专政的革命

5. 中国资产阶级民主革命进入新民主主义革命的阶段，是以什么事件的发生为标志(　　)

A. 十月革命　　　B. 辛亥革命　　　C. 五四运动　　　D. 中国共产党成立

6. 区别旧民主主义革命与新民主主义革命的根本标志是(　　)

A. 革命的指导思想不同　　　　B. 革命的领导阶级不同

C. 革命的前途不同　　　　　　D. 革命的对象不同

7. 1948 年，毛泽东在(　　)中完整地表述了新民主主义革命总路线的内容

A.《〈共产党人〉发刊词》　　　　B.《中国革命和中国共产党》

C.《新民主主义论》　　　　　　D.《在晋绥干部会议上的讲话》

8. 近代中国贫困落后和一切灾祸的总根源是(　　)

A. 帝国主义　　　B. 封建主义　　　C. 官僚资本主义　　D. 民族资本主义

9. (　　)是帝国主义统治中国和封建军阀实行专制统治的社会基础

A. 民族资产阶级　　B. 地主阶级　　　C. 农民阶级　　　D. 买办阶级

10. 中国革命的主力军是(　　)

A. 民族资产阶级　　B. 小资产阶级　　C. 农民阶级　　　D. 官僚资产阶级

11. 在解放战争时期，革命的主要对象是(　　)

A. 国民党新军阀　　　　　　　B. 美帝国主义支持下的国民党反动派

C. 三座大山　　　　　　　　　D. 帝国主义支持下的北洋军阀

12. (　　)是中国革命的中心问题，也是新民主主义革命理论的核心问题

A. 无产阶级的领导权问题　　　B. 分清敌友

C. 武装斗争　　　　　　　　　D. 统一战线

13. 土地革命战争时期，毛泽东指出："一国之内，在四周白色政权的包围中，有一小块或若干小块红色政权的区域长期存在，这是世界各国从来没有的事，这种奇事

的发生。有其独特的原因。"红色政权能够存在和发展的根本原因是(　　　)

　　A. 中国是一个经济政治发展极端不平衡的半殖民地半封建大国

　　B. 国民革命的政治影响及良好的群众基础

　　C. 全国革命形势的继续发展

　　D. 相当力量的正式红军的存在以及共产党组织的坚强有力和正确领导

14. 建设新型人民军队，必须坚持的根本原则是(　　　)

　　A. 坚持全心全意为人民服务的宗旨

　　B. 能打胜仗

　　C. 坚持党对军队的绝对领导

　　D. 作风优良

15. 在新民主主义革命时期，中国共产党党内的本质矛盾是(　　　)

　　A. 实事求是的思想路线与教条主义的矛盾

　　B. 正确路线与错误路线的矛盾

　　C. 坚持党内团结与宗派主义的矛盾

　　D. 无产阶级思想与非无产阶级思想的矛盾

(二) 多项选择题

1. 近代中国社会的主要矛盾是(　　　)

　　A. 资产阶级和无产阶级的矛盾

　　B. 帝国主义和中华民族的矛盾

　　C. 封建主义和人民大众的矛盾

　　D. 农民与资产阶级的矛盾

2. 新民主主义革命的三大法宝是(　　　)

　　A. 武装斗争　　　B. 土地革命　　　C. 统一战线　　　D. 党的建设

3. 新民主主义革命与旧民主主义革命相比有其新的内容和特点，集中表现在(　　　)

　　A. 它有新的领导阶级即无产阶级

　　B. 它有新的指导思想即马克思主义

　　C. 它属于世界无产阶级革命的一部分

　　D. 它有了新的前途，经过新民主主义革命而达到社会主义的目标

4. 毛泽东在《论联合政府》中，阐述了中国共产党的三大优良作风，这就是(　　)

    A. 理论联系实际　　　　　　　B. 密切联系群众

    C. 独立自主　　　　　　　　　D. 批评和自我批评

5. 新民主主义革命的动力包括(　　)

    A. 民族资产阶级　　　　　　　B. 小资产阶级

    C. 农民阶级　　　　　　　　　D. 无产阶级

◎ 参考答案

(一)单项选择题

1. B　2. A　3. D　4. A　5. C　6. B　7. D　8. A　9. B　10. C
11. B　12. A　　13. A　14. C　15. D

(二)多项选择题

1. BC　2. ACD　3. ABCD　4. ABD　5. ABCD

第三章
社会主义改造理论

一、教学基本要求

本章主要介绍新民主主义社会的性质及中国共产党关于过渡时期总路线的基本内涵，中国社会主义改造的历史经验，社会主义制度的确立。通过本章内容的学习，使同学们领会中国由新民主主义向社会主义转变的历史必然性，对农业、手工业和资本主义工商业进行社会主义改造是当时中国社会经济发展的必然选择，深刻领会社会主义道路是实现中华民族伟大复兴的必由之路，是历史和人民的选择，是 20 世纪中国又一次划时代的历史巨变，也是世界社会主义运动史上又一个历史性的伟大胜利。知识点框架图如图 3-1 所示。

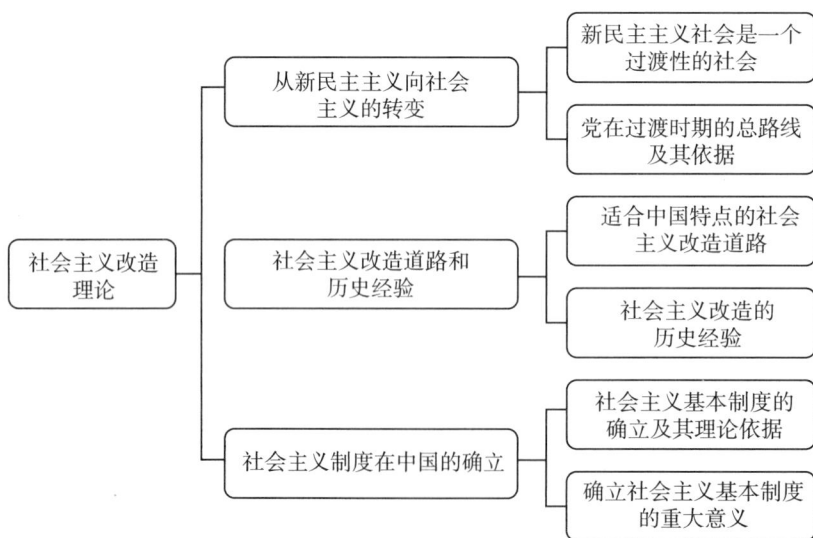

图 3-1　第三章知识点框架图

二、重点讲解

（一）新民主主义社会的性质和特点

了解一个社会形态，首先要准确把握它的社会性质。从中华人民共和国成立到社会主义改造基本完成，是我国从新民主主义到社会主义的过渡时期。这一时期的社会性质，我们称之为新民主主义社会。新民主主义社会不是一个独立的社会形态，而是由新民主主义向社会主义转变的过渡性的社会形态。新民主主义社会是属于社会主义体系的，但它不是独立的社会形态，还并不是完全意义上的社会主义社会，不能与社会主义社会直接画等号，是逐步过渡到社会主义社会的过渡性质的社会。

1. 新民主主义社会的基本特征

了解新民主主义社会的特点，有助于我们进一步理解新民主主义社会的性质问题。社会主义的因素不论在政治上还是经济上都已经居于领导地位是新民主主义社会的特点。首先，政治上，新民主主义社会实行工人阶级领导的各革命阶级联合专政的人民民主专政。从政治上看，与新民主主义时期三种不同性质的主要经济成分相联系，中国社会的阶级构成主要是工人阶级、农民阶级和其他小资产阶级、民族资产阶级等基本的阶级力量。由于农民和手工业者的个体经济既可以自发地走向资本主义，也可以被引导走向社会主义，其本身并不代表一种独立的发展方向。因此，这三种基本的经济成分及与之相联系的三种基本的阶级力量之间的矛盾，就集中表现为社会主义和资本主义两条道路、工人阶级和资产阶级两个阶级的矛盾。随着土地改革的基本完成，工人阶级和资产阶级的矛盾逐步成为我国社会的主要矛盾。只有解决了这一矛盾，才能使中国社会实现向社会主义的转变。其次，经济上，新民主主义社会建立的是在国营经济领导下的合作社经济、个体经济、私人资本主义经济和国家资本主义经济五种经济成分并存的新民主主义经济制度。其中半社会主义性质的合作社经济是个体经济向社会主义集体经济过渡的形式，国家资本主义经济是私人资本主义经济向社会主义国营经济过渡的形式。所以，主要的经济成分有三种：社会主义经济、个体经济和资本主义经济。新民主主义社会要继续向前发展，就要不断扩大国营经济，同时逐步将资本主义经济和个体经济改变为社会主义经济，使社会主义经济逐步成为我国的经济基础。再次，文化上，新民主主义社会实行马克思主义指导下的新民主主义文化，即民族的、科学的、大众的文化。

2. 新民主主义社会的基本国情

经济相当落后的农业国，工业和农业在国民经济中的比重，就全国范围来说，大约是现代性的工业占国民经济的10%，农业占90%，这是中华人民共和国成立后新民主主义社会的基本国情，也是我们考虑一切问题的基本出发点。1954年6月14日，毛泽东在《关于中华人民共和国宪法草案》中指出："现在我们能造什么？能造桌子椅子，能造茶碗茶壶，能种粮食，还能磨成面粉，还能造纸，但是，一辆汽车、一架飞机、一辆坦克、一辆拖拉机都不能造。"①

3. 新民主主义社会的主要矛盾

中国革命在全国胜利并且解决了土地问题之后，还存在着两种主要矛盾：第一种是国内的，即无产阶级与资产阶级的矛盾；第二种是国外的，即中国和帝国主义国家的矛盾。前面介绍新民主主义的政治特征时讲到，与新民主主义时期三种不同性质的主要经济成分相联系，中国社会的阶级构成主要是工人阶级、农民阶级和其他小资产阶级、民族资产阶级等基本的阶级力量。因此，这三种基本的阶级力量之间的矛盾，就集中表现为社会主义和资本主义两条道路、工人阶级和资产阶级两个阶级的矛盾。随着土地改革的基本完成，工人阶级和资产阶级的矛盾逐步成为我国社会的主要矛盾。

（二）党在过渡时期的总路线及其理论依据

1. 过渡时期总路线的提出

关于新民主主义向社会主义过渡的最初构想。中国共产党制定的过渡时期总路线，从一个侧面反映了党的领导人对社会主义道路认识的深化。中国必须走社会主义道路，新民主主义社会要过渡到社会主义社会，这在民主革命时期已经明确。但对于何时过渡、怎样过渡的问题，毛泽东和党的其他领导人的认识经历了一个逐步发展变化的过程。

在过渡时间上：通过三年准备、十年建设，然后再开始向社会主义过渡。在1948年9月召开的中共中央政治局会议上，毛泽东提出在新民主主义革命取得全国胜利以后，大约还需要经过10年、15年或20年再向社会主义过渡的设想。党的七届二中全会提出要使中国"稳步地由农业国转变为工业国，由新民主主义国家转变为社会主义国

---

① 《毛泽东文集》第6卷，人民出版社1999年版，第329页。

家"即"两个转变"同时并举的思想。1951 年前后，党内大体形成了先用三个五年计划搞工业化建设，再向社会主义过渡的共识。即在过渡的时间上，认为需要一个相当长的新民主主义建设阶段，一般估计为 15 年到 20 年时间。

在转变条件上：先发展生产力，后变革生产关系。认为只有实现了国家工业化，才能实现私营工业国有化和农业集体化。

在过渡的步骤和方式上，认为当工业发展了、国营经济壮大了的时候，才可以进一步实行资本主义工商业的国有化和个体农业的集体化。

尤其值得注意的是，党的领导人在做好理论方面的顶层设计的同时，也注重从实践上做好向社会主义过渡的准备条件。1949—1952 年，党领导人民集中力量恢复国民经济，继续完成民主革命遗留的任务。与此同时，分三个方面在为向社会主义过渡做准备。一是没收官僚资本，建立社会主义性质的国营经济。二是在完成土地改革之后的农村，及时开展互助合作运动；农业的社会主义改造实际上在土地改革进行的同时便已开始。中共中央于 1951 年年底制定《关于农业生产互助合作的决议(草案)》，要求在完成土地改革的地区试行。到 1952 年年底，全国已有 40% 的农户参加了互助组，并建立了 3600 多个初级农业生产合作社。三是在调整工商业过程中，采取对私营工商业加工订货、经销代销等方式，广泛发展初级形式的国家资本主义等，从而为全面向社会主义过渡奠定了基础。

在实践中，党逐步改变了原来的设想，提出了过渡时期总路线。经过三年的努力，到 1952 年我国国民经济得以恢复，民主革命遗留任务已经完成，经济、政治及社会面貌发生巨大变化。这时，毛泽东和党的其他领导人对原来的设想有了新的认识，认为我国正面临着新的发展形势，在农村和城市开始逐步进行社会主义改造已经成为必要并有实现的可能，开始向社会主义过渡的时机已经到来，于是重新思考向社会主义过渡的时间和步骤问题。1952 年 9 月，毛泽东提出，我们现在就要开始用 10~15 年时间基本上完成向社会主义过渡，而不是 10 年以后才开始过渡。这是酝酿提出过渡时期总路线的开始。

中国共产党为什么改变了原来设想，提出过渡时期总路线?

首先，中国共产党的领导和人民民主专政的国家制度的建立，为新民主主义向社会主义转变创造了优越的政治条件。其次，新民主主义经济制度的建立和国民经济的恢复为进行社会主义革命准备了基本的经济条件。再次，马克思列宁主义、毛泽东思想指导地位的确立为新民主主义向社会主义的转变提供了充分的思想文化条件。最后，二战后世界社会主义运动的高涨，苏联社会主义建设的发展及其对中国的援助，是中国向社会主义过渡的有利的国际条件。

2. 过渡时期总路线的内容

1953年6月，毛泽东在中共中央政治局会议上正式提出过渡时期的总路线和总任务，同年12月形成了关于总路线的完整表述："从中华人民共和国成立，到社会主义改造基本完成，这是一个过渡时期。……党在这个过渡时期的总路线和总任务，是要在一个相当长的时期内，逐步实现国家的社会主义工业化，并逐步实现国家对农业、对手工业和对资本主义工商业的社会主义改造。"①也就是我们现在所简称的"一化三改"。"一化"即社会主义工业化，"三改"即对个体农业、手工业和资本主义工商业的社会主义改造。1954年7月，党的七届四中全会正式批准这条总路线，同年9月召开的一届全国人大一次会议把总路线写入宪法总纲。

3. 过渡时期总路线的基本特征

一是社会主义革命和社会主义建设同时并举，即在实现对生产资料私有制的社会主义改造的同时，实现社会主义工业化。

二是把发展生产力与变革生产关系结合起来，以社会主义工业化为主体，以农业和手工业的社会主义改造及资本主义工商业的社会主义改造为两翼。"一化三改"之间相互联系，不可分离，可以比喻为鸟的"主体"和"两翼"。其中，"一化"是"主体"，"三改"是"两翼"，两者相辅相成、相互促进。"一化"是为了解放和发展生产力，"三改"是通过变革生产关系以适应和促进生产力的发展。这是一条社会主义建设和社会主义改造同时并举的路线，体现了社会主义工业化和社会主义改造的紧密结合，体现了解放生产力与发展生产力、变革生产关系与发展生产力的有机统一。

三是党在过渡时期总路线的实质是解决所有制问题。这个"实质"包含两个方面：一方面是国有制扩大；另一方面是资本主义和个体经济两种私有制的改变。

4. 为什么必须实行社会主义建设和社会主义改造同时并举的方针

首先，从根本上改变中国贫穷落后的面貌，把中国从一个落后的农业国转变为先进的工业国，就必须实现国家的工业化。而在中国具体条件下，就必须实行社会主义工业化。实现社会主义工业化，是国家独立和富强的必然要求和必要条件。

其次，为了实现社会主义工业化，在充分利用原有工业潜力和进行新的工业建设

① 《建国以来重要文献选编》第4册，中央文献出版社1993年版，第548页。

的同时，必须对个体经济和私人资本主义工商业进行社会主义改造。因为随着大规模经济建设的开展，个体经济和私营资本主义工商业越来越不适应国家工业化建设的需要。

这一过渡时期总路线的制定既有必要性又有可能性。第一，实现社会主义工业化，是国家独立和富强的必然要求和必要条件。第二，只有加快对农业、手工业和资本主义工商业的社会主义改造才能适应国家社会主义工业化建设的要求，发展社会生产力。中华人民共和国成立后前三年伟大实践创造出的巨大成果为这条总路线的提出提供了可能：我国已经有了相对强大和迅速发展的社会主义国营经济；土地改革完成后，为发展生产、抵御自然灾害，广大农民具有走互助合作道路的要求；中华人民共和国成立初期，党和国家在合理调整工商业的过程中，出现了加工订货、经销代销、统购包销、公私合营等一系列从低级到高级的国家资本主义形式。

5. 党在过渡时期总路线的理论依据

过渡时期总路线制定的理论依据主要是马克思主义经典作家的一些论述。

首先，马克思、恩格斯在创立科学社会主义理论时，就提出了从资本主义社会向社会主义社会的过渡问题。在《共产党宣言》中他们认为，从资本主义社会到社会主义社会，需要经历一个从无产阶级夺取政权到利用国家政权对旧的生产关系进行革命性的改造，逐步消灭私有制、确立公有制并大力发展生产力的过渡时期，这是一切走向共产主义的国家不可逾越的发展阶段。

马克思在《哥达纲领批判》中指出："在资本主义社会和共产主义社会之间，有一个从前者变为后者的革命转变时期。同这个时期相适应的也有一个政治上的过渡时期，这个时期的国家只能是无产阶级的革命专政。"①

其次，列宁在指导俄国无产阶级革命和世界被压迫民族解放斗争中，进一步发展了马克思、恩格斯的革命转变思想。

最后，以毛泽东为主要代表的中国共产党人，在马克思列宁主义的理论指导下，积极探讨新民主主义革命胜利后中国社会逐步向社会主义过渡的问题。

1949 年 3 月召开的党的七届二中全会，专门讨论建设新民主主义社会的问题。中华人民共和国成立后，党又在马克思列宁主义过渡时期理论指导下，依据中国的具体情况，适时制定了党在过渡时期的总路线。1953 年 12 月，毛泽东审阅通过了《为动员一切力量把我国建设成为一个伟大的社会主义国家而斗争——关于党在过渡时期总路

---

① 《马克思恩格斯选集》第 3 卷，人民出版社 2012 年版，第 373 页。

线的学习和宣传提纲》。党在过渡时期的总路线，将马克思列宁主义关于过渡时期的理论在中国具体化了，形成了中国化的过渡时期理论，为中国社会主义改造提供了行动指南。

（三）社会主义改造道路和历史经验

1. 适合中国特点的社会主义改造道路

以毛泽东为核心的党的第一代中央领导集体带领人民在探索实践的过程中找到了一条适合中国特点的社会主义改造道路。在对农业、手工业和资本主义工商业的三大改造中，农业和手工业的改造道路基本是相同的，对于资本主义工商业的改造，情况要复杂一些。

中国的特点是农民占人口的绝大多数。如何将几亿农民的个体所有制改造成集体所有制，是一个历史性的难题。以毛泽东为主要代表的中国共产党人根据马克思列宁主义关于农业社会主义改造的基本原理，从我国农村实际出发，制定并实行了一整套适合中国特点的对农业进行社会主义改造的方针、政策和办法，开辟了一条适合我国情况的农业社会主义改造道路。

对于农业，主要是运用和平的方法、合作化的途径来进行改造的。这是马克思主义的一个基本原则。"我们对于小农的任务，首先是把他们的私人生产和私人占有变为合作社的生产和占有，不是采取暴力，而是通过示范和为此提供社会帮助。"①

对于农业的社会主义改造包括以下几个方面的内容：第一，积极引导农民组织起来，走互助合作道路；第二，遵循自愿互利、典型示范和国家帮助的原则，以互助合作的优越性吸引农民走互助合作道路；第三，正确分析农村的阶级和阶层状况，制定正确的阶级政策，使农业合作化进程有了坚实的阶级基础和群众基础；第四，坚持积极领导、稳步前进的方针，采取循序渐进的步骤，由互助组—初级社—高级社逐步过渡，使农民容易接受。

在农业改造过程中，第一阶段主要是发展互助组，同时试办初级社。互助组由几户或十几户农民自愿组成，土地耕畜和其他生产资料仍归农民个人所有，但在生产方面组织起来、互帮互助，具有社会主义萌芽性质。第二阶段主要是建立初级农业生产合作社。初级社以土地入股和统一经营为特点，实行集体劳动，产品分配采取按劳分配和土地入股分红相结合，耕畜和大农具也付给一定的报酬，具有半社会主义性质。

----

① 《马克思恩格斯选集》第4卷，人民出版社2012年版，第370页。

第三章　社会主义改造理论 | 49

第三阶段是发展高级社。高级社实行生产资料归农民集体所有、按劳付酬，取消土地分红，具有完全的社会主义性质。到1956年年底，农业社会主义改造基本完成。参加合作社的农户占全国总农户的96.3%，其中加入高级社的农户占总农户的87.8%。中国农村在稳定的气氛中完成了从几千年的分散个体劳动向集体所有、集体经营的历史转变，推动了生产力的发展，这是中国历史上一次伟大的社会变革和社会进步。

在农业合作化的同时，也以基本相同的方式完成了对手工业的社会主义改造：党和政府采取了积极领导、稳步前进的方针，从供销合作入手，逐步发展到走生产合作的道路。手工业的社会主义改造经历了手工业供销小组—手工业供销合作社—手工业生产合作社，由低级到高级逐步过渡的三个步骤。第一步的手工业供销小组由国营商业或供销合作社供给原料和包销产品。它虽然没有改变生产资料的私有制，但已经把个体手工业者组织起来，使之开始脱离资本主义工商业的供销轨道，因而具有社会主义萌芽性质。第二步的手工业供销合作社是由供销小组合并起来的，开始是统一供销业务，分别核算，生产活动仍由各户分散独立完成；后来逐步变成有部分生产资料是公有的，合作社对各户的生产也有一定的干预，因而具有半社会主义性质。第三步是建立手工业生产合作社。手工业者的生产资料全部归集体所有，统一经营，入社人员参加集体劳动，实行按劳分配。它是社会主义性质的集体经济组织。到1956年年底，全国共组织了10万个手工业合作社，入社社员占全部手工业从业人员的92%以上，对手工业的社会主义改造基本完成。

在推进农业合作化运动的同时，党和政府有计划、有步骤地开展了对资本主义工商业的社会主义改造，创造性地开辟了一条适合中国情况的对资本主义工商业进行社会主义改造的道路。

第一，用和平赎买的方法改造资本主义工商业。剥夺资产阶级的生产资料归全社会所有是社会主义革命的基本任务，但剥夺的方式可以是暴力的，也可以是和平的。我国对资产阶级的两部分采取了不同政策：对于官僚资产阶级的官僚资本，采取了没收的政策。而对于民族资产阶级及他们所拥有的私营工商业，则采取了"和平赎买"的政策。对资产阶级实行赎买，是马克思、恩格斯提出的设想，他们认为，对资产阶级实行和平赎买是"最便宜不过"的事情了。列宁在俄国十月革命后也曾经打算采取这种"最便宜不过"的做法，但由于遭到俄国资产阶级的反抗而没有成功。根据马克思恩格斯和列宁的设想，结合中国的具体情况，中国共产党提出了对资本主义工商业实行和平赎买的方针。所谓赎买，就是国家有偿地将私营企业改变为国营企业，将资本主义私有制改变为社会主义公有制。赎买的具体方式不是由国家支付一笔补偿资金，而是让资本家在一定年限内从企业经营所得中获取一部分利润。

为什么我们国家可以实现对资本主义工商业的"和平赎买"？我国之所以能够采取赎买的方式对资本主义工商业进行和平改造，首先，民族资产阶级具有两面性：在社会主义革命阶段，民族资产阶级既有剥削工人取得利润的一面，又有拥护宪法、愿意接受社会主义改造的一面。其次，中国共产党与民族资产阶级长期保持着统一战线的关系，这就为将工人阶级和民族资产阶级之间存在着的对抗性矛盾转化为非对抗性矛盾并按照人民内部矛盾来处理提供了前提。最后，我国已经有了以工人阶级为领导、工农联盟为基础的人民民主专政的国家政权，建立了强大的社会主义国营经济并掌握了国家的经济命脉，这就造成了私人资本主义在政治上、经济上对社会主义的依赖。再加上当时国家对粮食和工业原料的统购统销，以及资本主义企业中工人群众对资本家的监督等因素，就使私人资本主义企业只能接受社会主义改造。

第二，采取从低级到高级的国家资本主义经济的过渡形式。所谓国家资本主义经济就是在人民政府管理之下的、用各种形式和国营社会主义经济联系着的、并受工人监督的资本主义经济，它是我国对资本主义经济进行社会主义改造的一种形式。它主要不是为了资本家的利润而存在，而是为了供应人民和国家的需要而存在。因此，这种新式国家资本主义经济是带着很大的社会主义性质的，是对工人和国家有利的。

国家资本主义有初级形式和高级形式之分。初级形式的国家资本主义是国家对私营工商业实行委托加工、计划订货、统购包销、经销代销等；高级形式的国家资本主义是个别企业的公私合营和全行业公私合营。我国对资本主义工商业的社会主义改造采取了由低级到高级形式的国家资本主义逐步过渡的方式。

第三，把资本主义工商业者改造成自食其力的社会主义劳动者。对企业的改造和对人的改造相结合，在对资本主义工商业进行改造的同时，把资本家由剥削者改造成自食其力的社会主义劳动者。

2. 社会主义改造的历史经验

在进行社会主义改造、向社会主义过渡的进程中，中国共产党积累了丰富的历史经验。

第一，坚持社会主义工业化建设与社会主义改造同时并举。社会主义改造就是要变革不适应工业化发展要求的生产关系，是围绕着社会主义工业化建设这个中心任务进行的；引导个体农民、个体手工业者走集体化的道路，改造私人资本主义工商业，目的都是为了适应社会主义工业化建设的要求，更好地发展生产力。我国的社会主义改造全面推开是从 1953 年开始的，与此同时，我国的社会主义工业化建设也全面展开。经过全党和全国人民的努力奋斗，到 1956 年我国社会主义改造基本完成时，"一五"计划的主要指标已提前完成，到 1957 年，各项指标均超额完成。经过"一五"期间的大规模建设，我国以重工业为重点的社会主义工业化基础已初步建立。实践证明，党坚持社会主义改造与社会主义工业化同时并举的方针，对于在深刻的社会变革中保持社会稳定，促进生产力发展，逐步改善人民生活，推动社会进步，都具有十分重要的意义。

第二，采取积极引导、逐步过渡的方式。我国对农业、手工业和资本主义工商业的改造都采取了区别对象，用不同的办法积极引导、逐步过渡的方式。从而避免了在改造期间可能发生的剧烈的社会震荡和经济破坏。中国的这场巨大而深刻的社会变革，不仅没有对生产力的发展造成破坏，而且促进了生产力的发展。

第三，用和平方法进行改造。无论是资本主义工商业，还是农民和手工业者的个体所有制，都具有私有制的性质。对其进行改造，属于社会主义革命性质。用和平的方法，即用说服教育的方法，不仅保证了我国社会主义改造的顺利进行，而且维护了社会的稳定，极大地促进了社会主义事业的发展。事实证明，和平改造解决了诸如社会变革与经济发展、和平过渡与消灭剥削制度这类通常难以解决的矛盾。

(四) 社会主义制度在中国的确立

1. 社会主义基本制度的确立及其理论依据

1956 年，农业、手工业和资本主义工商业的社会主义改造的完成，标志着我国基本上实现了从新民主主义向社会主义的转变，基本上结束了存在长达几千年的阶级剥削，宣布了占世界人口四分之一的中国进入了社会主义社会。那么社会主义基本制度在中国是如何确立起来的，以及确立的理论依据是什么？搞清楚了这个问题，对于我们理解社会主义社会在我国的确立过程是极其有帮助的。

首先是经济领域，社会主义改造的基本完成，使我国社会经济结构发生了根本变化，社会主义经济成分已占绝对优势，社会主义公有制已成为我国社会的经济基础。中国几千年来以生产资料私有制为基础的阶级剥削制度已经基本上被消灭，以生产资料公有制为基础的社会主义基本经济制度已经建立起来。这是中国进入社会主义社会的最主要标志。

其次是政治领域，随着社会主义改造的进行，我国的人民民主政治建设也在有步骤地向前推进。1954年9月，第一届全国人民代表大会的召开和《中华人民共和国宪法》的制定及颁布施行，为各族人民参与国家政治生活提供了必要条件和保证，为逐步健全和完善我国社会主义政治制度奠定了坚实的基础，成为我国社会主义民主政治建设的里程碑。《中华人民共和国宪法》是中国人民100多年来为实现中华民族伟大复兴而英勇奋斗的历史经验总结，也是中华人民共和国成立以来新的经验总结。这部宪法明确规定了我国人民民主专政的国体和人民代表大会的政体。在新民主主义革命时期即已基本形成的中国共产党领导的多党合作和政治协商格局，在1954年第一届全国人民代表大会召开之后，逐步发展成为我国的一项基本政治制度。《共同纲领》确立的民族区域自治制度在新民主主义向社会主义过渡时期得到了发展，成为我国社会主义的一项基本政治制度。在中国漫长的历史上经历过无数风雨的民族问题，终于找到了一条和平、民主的解决之路。人民代表大会制度这一根本政治制度、中国共产党领导的多党合作和政治协商制度、民族区域自治制度等基本政治制度的确立，表明我国由一个新民主主义的国家转变为社会主义国家。

最后是阶级关系。伴随着社会经济制度和社会经济结构的根本变化，我国社会的阶级关系也发生了根本的变化。帝国主义侵略势力已经被清除出中国大陆；官僚资产阶级已经在中国内地被消灭；原来的地主和富农正在被改造成自食其力的劳动者；民族资产阶级分子被改造成自食其力的社会主义劳动者；工人阶级已经成为国家的领导阶级，工人阶级队伍进一步壮大；亿万农民和其他个体劳动者已经变成社会主义的集体劳动者；知识界已经成为一支为社会主义服务的队伍。广大劳动人民从此摆脱了被剥削被奴役的地位，成为掌握生产资料的国家和社会的主人以及掌握自己命运的主人。

社会主义改造的基本完成和由此带来的社会各方面的变化，表明社会主义制度已经在我国的经济领域、政治领域及社会生活其他领域基本确立。

2. 确立社会主义基本制度的重大意义

中华人民共和国的成立和社会主义基本制度的确立，是中国历史上最深刻最伟大的社会变革，是20世纪中国一次划时代的历史巨变，也是世界社会主义发展史上又一个历史性的伟大胜利。它极大地提高了工人阶级和广大劳动人民的积极性和创造性，使广大劳动人民真正成为国家的主人和社会生产资料的主人，极大地促进了我国社会生产力的发展，为当代中国一切发展进步奠定了根本的政治前提和制度基础，也为中国特色社会主义制度的创新和发展提供了重要条件，实现了中华民族由近代不断衰落到根本扭转命运、持续走向繁荣富强的伟大飞跃，使占世界人口四分之一的东方大国进入了社会主义社会，这是世界社会主义运动史上又一个历史性的伟大胜利。同时，进一步改变了世界政治经济格局，增强了社会主义的力量，对维护世界和平产生了积极影响。

三、释疑解惑

※ 如何认识我国社会主义改造出现的失误和偏差？

新生事物的探索发展过程并不总是一帆风顺的，社会主义改造也是如此。我国的社会主义改造也出现了一些失误和偏差。有指导思想上急于求成、不够谨慎，工作方法上过于简单的因素，也受当时历史条件的限制，存在认识上的一些问题，主要是：在社会主义经济模式的选择和理解上，过于单一，追求纯粹的单一的社会主义经济成分；在公有制实现形式的选择和理解上过于简单化，只注意集体所有制和全民所有制这两种基本形式，而对社会主义改造完成以后公有制经济可以和非公有制经济共同发展缺乏认识。更重要的是，当时党对我国社会主义发展阶段问题还没有形成科学的理论，对什么是社会主义还没有完全搞清楚，致使一些遗留问题长期没有得到解决。但是，不能因为出现这些失误和偏差而否定社会主义改造的伟大意义。

※ 如何认识中国社会主义改革与社会主义改造的关系？

第一，社会主义改造是为了确立社会主义生产关系，并在这种经济基础上进一步健全社会主义上层建筑，以继续解放和发展生产力；社会主义改造创造性地实现了由新民主主义到社会主义的转变，全面确立了社会主义的基本制度，使占世界人口四分之一的东方大国进入了社会主义社会，实现了中国历史上最广泛最深刻的社会变革，为中国后来的一切进步和发展奠定了基础。没有社会主义改造，就没有社会主义基本制度的建立和全面的社会主义建设。

第二，社会主义改革不是对社会主义改造的否定，也不是要回到改造前的状态；而是对社会主义改造后我国生产关系和上层建筑不适应生产力发展要求的部分进行调整和改革，是社会主义制度的自我完善和发展，目的仍然是进一步解放和发展生产力。

第三，中国社会主义改造和社会主义改革，虽然在指导思想、方针政策、实际工作上有很大差别，但两者绝不是彼此割裂的，更不是根本对立的。既不能用社会主义改革否定社会主义改造，也不能用社会主义改造否定社会主义改革。

四、学习测试

(一)单项选择题

1. 高级农业生产合作社的性质是(   )

    A. 社会主义萌芽性质   B. 半社会主义性质

    C. 完全的社会主义性质   D. 资本主义性质

2. 农业合作化必须遵循的原则是(   )

    A. 统筹兼顾，全面安排，积极领导，稳步前进

    B. 自愿互利、典型示范和国家帮助

    C. 四马分肥

    D. 委托加工、计划订货

3. 改造资本主义工商业的方法为(   )

    A. 和平赎买   B. 购买   C. 没收   D. 消灭

4. 我国新民主主义社会是(   )

    A. 一个独立的社会形态   B. 属于资本主义的社会形态

    C. 一个过渡性的社会   D. 新民主主义时期的社会形态

5. 毛泽东在七届二中全会上指出：中国革命在全国胜利，并且解决了土地问题之后，中国还存在的国内主要矛盾是(   )

    A. 无产阶级与资产阶级的矛盾

    B. 封建主义和人民大众的矛盾

    C. 无产阶级和民族资产阶级的矛盾

    D. 无产阶级和国民党反动派的矛盾

6. 个别企业的公私合营的性质是(   )

    A. 社会主义萌芽性质   B. 半社会主义性质

    C. 资本主义性质   D. 完全社会主义性质

7. 社会主义改造的历史经验有(   )

    A. 坚持社会主义工业化与社会主义改造同时并举

    B. 坚持社会主义农业化与社会主义改造同时并举

C. 坚持社会主义工商业化与社会主义改造同时并举

D. 坚持社会主义手工业化与社会主义改造同时并举

8. 1956年，农业、手工业和资本主义工商业的社会主义改造的完成，标志着我国（　　）

A. 实现了新民主主义社会

B. 完成了新民主主义革命的任务

C. 基本上实现了从新民主主义向社会主义的转变

D. 进入社会主义革命阶段

9. 社会主义改造基本完成之后，我国（　　）

A. 社会主义经济成分不占绝对优势　　B. 社会主义经济成分已占绝对优势

C. 资本主义经济成分占绝对优势　　D. 合作社经济成分占绝对优势

10. 农业社会主义改造的方针是（　　）

A. 自愿互利　　　　　　　　　　B. 典型示范

C. 国家帮助　　　　　　　　　　D. 积极领导，稳步前进

11. 社会主义改造过程中，农业生产互助组具有（　　）

A. 社会主义萌芽性质　　　　　　B. 半社会主义性质

C. 完全的社会主义性质　　　　　D. 资本主义性质

12. 资本主义工商业进行社会主义改造中采取的高级形式的国家资本主义是（　　）

A. 公私合营　　B. 计划订货　　C. 统购包销　　D. 委托加工

13. 新民主主义社会中半社会主义性质的经济形式是（　　）

A. 国营经济

B. 合作社经济

C. 个体经济

D. 私人资本主义经济和国家资本主义经济

14. 1949年党的七届二中全会提出（　　）

A. 使中国稳步地由农业国转变为工业国，由新民主主义国家转变为社会主义国家

B. 把毛泽东思想确立为党的指导思想

C. 实行改革开放的战略方针

D. 恢复与发展国民经济的"调整、巩固、充实、提高"八字方针

15. 中华人民共和国成立初期，社会主义国营经济的主要来源是(　　)

    A. 解放区的公营经济　　　　　　　B. 没收的官僚资本

    C. 国家资本主义经济　　　　　　　D. 征收代管的外国资本

(二) 多项选择题

1. 新民主主义社会的经济形态有(　　)

    A. 国营经济　　　B. 合作社经济　　　C. 个体经济　　　D. 私人资本主义经济

    E. 国家资本主义经济

2. 1952 年土地改革完成后，中国经济关系和阶级关系发生重大变化：三种经济势力和三种阶级力量就集中地表现为(　　)

    A. 资本主义和社会主义两条道路的矛盾

    B. 国营经济和私人经济的矛盾

    C. 社会主义经济和官僚资本主义经济的矛盾

    D. 工人阶级和官僚资产阶级的矛盾

    E. 工人阶级和资产阶级两个阶级的矛盾

3. 新民主主义社会的历史任务是(　　)

    A. 变新民主主义国家为社会主义国家

    B. 变落后的农业国为先进的工业国

    C. 消灭大地主阶级

    D. 消灭国民党反动派的残余势力

    E. 消灭帝国主义在华势力

4. 社会主义改造的历史经验有(　　)

    A. 坚持社会主义工业化建设与社会主义改造同时并举

    B. 采取积极引导、逐步过渡的方式

    C. 用和平方法进行改造

    D. 要求急，发展快

    E. 改造形式单一

5. 社会主义改造的成绩有(　　)

    A. 推动了我国社会生产力的发展

B. 促进了全国城乡人民的物质和文化生活水平的改善和提高

C. 巩固了人民民主专政和全国各族人民之间的团结，用和平方法进行改造

D. 建立了以公有制为主体的社会主义经济制度

E. 完成了新民主主义革命的任务

◎ **参考答案**

(一)单项选择题

1. C   2. B   3. A   4. C   5. A   6. B   7. A   8. C   9. B   10. D
11. A   12. A   13. B   14. A   15. B

(二)多项选择题

1. ABCDE   2. AE   3. AB   4. ABC   5. ABCD

第四章
社会主义建设道路初步探索的理论成果

一、教学基本要求

本章主要介绍以毛泽东为核心的第一代中央领导集体对社会主义建设初步探索的理论成果及其重大意义。学生在学习过程中，不仅要掌握社会主义建设道路初步探索的理论成果有哪些，初步探索留下的经验教训有哪些，而且要做好三个"结合"：一是结合特定的历史条件去认识、理解中国共产党初步探索社会主义建设道路取得的理论成果，认识这些成果所体现的毛泽东思想活的灵魂；二是结合中国特色社会主义道路的形成，认识、理解中国共产党对社会主义建设道路的初步探索与改革开放的关系；三是结合科学社会主义的发展，认识中国共产党初步探索社会主义建设道路的理论意义和实践意义。知识点框架图如图4-1所示。

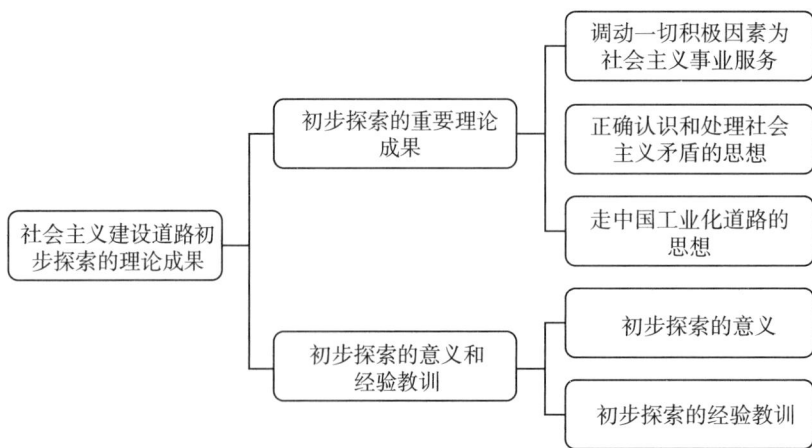

图 4-1　第四章知识点框架图

二、重点讲解

(一)调动一切积极因素为社会主义事业服务的思想

1956 年 4 月和 5 月，毛泽东先后在中央政治局扩大会议和最高国务会议上，作了《论十大关系》的报告，初步总结了我国社会主义建设的经验，明确提出要以苏为鉴，独立自主地探索适合中国情况的社会主义建设道路。《论十大关系》标志着党探索中国社会主义建设道路的良好开端。

《论十大关系》确定了一个基本方针，就是"努力把党内党外、国内国外的一切积极的因素，直接的、间接的积极因素全部调动起来"，为社会主义建设服务。为了贯彻这一方针，报告系统阐述了中国建设社会主义必须处理好的十大关系，它们是重工业与轻工业、农业的关系，沿海工业和内地工业的关系，经济建设和国防建设的关系，国家、生产单位和生产者个人的关系，中央和地方的关系，汉族和少数民族的关系，党和非党的关系，革命和反革命的关系，是非关系，中国和外国的关系。前五条主要讨论经济问题，着眼于调动经济领域各个方面的积极因素。其中关于重工业和轻工业、农业的关系，沿海工业和内地工业的关系，经济建设和国防建设的关系，实际上是在论述如何开辟一条和苏联有所不同的中国工业化道路问题。关于国家、生产单位和生产者个人的关系，中央和地方的关系，开始涉及经济体制改革。后五条讲的是政治生活和思想文化生活领域如何调动各种积极因素的问题。

毛泽东认为，社会主义建设中的积极因素与消极因素是一对矛盾，其呈现既统一又斗争的关系。充分调动一切积极因素，尽可能地克服消极因素，并且努力化消极因素为积极因素，是社会主义事业前进的现实需要。在社会主义事业的发展中，一般来说，积极因素是处于主导的、统治地位的，占有压倒性的优势，这是社会主义事业不断前进的可靠保证。社会主义建设的积极因素与消极因素在一定条件下是可以互相转化的。我们的任务是创造条件，大力促使消极因素比较多、比较快地向积极因素转化，同时尽力防止积极因素向消极因素逆转。

此外，毛泽东还提出调动一切积极因素为社会主义事业服务必须坚持一些重要原则。其一，必须坚持中国共产党的领导。毛泽东指出："领导我们事业的核心力量是中国共产党。"[①]"工、农、商、学、兵、政、党这七个方面，党是领导一切的。党要领导

---

① 《毛泽东文集》第 6 卷，人民出版社 1999 年版，第 350 页。

工业、农业、商业、文化教育、军队和政府。"①因此必须加强党的建设。其二，必须发展社会主义民主政治。党的八大提出，要扩大社会主义民主，开展反对官僚主义的斗争；加强对于国家工作的监督，特别是加强党对于国家机关的领导和监督，加强全国人民代表大会和它的常务委员会对中央一级政府机关的监督和地方各级人民代表大会对地方各级政府机关的监督，加强各级政府机关的由上而下的监督和由下而上的监督，加强人民群众和机关中的下级工作人员对于国家机关的监督；着手系统地制定比较完备的法律，健全社会主义法制。

调动一切积极因素为社会主义事业服务，有一个如何认识社会主义发展阶段和社会主义建设规律的问题。在探索中国社会主义建设道路过程中，毛泽东提出，社会主义又可分为两个阶段，第一个阶段是不发达的社会主义，第二个阶段是比较发达的社会主义。后一个阶段可能比前一个阶段需要更长的时间。他强调，在我们这样的国家，社会主义建设具有艰难性、复杂性和长期性，完成社会主义建设是一个艰巨的任务，建成社会主义不要讲得过早了；建设社会主义，必须不断在实践中积累经验，逐步克服盲目性，认识客观规律，才能实现认识上的飞跃；要大兴调查研究之风，总结正反两方面经验教训，找出社会主义建设的客观规律，制定适合中国情况的方针和政策。

总之，调动一切积极因素为社会主义事业服务，是党关于社会主义建设的一条极为重要的方针，对于最大限度地团结全国各族人民，为建设社会主义现代化国家而奋斗，具有长远的指导意义。

(二)正确认识和处理社会主义社会矛盾的思想

毛泽东讨论社会主义社会的矛盾问题是有现实针对性的。苏共二十大赫鲁晓夫作"秘密报告"，给世界社会主义国家带来很大震动。后来，相继发生了波兰和匈牙利事件，西方国家乘机掀起反苏反共反社会主义的浪潮。我国由于在社会主义改造和建设中出现了一些失误，少数干部存在着官僚主义作风，严重脱离群众，引起了部分群众的不满。1956年秋冬，在一些农村、工厂、学校出现了停工停课、游行抗议的情况，当时称为"闹事"。一些干部就用对待敌人的办法来对待这些群众。国际国内的新情况提出了一个问题：社会主义社会里还有没有矛盾，如果有的话，是什么性质的？如何处理这些矛盾？中国共产党必须从理论上作出回答。

---

① 《毛泽东文集》第8卷，人民出版社1999年版，第305页。

关于社会主义社会的矛盾问题，马克思、恩格斯和列宁没有专门作过论述。斯大林在领导苏联社会主义建设的实践中，一开始不承认社会主义社会存在矛盾，后来又把矛盾扩大化。以毛泽东为代表的中国共产党人汲取苏联的经验教训，认真分析和研究中国社会主义建设的新情况新问题，在广泛调研的基础上，形成了关于社会主义社会矛盾的学说。其主要思想体现在 1957 年 2 月毛泽东所作的《关于正确处理人民内部矛盾的问题》报告中。

首先，毛泽东指出，矛盾是普遍存在的，社会主义社会同样充满着矛盾，正是这些矛盾推动着社会主义社会不断地向前发展。社会主义社会的基本矛盾仍然是生产关系和生产力之间的矛盾，上层建筑和经济基础之间的矛盾。社会主义社会的基本矛盾是在生产关系和生产力基本适应、上层建筑和经济基础基本适应条件下的矛盾，是在人民根本利益一致基础上的矛盾。因此，它不是对抗性的矛盾，而是非对抗性的矛盾。

所谓"非对抗性"，就是社会主义社会基本矛盾运动具有"又相适应又相矛盾"的特点，一方面社会主义生产关系已经建立起来，它是和生产力的发展相适应的；另一方面它还很不完善，这些不完善的方面和生产力的发展又是相矛盾的。上层建筑和经济基础之间也是这种又相适应又相矛盾的情况。其中，相适应的一面是基本方面，相矛盾的一面是非基本方面。基本矛盾是"非对抗性的"，那么解决矛盾的方法就不是暴力革命，而是"可以经过社会主义制度本身，不断地得到解决"，实际就是用改革的方法来解决。

其次，毛泽东分析了社会主义社会的两类不同性质的矛盾，就是敌我矛盾和人民内部矛盾。他认为敌我矛盾是对抗性的矛盾。人民内部矛盾有很多种，包括工人阶级内部的矛盾，农民阶级内部的矛盾，知识分子内部的矛盾，工农两个阶级之间的矛盾，工人、农民同知识分子之间的矛盾，工人阶级和其他劳动人民同民族资产阶级的矛盾，也包括政府和人民群众之间的矛盾，民主同集中的矛盾，领导同被领导之间的矛盾，国家机关某些工作人员的官僚主义作风同群众之间的矛盾，等等。一般来说，人民内部矛盾是在人民根本利益一致基础上的矛盾，是非对抗性的矛盾。

毛泽东明确讲到，两类矛盾的性质不同，但是在一定条件下它们会互相转化。人民内部矛盾如果处理得不适当，或者对它失去警觉、麻痹大意，就可能向对抗性矛盾转化。反过来，有些本来是对抗性的矛盾，如果处理得当，则可以转化为非对抗性的矛盾。因此，必须严格区分和正确处理两类不同性质的矛盾，特别是要正确处理已经居于主导地位的人民内部矛盾。毛泽东指出，处理敌我矛盾是分清敌我的问题，处理人民内部矛盾是分清是非的问题。正确处理人民内部矛盾的问题是社会主义国家政治生活的主题。要用专政的方法来处理敌我矛盾，用民主的方法解决人民内部矛盾，这是一个总方针。针对人民内部矛盾在具体实践中的不同情况，毛泽东提出了一系列具体方针、原则。比如，对于物质利益、分配方面的人民内部矛盾，实行统筹兼顾、适当安排的方针，兼顾国家、集体和个人三方面的利益；对于人民群众和政府机关的矛盾，要坚持民主集中制原则，努力克服政府机关的官僚主义，也要加强对群众的思想教育，等等。

最后，毛泽东分析了我国社会的主要矛盾和根本任务。1956年党的八大已经明确社会主义制度在我国已经基本上建立起来了，我们国内的主要矛盾，已经是人民对于建立先进的工业国的要求同落后的农业国的现实之间的矛盾，已经是人民对于经济文化迅速发展的需要同当前经济文化不能满足人民需要的状况之间的矛盾。因此，党的主要任务就是解决这个主要矛盾，那就要发展生产力，满足人民的需要，把中国建设成先进的工业国。毛泽东强调正确处理人民内部矛盾，也是着眼于调动一切积极因素，团结一切可以团结的力量，把全党的注意力转到社会主义建设上来，"巩固我们的新制度，建设我们的新国家"①。

毛泽东关于社会主义社会矛盾的学说，科学揭示了社会主义社会发展的动力，以独创性的内容丰富了马克思主义的理论宝库，为正确处理社会主义社会各种矛盾、创造良好的社会环境和政治环境，提供了基本的理论依据，也为后来的社会主义改革奠定了理论基础。

（三）走中国工业化道路的思想

近代中国没有强大的现代工业，经济落后，屡遭外国帝国主义的侵略和掠夺，这使中国共产党人认识到"没有工业，便没有巩固的国防，便没有人民的福利，便没有国家的富强"②。早在抗战期间毛泽东就说"共产党是要努力于中国的工业化的"③。中华人民共和国成立后，面对"一穷二白"的经济状况，中国共产党确定把实现国家工业化作为新中国整个经济建设的主要任务。但是，由于缺乏工业建设的经验，我国一度效仿苏联的工业化模式，即优先发展重工业和基础设施，轻视了农业和轻工业的发展，

---

① 《毛泽东文集》第7卷，人民出版社1999年版，第216页。
② 《毛泽东文集》第3卷，人民出版社1991年版，第1080页。
③ 《毛泽东文集》第3卷，人民出版社1996年版，第146页。

造成了一定程度的比例失调，这就促使毛泽东和党的其他领导人思考如何走中国工业化道路的问题。

对于中国工业化道路问题，毛泽东在《论十大关系》中把它放在首位。在《关于正确处理人民内部矛盾的问题》中，毛泽东明确提出要走一条有别于苏联的中国工业化道路。那么，中国工业化道路应该是什么样的？毛泽东提出了一系列重要思想来说明中国工业化道路。

其一，应该如何处理重工业、农业和轻工业的关系？毛泽东强调："我国的经济建设是以重工业为中心，这一点必须肯定。"[①]这是因为，如果不优先发展重工业，就不可能用先进的设备和技术来武装工业、农业、交通运输业等国民经济部门，就不可能建立强大的国防力量。通过发展重工业，以逐步建立独立的比较完整的基础工业体系和国防工业体系，这是维护国家独立、统一和安全，实现国家富强所必需的。同时，毛泽东认为，我国是一个农业大国，农村人口占全国人口的80%以上，只有农业发展了，才能解决人民吃饭吃肉吃油的问题，工业才有原料和市场，才有可能为建立重工业积累较多的资金。发展轻工业，可以更好地供给人民生活的需要，可以增加资金积累和扩大市场。更多地发展农业、轻工业，会使重工业发展得多些和快些，基础更加巩固。

因此，毛泽东提出了以农业为基础，以工业为主导，按照农、轻、重的次序安排国民经济的总方针，还提出了一整套"两条腿走路"的工业化发展思路，即重工业和轻工业同时并举，中央工业和地方工业同时并举，沿海工业和内地工业同时并举，大型企业和中小型企业同时并举，等等。

其二，走中国工业化道路要达到什么样的目标呢？那就是要实现"四个现代化"。就是把中国建设成一个具有现代农业、现代工业、现代国防和现代科学技术的强国。为了实现这个目标，1964年三届全国人大一次会议提出"两步走"的发展战略，第一步建成一个独立的比较完整的工业体系和国民经济体系，第二步全面实现工业、农业、国防和科学技术现代化，使中国走在世界前列。

其三，走中国工业化道路，要求确立什么样的经济体制、实行什么政策呢？中国共产党人在实践探索中努力突破苏联模式，在理论上进行了讨论。主要是形成了以下思想：

第一，采取正确的经济建设方针。党的八大提出了既反保守又反冒进、在综合平衡中稳步前进的方针。毛泽东多次阐述了统筹兼顾的方针，强调正确处理国家、集体

① 《毛泽东文集》第7卷，人民出版社1999年版，第241页。

与个人的关系，生产两大部类的关系，中央与地方的关系，积累与消费的关系，长远利益与当前利益的关系；既要顾全大局、突出重点，也要统筹兼顾、全面安排、综合平衡。

第二，必须发展科学技术和文化教育，重视知识分子工作，要建设一支宏大的工人阶级知识分子队伍。

第三，调整和完善所有制结构。毛泽东、刘少奇、周恩来提出了把资本主义经济作为社会主义经济的补充的思想。朱德提出了要注意发展手工业和农业多种经营的思想。陈云提出了"三个主体、三个补充"的思想。

第四，建立适合我国情况的经济体制和运行机制。毛泽东提出了发展商品生产、利用价值规律的思想，刘少奇提出了使社会主义经济既有计划性又有多样性和灵活性的主张，以及按经济办法管理经济的思想，陈云提出了要建立"适合于我国情况和人民需要的社会主义的市场"的思想。毛泽东还提出了"两参一改三结合"的企业管理体制（实行干部参加劳动，工人参加管理，改革不合理的规章制度，工人群众、领导干部和技术人员三结合）。邓小平提出了关于实行职工代表大会制等思想。

第五，坚持独立自主、自力更生，同时学习外国先进的科学技术和管理经验。毛泽东主张中国无论是在政治上还是经济上都要坚持独立自主、自力更生，这意味着中国在确定经济建设的目标、任务和方针政策时，不容许任何外来力量的干涉，以自力更生、不依靠外援为原则，中国人的事情要靠中国人来办。同时，要在自力更生的基础上积极争取外援，开展与外国的经济交流，引进外国的先进技术、设备和资金，学习别国的管理经验。

走中国工业化道路的思想充分体现了把马克思主义基本原理与中国实际相结合，坚持实事求是，一切从中国的实际出发，主要依靠中国人民自己的力量，独立自主等重要原则。虽然这些思想没有都转化为实践，但是这些原则在任何时候都应该肯定和坚持。

（四）初步探索的意义

党领导人民探索社会主义建设道路，历经艰辛和曲折，在理论和实践上取得了一系列重要成果。这些成果的重要意义在于：

第一，巩固和发展了我国的社会主义制度。社会主义制度的确立极大地激发了广大人民群众的建设热情和积极性。但是，我国人口多、底子薄，经济文化比较落后，社会主义建设的任务艰巨繁重；国际上，以美国为首的西方国家对中国采取敌视政策，并进行封锁和遏制，企图颠覆社会主义制度。面对严峻复杂的国内外形势，党带领全国人民，坚持独立自主、自力更生，开始了大规模的社会主义建设，在经济、政治、文化等方面取得了重大成就。这些成就的取得，体现了社会主义制度的优越性，增强了广大人民群众走社会主义道路的信心，社会主义制度也在实践中得到发展。

第二，为开创中国特色社会主义提供了宝贵经验、理论准备、物质基础。在全面建设社会主义时期，党对社会主义建设道路的探索历经艰辛，积累了丰富的经验，也留下了深刻的教训。无论是成功的经验还是失误的教训，正确地加以总结，都是党的宝贵财富，为改革开放新时期中国特色社会主义的开创和发展提供了重要的思想资源。在探索中形成的一些正确的和比较正确的思想观点，取得的独创性理论成果，尤其是关于社会主义建设的正确的理论原则和经验总结，丰富和发展了毛泽东思想，对我国社会主义建设发挥了重要指导作用，为开启新时期新道路奠定了重要的思想基础。在这一探索过程中，我国经济保持了较快的发展速度，经济实力显著增强；基本建立了独立的比较完整的工业体系和国民经济体系，从根本上解决了工业化"从无到有"的问题。改革开放以后我国赖以进行现代化建设的物质技术基础，很大一部分是这一时期建设起来的；全国经济文化建设等方面的骨干力量和他们的工作经验，大部分也是在这一时期培养和积累起来的。这一时期的建设成就为开启新时期新道路奠定了重要的物质基础。

第三，丰富了科学社会主义的理论和实践。在中国这样一个有着几亿人口、经济文化比较落后的东方大国建设社会主义，其艰巨性、复杂性在世界社会主义发展史上都是没有先例的。中国的社会主义，既不同于马克思、恩格斯设想的在生产力高度发达基础上建立的社会主义，也不同于在资本主义有一定发展基础上建立的苏联社会主义。党领导人民探索社会主义建设道路汲取了苏联模式的经验教训，根据自己的实践形成了许多独创性成果，深化了对社会主义的认识。探索的成就表明，社会主义建设没有一个固定不变的模式，各个国家应该根据自己的国情，独立自主地选择适合自己的发展道路。这不仅丰富了中国社会主义的理论与实践，也丰富了科学社会主义的理论与实践，为其他国家的社会主义建设提供了经验和借鉴。

（五）初步探索的经验教训

党对社会主义建设道路的初步探索，取得了巨大成就，积累了丰富的经验，同时也遭受了严重挫折，造成了严重后果，留下了深刻的教训。

第一，必须把马克思主义与中国实际相结合，探索符合中国特点的社会主义建设道路。虽然毛泽东明确提出实现马克思主义与中国实际的"第二次结合"、探索适合中国国情的社会主义建设道路，但由于在理论和认识上对马克思主义关于社会主义的一些基本原理的理解不够深入，对中国的基本国情认识不够准确，没有能够完全搞清楚什么是社会主义、怎样建设社会主义的问题，也没有完全摆脱苏联模式的影响，因而在实践中采取了一些脱离实际、超越发展阶段的政策和措施，导致我国社会主义建设道路的探索遭遇严重曲折。实践证明，必须"吃透"两头，一是科学理解马克思主义基本原理，运用马克思主义立场、观点和方法，分析和解决实践中遇到的种种问题；二是准确把握中国基本国情，充分认识在中国建设社会主义的长期性和复杂性，逐步掌握社会主义建设规律，以开辟适合中国特点的社会主义建设道路。

第二，必须正确认识社会主义社会的主要矛盾和根本任务，集中力量发展生产力。虽然在党的八大上中国共产党对社会主义社会的主要矛盾有了较为正确的认识，但这些认识并没有很好地坚持下来。后来党错误地认为在社会主义社会建成以前，无产阶级与资产阶级的矛盾，社会主义道路与资本主义道路的矛盾，始终是我国社会的主要矛盾，这就导致阶级斗争扩大化。实践证明，在社会主义初级阶段，要科学把握我国社会主要矛盾，以经济建设为中心，不断满足人们对美好生活的向往。对于社会主义社会一定范围内长期存在的阶级斗争，不能将其简单地等同于全国范围的阶级斗争，也不能搞大规模的政治运动，更不能搞阶级斗争扩大化。

第三，必须从实际出发进行社会主义建设，建设规模和速度要和国力相适应，不能急于求成。社会主义建设开始后，全党全国人民都有大力发展生产、迅速改变落后面貌的强烈愿望。这一方面极大地促进了社会主义建设，取得了显著成就，但另一方面也出现了急躁冒进、急于求成、忽视客观规律等倾向，造成了"大跃进"的错误。实践证明，社会主义建设必须采取科学态度，深入了解和分析实际情况，不断总结经验，逐步把握客观规律，努力按照客观经济规律办事。

第四，必须发展社会主义民主，健全社会主义法制。社会主义民主的本质是人民当家作主，我国确立起社会主义制度以保障人民当家作主的权利。但由于我国的社会主义是从半殖民地半封建的社会并经过短暂的新民主主义社会逐步过渡来的，党对发展社会主义民主的经验不足，对于什么是社会主义民主、怎样发展社会主义民主，认识上也不是完全清楚，导致在实践中出现了很多违背人民民主的现象。虽然制定了法律，却没有树立起法律的权威。由于民主和法制都不健全，党内外关于社会主义建设的不同意见受到压制和打击，正确的主张得不到采纳甚至遭到批判，错误的决策得不到及时制止，导致发生"文化大革命"的严重错误。实践证明，必须发展社会主义民主，加强社会主义法制。党必须在宪法和法律范围内活动，实现依法治国。

第五，必须坚持党的民主集中制和集体领导制度，加强执政党建设。健全民主集中制和集体领导制度，加强执政党建设，是社会主义事业顺利发展的政治保证。由于我国社会主义基本制度刚刚建立，党和国家的领导制度还有许多不够完善的地方，特别是受当时苏联高度集中的政治体制的影响，加之封建专制主义的影响在短期内难以消除，党的民主集中制和党的集体领导制度一度遭到了严重破坏。实践证明，无产阶级政党在执政以后，必须认真坚持民主集中制和集体领导原则，反对个人崇拜，不断加强党的自身建设，充分发挥党组织和广大党员的积极性、创造性，保证党的决策的科学化、民主化。

第六，必须坚持对外开放，借鉴和吸收人类文明成果建设社会主义，不能关起门来搞建设。马克思主义认为，社会主义代替资本主义，并不意味着社会主义要全盘否定和抛弃资本主义创造的一切成果，也并不意味着社会主义不同资本主义发生任何联系。相反，社会主义要体现出相对资本主义的优势并最终战胜资本主义，必须大胆借鉴和吸收包括资本主义文明在内的一切人类文明成果，创造出高于资本主义国家的社会生产力和物质文化生活水平。毛泽东曾多次指出，要在平等的基础上开展同一切国家的经济技术交流，包括同一些资本主义国家发展经济贸易关系，并提出要学习一切国家和民族的长处。但是由于帝国主义实行敌视、封锁和禁运政策，加上我们自己后来发生的"左"的错误，导致我们一度关起门来搞建设，使我国与发达资本主义国家的差距进一步拉大。

社会主义建设道路初步探索的正反两方面经验，是初步探索社会主义建设道路留下的宝贵财富，为今天坚持和发展中国特色社会主义提供了重要借鉴。

三、释疑解惑

※ 为什么说党在中国社会主义建设道路的初步探索中取得的重要理论成果具有原创性？

党在中国社会主义建设道路的初步探索中，在理论上初步回答了如何正确处理社会主义建设中一系列重大关系问题，回答了如何正确处理社会主义社会矛盾的问题，回答了如何适应中国国情要求、走出有中国特色的工业化道路的问题，等等。这些问题既是马克思主义经典作家囿于社会历史条件没有明确、系统回答的问题，也是苏联在社会主义建设中没有解决好、回答好的问题，也与西方国家在现代化进程中解决其本国现实的方案不同，所以党在中国社会主义建设道路的初步探索中取得的重要理论成果具有原创性。

※ 如何认识党对社会主义建设道路的初步探索与改革开放的关系？

中国共产党对社会主义建设道路的初步探索与改革开放是继承与发展的关系。改革开放前党对社会主义建设道路的初步探索，取得的独创性理论成果和巨大成就，为在新的历史时期开创中国特色社会主义提供了宝贵经验、理论准备、物质基础；改革开放后党领导全国各族人民成功开创和发展中国特色社会主义，是在原有基础上进行的，是对改革开放前社会主义实践探索的坚持、改革、发展。改革开放前后两个历史时期本质上都是党领导人民进行社会主义建设的实践探索。

※ 如何认识党在社会主义建设道路的初步探索中出现的失误和曲折？

任何社会的发展进步都不会是一帆风顺。在中国这样一个经济文化落后的国家建设社会主义，可谓"前无古人"，因此在探索中难免出现曲折。在初步探索社会主义建设道路过程中，由于中国共产党思想准备不充分，由于社会主义建设的实践短暂，本质性的、规律性的内容没有充分呈现，由于特定历史条件下国际国内因素的影响，在探索中曾经出现认识偏差和实践曲折，造成了严重的后果，留下了很多教训。对于失误和曲折，"一是敢于承认，二是正确分析，三是坚决纠正，从而使失误和错误连同党的成功经验一起成为宝贵的历史教材"①。

四、学习测试

(一)单项选择题

1. 1956 年苏共二十大之后，毛泽东认为苏联的社会主义建设对我们最重要的启示是( )

A. 要实行"一边倒"政策，全面向苏联学习

---

① 《十八大以来重要文献选编》上，中央文献出版社 2014 年版，第 694 页。

B. 要坚定地维护斯大林的历史地位和形象

C. 要坚持无产阶级专政，防止资本主义复辟

D. 要把马列主义与中国实际进行"第二次结合"，探索自己的道路

2. 1956年9月召开的党的八大，根据我国社会主要矛盾的变化，提出党和国家的主要任务是(　　)

A. 最终完成"三大改造"

B. 实现"四个现代化"

C. 集中力量发展社会生产力，实现国家工业化

D. 建成强大的社会主义国家

3. 1957年下半年以后，党在指导思想上发生了"左"的偏差，下列不属于"左"的偏差的具体表现的是(　　)

A. 在经济建设上急于求成

B. 把已经不属于阶级斗争的问题仍然看作是阶级斗争

C. 提出要防止和反对帝国主义的"和平演变"

D. 发起"大跃进"运动

4.《论十大关系》是毛泽东探索中国社会主义建设道路的开山之作。它围绕的一个基本方针是(　　)

A. 正确处理好社会主义建设中的各种关系

B. 把国内外一切积极因素都调动起来为社会主义事业服务

C. 正确处理好农、轻、重的关系，并将其上升到中国的工业化道路的高度来看待

D. "以苏为鉴"

5. 社会主义基本矛盾运动的特点是(　　)

A. 非对抗性的　　　B. 和谐统一　　　C. 对立斗争　　　D. 又相适应又相矛盾

6. 社会主义的敌我矛盾指的是(　　)

A. 人民同敌视和破坏社会主义建设的势力之间的矛盾

B. 无产阶级同资产阶级的矛盾

C. 领导和被领导之间的矛盾

D. 官僚主义作风和人民群众之间的矛盾

7. 在党的八大上，提出"三个主体、三个补充"思想的领导人是(　　)

    A. 邓小平　　　　B. 周恩来　　　　C. 刘少奇　　　　D. 陈云

8. 正确分析社会主义改造完成后我国社会主要矛盾的变化的会议是(　　)

    A. 党的六大　　　B. 党的七大　　　C. 党的八大　　　D. 党的九大

9. 毛泽东在(　　)一文中明确提出中国工业化的道路问题

    A.《论十大关系》

    B.《论人民民主专政》

    C.《关于正确处理人民内部矛盾的问题》

    D.《改造我们的学习》

10. 毛泽东在《关于正确处理人民内部矛盾的问题》的报告中指出，中国工业化道路的主要问题是(　　)

    A. 处理好沿海工业和内地工业的关系

    B. 处理好重工业和轻工业、农业的关系

    C. 处理好中央和地方的关系

    D. 处理好工业现代化和农业现代化的关系

11. 对于敌我矛盾应采取(　　)

    A. 专政的方法　　　　　　　　B. 民主的方法

    C. 说服教育的方法　　　　　　D. 讨论的方法

12. 毛泽东在《关于正确处理人民内部矛盾的问题》一文中特别指出，工人阶级同民族资产阶级的矛盾属于(　　)

    A. 敌我矛盾　　B. 阶级矛盾　　C. 对抗性矛盾　　D. 人民内部矛盾

13. 社会主义建设中的积极因素和消极因素(　　)

    A. 是一对不可调和的对抗性矛盾

    B. 在一定条件下可以相互转化

    C. 只包括直接的因素

    D. 都不存在

14. 社会主义社会的基本矛盾是(　　)

    A. 无产阶级同资产阶级的矛盾

    B. 生产力和生产关系，经济基础和上层建筑之间的矛盾

    C. 人民内部矛盾

D. 与帝国主义阵营的矛盾

15. 提出"两参一改三结合"主张的领导人是(　　)

　　A. 毛泽东　　　　B. 周恩来　　　　C. 邓小平　　　　D. 陈云

(二)多项选择题

1. 以毛泽东为主要代表的中国共产党人开始探索适合中国国情的社会主义建设道路的背景和条件是(　　)

　　A. 中国已进入社会主义社会的初级阶段

　　B. 需要总结"一五"计划执行过程中的经验和教训

　　C. 波匈事件发生，需要认真思考社会主义的历史命运

　　D. 苏共二十大的召开，应该"以苏为鉴"

2. 1957 年 2 月，毛泽东作了《关于正确处理人民内部矛盾的问题》的讲话，其主要内容包括(　　)

　　A. 提出走适合国情的中国工业化道路

　　B. 提出社会主义社会基本矛盾和两类矛盾的学说

　　C. 提出"统筹兼顾，适当安排"的方针

　　D. 提出发展工业必须同发展农业同时并举的工业化方针

3. 在探索社会主义建设道路的初期，中国共产党人在经济体制和管理制度上提出的思想有(　　)

　　A. "三个主体、三个补充"的思想

　　B. 消灭资本主义，又搞资本主义

　　C. 实行农业生产责任制

　　D. 发展社会主义商品生产，重视价值规律

4. 党对社会主义建设道路的初步探索(　　)

　　A. 巩固和发展了我国的社会主义制度

　　B. 是党制定和执行正确路线、方针、政策的基本出发点

　　C. 丰富了科学社会主义的理论和实践

　　D. 为改革开放后的社会主义实践探索积累了条件

◎ 参考答案

(一)单项选择题

1. D 2. C 3. C 4. B 5. D 6. A 7. D 8. C 9. C 10. B
11. A 12. D 13. B 14. B 15. A

(二)多项选择题

1. ABCD 2. ABCD 3. ABCD 4. ACD

第五章
邓小平理论

一、教学基本要求

本章主要讲授邓小平理论的形成和发展、邓小平理论的基本问题和主要内容、邓小平理论的理论地位。通过本章内容的学习，使同学们了解邓小平理论形成和发展的社会历史条件，掌握邓小平理论的主要内容，明确邓小平理论是马克思列宁主义、毛泽东思想的继承和发展，是中国特色社会主义理论体系的开篇之作。知识点框架图如图 5-1 所示。

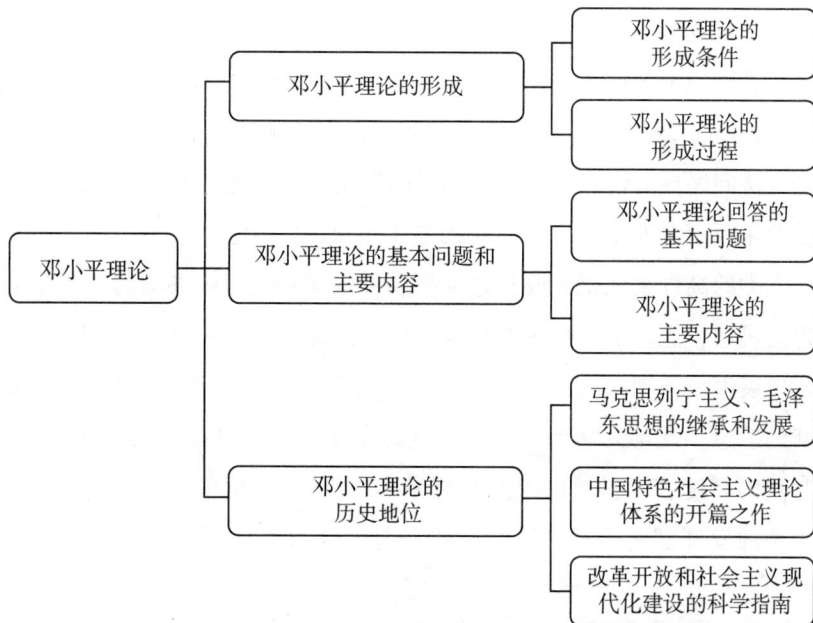

图 5-1　第五章知识点框架图

二、重点讲解

(一)邓小平理论形成的背景

我们讲邓小平理论的形成条件，是在和平与发展成为时代主题的历史条件下，在总结我国社会主义胜利和挫折的历史经验并借鉴其他社会主义国家兴衰成败历史经验的基础上，在我国改革开放和现代化建设的实践中逐步形成和发展起来的。这是一个结论性的说明，在学习的时候我们应该怎么理解呢？

任何一种理论的形成都有特定的历史背景和时代特征，邓小平理论也是这样。关于邓小平理论的形成条件我们可以从以下三个方面来理解。

1. 和平与发展成为时代主题是邓小平理论形成的时代背景

20世纪70年代，西方资本主义遭遇严重的经济危机，"二战"后美苏两极对抗的冷战格局出现重大变化，两大阵营的力量对比更趋平衡，尽管局部战争仍有发生，但短时期内爆发世界大战的可能性越来越小。长期被冷战阴云笼罩的世界各国人民对和平的渴望更加强烈。新科技革命推动下的经济社会快速发展使各国人民更加珍惜发展的机遇，求发展的愿望更加强烈。求和平、谋发展，逐渐成为世界各国人民的普遍愿望。邓小平敏锐地把握了国际形势的重大变化，对时代主题的转换作出了科学判断。他明确地指出："现在世界上真正大的问题，带全球性的战略问题，一个是和平问题，一个是经济问题或者说发展问题。和平问题是东西问题，发展问题是南北问题。概括起来，就是东西南北四个字。南北问题是核心问题。"[1]他还强调指出："应当把发展问题提到全人类的高度来认识，要从这个高度去观察问题和解决问题。"[2]时代的发展既提供了难得的机遇，也提出了尖锐的挑战。邓小平说："世界形势日新月异，特别是现代科学技术发展很快。现在的一年抵得上过去古老社会几十年、上百年甚至更长的时间。不以新的思想、观点去继承、发展马克思主义，不是真正的马克思主义者。"[3]邓小平站在时代的高度，以世界的眼光来观察和思考中国问题，指出了当今世界是开放的世界、中国的发展都离不开世界的时代趋势。这就为中国共产党一心一意搞社会主义现代

---

① 《邓小平文选》第3卷，人民出版社1993年版，第105页。
② 《邓小平文选》第3卷，人民出版社1993年版，第282页。
③ 《邓小平文选》第3卷，人民出版社1993年版，第291~292页。

化建设、实行对外开放以借鉴和吸收人类社会创造的一切文明成果奠定了科学的基础，也为我们党在复杂变幻的国际局势中冷静沉着、抓住机遇、发展自己提供了明确的指针。

2. 社会主义建设的经验教训是邓小平理论形成的历史根据

中华人民共和国成立后，我们顺利地恢复了国民经济，走出了一条具有中国特色的社会主义改造道路。1956年，随着苏共二十大的召开和波匈事件的发生，苏联模式的弊端初步暴露出来；我们在第一个五年计划的实践中也觉察到这个模式的弊端。毛泽东随即提出，要"以苏为鉴"，总结我们自己的经验，探索自己的建设社会主义的道路。在这个探索中形成了一些正确的和比较正确的理论观点、方针政策和实践经验。这些思想理论成果的产生，是我们党和国家的一份珍贵的思想财富，对于邓小平理论的形成发展具有重要意义。但这一时期，我们也犯了不少错误，走了不少弯路。这主要是在经济上急于求成、盲目求纯和急于过渡；在政治上坚持以阶级斗争为纲。造成这些失误的更深层的原因，一是偏离了党的实事求是的思想路线，对国际国内的形势、对我国社会主义时期的主要矛盾和中国现实的具体国情作出了错误的估量和判断；二是对什么是社会主义和如何建设社会主义的问题没有完全搞清楚，因此也就不可能集中精力发展生产力，也不可能对社会主义的某些制度和体制进行有效的改革。我国社会主义建设经历的曲折和失误，特别是"文化大革命"给党、国家和各族人民带来的严重灾难，促使中国共产党人和中国人民进行深刻的反思，不改革不行，不制定新的政治的、经济的、社会的政策也不行。党的十一届三中全会以后，以邓小平为主要代表的中国共产党人领导全党和全国人民果断地纠正了这些错误，深刻地分析了它出现的原因，同时又坚决地维护和继承了过去在理论上和实践上所取得的一切积极成果。

3. 改革开放和社会主义现代化建设的实践是邓小平理论形成的现实依据

邓小平理论是在实践中形成和不断发展的。邓小平指出："我们现在所干的事业是一项新事业，马克思没有讲过，我们的前人没有做过，其他社会主义国家也没有干过，所以，没有现成的经验可学。我们只能在干中学，在实践中摸索。……关键在于不断地总结经验。"[①]我国改革开放和社会主义现代化建设的崭新实践，是人民群众生机勃勃的伟大创造，是理论发展的源泉。邓小平始终站在时代潮流的前面，热情地支持、鼓励、保护、引导群众的这种创造。他领导全党从总结群众成功实践的经验中，也从总

---

① 《邓小平文选》第3卷，人民出版社1993年版，第258~259页。

结工作的某些失误的教训中，把经验上升为理论，揭示了我国社会主义现代化建设的规律，从而创立了邓小平理论。

总之，邓小平理论是以邓小平为主要代表的中国共产党人立足中国又面向世界，总结历史又正视现实、放眼未来，把马克思主义基本原理同中国的国情和时代特征结合起来，在研究新情况、解决新问题的过程中形成发展起来的。邓小平是中国社会主义改革开放和现代化建设的总设计师。正如习近平指出的："邓小平同志留给我们的最重要的思想和政治遗产，就是他带领党和人民开创的中国特色社会主义，就是他创立的邓小平理论。"①

(二) 邓小平理论回答的基本问题

每一个理论都有要回答和解决的基本问题，什么是社会主义、怎样建设社会主义，这是邓小平在领导改革开放和现代化建设这一新的革命过程中不断提出和反复思考的首要的基本的理论问题。他说："我们冷静地分析了中国的现实，总结了经验，肯定了从建国到一九七八年三十年的成绩很大，但做的事情不能说都是成功的。我们建立的社会主义制度是个好制度，必须坚持。我们马克思主义者过去闹革命，就是为社会主义、共产主义崇高理想而奋斗。现在我们搞经济改革，仍然要坚持社会主义道路，坚持共产主义的远大理想，年轻一代尤其要懂得这一点。但问题是什么是社会主义，如何建设社会主义。我们的经验教训有许多条，最重要的一条，就是要搞清楚这个问题。"②我国社会主义在改革开放前所经历的曲折和失误，归根到底就在于对这个问题没有完全搞清楚；改革开放以来在前进中遇到的一些犹疑和困惑，归根到底也在于对这个问题没有完全搞清楚。

搞清楚什么是社会主义、怎样建设社会主义，关键是要在坚持社会主义基本制度的基础上进一步认清社会主义的本质。邓小平根据马克思主义的基本原理和社会主义的实践经验，对这个问题进行了不懈的探索，作出了科学的回答。

中华人民共和国的成立和社会主义基本制度的建立，开创了中国历史的新纪元。尽管我们的社会主义制度由不完善到比较完善必然要经历一个长久的过程，但毫无疑问这一制度已经初步地而又有力地显示出了它的优越性，表现出强大的生命力。邓小

① 习近平：《在纪念邓小平同志诞辰110周年座谈会上的讲话》，人民出版社2014年版，第21页。

② 《邓小平文选》第3卷，人民出版社1993年版，第115~116页。

平指出，社会主义制度优于资本主义制度，社会主义道路是正确的。只有社会主义才能救中国，只有社会主义才能发展中国。"过去行之有效的东西，我们必须坚持，特别是根本制度，社会主义制度，社会主义公有制，那是不能动摇的。"①改革开放以来，他反复强调坚持四项基本原则，其实质就是要求我们坚持社会主义基本制度，即坚持以公有制为基础、实行按劳分配原则的社会主义基本经济制度，坚持共产党领导、实行人民民主专政的社会主义基本政治制度，坚持以马克思列宁主义、毛泽东思想为指导的社会主义意识形态。这是我们的立国之本，是我国一切进步和发展的基础。

邓小平在强调必须坚持社会主义基本制度的同时，总结多年来离开生产力抽象地谈论社会主义，把许多束缚生产力发展的、并不具有社会主义本质属性的东西，当作"社会主义原则"加以固守，把许多在社会主义条件下有利于生产力发展的东西，当作"资本主义复辟"加以反对的历史教训，经过深邃的思考，科学地、精辟地、创造性地揭示了社会主义本质。1992 年初，邓小平在南方谈话中对社会主义本质作了总结性理论概括："社会主义的本质，是解放生产力，发展生产力，消灭剥削，消除两极分化，最终达到共同富裕。"②

邓小平在南方视察谈话中对社会主义的本质作了理论概括，对这一科学概括我们应该怎样理解？邓小平这五句话既包括了社会主义社会的生产力问题，又包括了以社会主义生产关系为基础的社会关系问题，是一个有机的整体。它突出地强调了"解放生产力，发展生产力"，纠正了过去忽视生产力发展的错误观念，反映了中国社会主义整个历史阶段尤其是初级阶段特别需要注重生产力发展的迫切要求，明确了社会主义基本制度建立后还要通过改革进一步解放生产力，体现了在世界新科技革命推动生产力迅速发展的条件下，社会主义为应对资本主义严峻挑战所必须采取的战略决策。它突出地强调了"消灭剥削，消除两极分化，最终达到共同富裕"，阐明了社会主义社会的发展目标以及实现这个目标必须以解放和发展生产力为基础，指出了我们发展生产力与剥削阶级统治的社会发展生产力的目的根本不同。

这一科学概括，为我们坚持公有制又完善和发展公有制指出了明确的方向。邓小平说："在改革中，我们始终坚持两条根本原则，一是以社会主义公有制经济为主体，一是共同富裕。"③毫不动摇地坚持公有制和按劳分配，维护公有制和按劳分配的主体地

---

①　《邓小平文选》第 2 卷，人民出版社 1994 年版，第 133 页。
②　《邓小平文选》第 3 卷，人民出版社 1993 年版，第 373 页。
③　《邓小平文选》第 3 卷，人民出版社 1993 年版，第 142 页。

位，是体现社会主义本质的前提。在改革中，公有制的实现形式和以公有制为主体的所有制结构，归根到底只能根据生产力解放和发展的实际要求，根据逐步实现共同富裕的实际进程来确定。

邓小平关于社会主义本质的概括，遵循了科学社会主义的基本原则，反映了人民的利益和时代的要求，廓清了不合乎时代进步和社会发展规律的模糊观念，摆脱了长期以来拘泥于具体模式而忽略社会主义本质的错误倾向，深化了对科学社会主义的认识。这对于我们在坚持社会主义基本制度的基础上推进改革，指导改革沿着合乎社会主义本质要求的方向发展，对于建设中国特色的社会主义，具有重大的政治意义、理论意义和实践意义。

(三) 邓小平理论的主要内容

我们说邓小平理论是一个科学体系，是因为邓小平理论贯穿解放思想、实事求是的思想路线，围绕着"什么是社会主义、怎样建设社会主义"这个基本的理论问题，第一次比较系统地回答了建设中国特色社会主义的一系列基本问题，包括社会主义初级阶段理论、党的基本路线、社会主义根本任务的理论、"三步走"发展战略、改革开放理论、社会主义市场经济理论、"两手抓，两手都要硬"、"一国两制"、中国问题的关键在于党等，形成了一个比较完备的科学体系。

1. 解放思想、实事求是的思想路线

"文化大革命"结束后，为了打开局面，邓小平旗帜鲜明地提出毛泽东思想的精髓是实事求是，领导和支持关于"实践是检验真理的唯一标准"的大讨论，着手解决党的思想路线问题。党的十一届三中全会重新确立了马克思主义的思想路线，果断作出了把党和国家的工作重点转移到社会主义现代化建设上来的战略决策。在改革开放和现代化建设进程中，邓小平在关键时刻作出的每一项重大决策，都体现了解放思想、实事求是的思想路线。1992 年邓小平的《在武昌、深圳、珠海、上海等地的谈话要点》，是全面改革进程中思想解放的科学总结。解放思想、实事求是的思想路线，是邓小平理论的精髓。

2. 社会主义初级阶段理论

我国处于并将长期处于社会主义初级阶段，是邓小平和中国共产党对当代中国基本国情的科学判断。党的十三大系统地论述了社会主义初级阶段理论。同时也明确指出，社会主义初级阶段，就是指我国在生产力落后、商品经济不发达条件下建设社会主义必然要经历的特定阶段，即从我国进入社会主义到基本实现社会主义现代化的整个历史阶段。社会主义初级阶段的论断包括两层含义：第一，我国已经进入社会主义社会，必须坚持而不能离开社会主义；第二，我国的社会主义社会还处在不发达的阶段，必须正视而不能超越初级阶段。党的十五大进一步阐述了社会主义初级阶段的基本特征，充分体现了社会主义初级阶段历史发展的过程性特征。社会主义初级阶段是我们进行中国特色社会主义建设的最大实际。社会主义初级阶段理论揭示了当代中国的历史方位，是建设中国特色社会主义的总依据。

3. 党的基本路线

党的十三大报告提出了党在社会主义初级阶段的基本路线：领导和团结全国各族人民，以经济建设为中心，坚持四项基本原则，坚持改革开放，自力更生，艰苦创业，为把我国建设成为富强、民主、文明的社会主义现代化国家而奋斗。

党的基本路线高度概括了党在社会主义初级阶段的奋斗目标、基本途径和根本保证、领导力量和依靠力量以及实现这一目标的基本方针，既紧紧抓住了中国现阶段的主要矛盾，又体现了运用社会主义社会基本矛盾运动的规律，全面推动历史进步，实现民富国强、民族振兴的要求。

党的基本路线在改革开放实践中不断充实和完善。党的十七大、十九大都扩展了党的基本路线的内涵，提升了社会主义初级阶段的奋斗目标。这就是：领导和团结全国各族人民，以经济建设为中心，坚持四项基本原则，坚持改革开放，自力更生，艰苦创业，为把我国建设成为富强民主文明和谐美丽的社会主义现代化强国而奋斗。

4. 社会主义根本任务的理论

生产力是社会发展最根本的决定性因素，社会主义的根本任务是发展生产力。处于社会主义初级阶段的当代中国，发展生产力的任务尤为突出、尤为重要。邓小平强调：贫穷不是社会主义，社会主义要消灭贫穷；我们要建设的中国特色社会主义，是不断发展社会生产力的社会主义；我们确定的基本路线，是以经济建设为中心，实现社会主义现代化的发展路线。

5. "三步走"战略

在我国落后的生产力基础上实现社会主义现代化必须有步骤分阶段实现。党的十一届三中全会以后，邓小平深入思考如何从中国的具体国情出发，加快我国的现代化建设问题。1987年4月，邓小平第一次提出分"三步走"基本实现现代化的战略。同年10月，党的十三大把邓小平"三步走"的发展战略构想确定下来，明确提出：第一步，从 1981 年到 1990 年实现国民生产总值比 1980 年翻一番，解决人民的温饱问题；第二步，从 1991 年到 20 世纪末，使国民生产总值再翻一番，达到小康水平；第三步，到 21 世纪中叶，国民生产总值再翻两番，达到中等发达国家水平，基本实现现代化。然后在这个基础上继续前进。

"三步走"的发展战略，把我国社会主义现代化建设的目标具体化为切实可行的步骤，成为全国人民为共同理想而努力奋斗的行动纲领。

6. 改革开放理论

改革开放是新时期最鲜明的特点。改革的实质和目标，是要从根本上改变束缚我国生产力发展的经济体制，建立充满生机和活力的社会主义新经济体制，同时相应地改革政治体制和其他方面的体制，以实现中国的社会主义现代化。

改革是一项崭新的事业，是一个大试验。改革中难免遇到这样那样的风险，胆子要大，步子要稳。判断改革和各方面工作的是非得失，归根到底，要以是否有利于发展社会主义社会的生产力，是否有利于增强社会主义国家的综合国力，是否有利于提高人民的生活水平为标准，就是我们讲的"三个有利于"的判断标准。

7. 社会主义市场经济理论

改革开放后的一个很长时期内，我国经济体制改革的核心问题是如何正确认识和处理计划与市场的关系。邓小平对社会主义与市场经济关系进行了深入的探索。特别是在南方谈话中，邓小平明确提出："计划经济不等于社会主义，资本主义也有计划；市场经济不等于资本主义，社会主义也有市场。"[①]这就从根本上解除了把计划经济和市场经济看作属于社会基本制度范畴的思想束缚。党的十四大根据改革开放实践发展的要求和邓小平关于社会主义也可以搞市场经济的思想，特别是南方视察谈话的精神，确定了建立社会主义市场经济体制的改革目标。

社会主义市场经济理论的要点有三：一是计划经济和市场经济不是划分社会制度的标志，计划经济不等于社会主义，市场经济也不等于资本主义；二是计划和市场都是经济手段，对经济活动的调节各有优势和长处，社会主义实行市场经济要把两者结合起来；三是市场经济作为资源配置的一种方式本身不具有制度属性，可以和不同的社会制度结合，从而表现出不同的性质。坚持社会主义制度与市场经济的结合，是社会主义市场经济的特色所在、优势所在。

---

① 《邓小平文选》第 3 卷，人民出版社 1993 年版，第 373 页。

8."两手抓，两手都要硬"

邓小平强调，物质文明和精神文明都搞好，才是中国特色的社会主义。一手抓物质文明，一手抓精神文明，"两手抓，两手都要硬"，这是我国社会主义现代化建设的一个根本方针。

党的十二届六中全会根据邓小平关于加强精神文明建设的思想，提出以经济建设为中心，坚定不移地进行经济体制改革，坚定不移地进行政治体制改革，坚定不移地加强精神文明建设，并且使这几个方面互相配合、互相促进，初步形成了我国社会主义现代化建设的总体布局。

邓小平不仅强调物质文明和精神文明两手抓，两手都要硬，而且还提出了其他一系列"两手抓"思想。例如"一手抓建设，一手抓法制"，"一手抓改革开放，一手抓惩治腐败"，等等。

邓小平理论除以上这些主要创新外，还有许多丰富和深刻的思想，例如"一国两制"、中国问题的关键在于党，等等，是一个内容非常丰富的理论体系。

(四) 邓小平理论的历史地位

党的十五大把邓小平理论同马克思列宁主义、毛泽东思想一道确立为党的指导思想，这个权威的科学结论，是得到了我国改革开放和社会主义现代化建设的实践检验的。

我们评价邓小平理论的历史地位，说"邓小平理论是当代中国的马克思主义，是马克思主义在中国发展的新阶段"[1]，"在当代中国，马克思列宁主义、毛泽东思想、邓小平理论，是一脉相承的统一的科学体系"[2]。可以从以下三个方面来看：

1. 马克思列宁主义、毛泽东思想的继承和发展

邓小平理论，是马克思列宁主义基本原理与当代中国实际和时代特征相结合的产物，是马克思列宁主义、毛泽东思想的继承和发展。邓小平是我国改革开放和社会主义现代化建设的总设计师，对邓小平理论的创立作出了历史性的重大贡献。

邓小平理论坚持解放思想、实事求是，在新的实践基础上继承前人又突破陈规，开拓了马克思主义的新境界。实事求是是马克思列宁主义的精髓，是毛泽东思想的精髓，也是邓小平理论的精髓。邓小平理论坚持马克思列宁主义、毛泽东思想的基本原

---

① 《改革开放三十年重要文献选编》下，人民出版社 2008 年版，第 894 页。

② 《改革开放三十年重要文献选编》下，人民出版社 2008 年版，第 896 页。

理，坚持辩证唯物主义和历史唯物主义的立场、观点、方法，坚持马克思主义思想路线，围绕什么是社会主义、怎样建设社会主义的问题，系统回答了在中国这样经济文化比较落后的东方大国建设、巩固和发展社会主义的一系列基本问题，用一系列独创性的思想、观点，继承、丰富和发展了马克思列宁主义、毛泽东思想。正如邓小平所指出的："我们搞改革开放，把工作重心放在经济建设上，没有丢马克思，没有丢列宁，也没有丢毛泽东。"①

2. 中国特色社会主义理论体系的开篇之作

邓小平作为中国特色社会主义理论的创立者，紧紧抓住"什么是社会主义、怎样建设社会主义"这个基本问题，提出了"走自己的道路，建设有中国特色的社会主义"的命题，从此中国特色社会主义成为我们党全部理论和实践一以贯之的主题。邓小平深刻总结我国社会主义建设正反两方面经验，借鉴世界社会主义历史经验，作出了把党和国家工作中心转移到经济建设上来、实行改革开放的历史性决策，深刻揭示社会主义本质，确立社会主义初级阶段基本路线，明确提出走自己的路、建设中国特色社会主义，科学回答了建设中国特色社会主义的一系列基本问题，成功开创了中国特色社会主义。邓小平开创性地提出了社会主义本质、社会主义初级阶段、党的基本路线、改革开放、"一国两制"等具有浓厚中国特色的新概念、新范畴，建构了中国特色社会主义理论的基本框架。正如习近平指出的，"坚持和发展中国特色社会主义是一篇大文章，邓小平同志为它确定了基本思路和基本原则"②。

邓小平理论第一次比较系统地初步回答了中国社会主义的发展道路、发展阶段、根本任务、发展动力、外部条件、政治保证、战略步骤、党的领导和依靠力量以及祖国统一等一系列基本问题，指导我们党制定了在社会主义初级阶段的基本路线。它是贯通哲学、政治经济学、科学社会主义等领域，涵盖经济、政治、科技、教育、文化、民族、军事、外交、统一战线、党的建设等方面比较完备的科学体系。这一科学理论体系为我们坚持走自己的路、建设中国特色社会主义提供了根本遵循。

3. 改革开放和社会主义现代化建设的科学指南

邓小平理论指导了改革开放的伟大实践。邓小平强调必须坚持以经济建设为中心，坚持四项基本原则，坚持改革开放，领导我们党制定了党在社会主义初级阶段的基本路线；指导我们党正确认识我国所处的发展阶段和根本任务，制定了现代化建设"三步

---

① 《改革开放三十年重要文献选编》上，人民出版社 2008 年版，第 603 页。
② 《习近平谈治国理政》第 1 卷，外文出版社 2018 年版，第 23 页。

走"发展战略；突出强调"改革是中国的第二次革命"，领导我们党有步骤地展开各方面体制改革，勇敢打开对外开放的大门；反复强调"两手抓、两手都要硬"，必须抓好社会主义精神文明建设和民主法制建设，实现社会全面进步；创造性地提出"一国两制"科学构想，指导我们实现香港、澳门平稳过渡和顺利回归，推动海峡两岸关系打开新局面；明确提出和平与发展是当代世界的两大主题，领导我们党及时调整各方面政策，为改革开放和社会主义现代化建设创造了难得的历史机遇和良好的外部环境；强调加强党的领导必须改善党的领导，必须聚精会神抓党的建设，使党的建设充满新的生机活力。十一届三中全会以后，我们党作出的这一系列重大决策，将改革开放和社会主义现代化建设一步一步向前推进。

邓小平理论使改革开放后的中国发生了天翻地覆的变化，迎来了思想的解放、经济的发展、政治的昌明、教育的勃兴、文艺的繁荣、科学的春天。我国社会生产力、综合国力和人民生活都上了一个大台阶。

邓小平理论的贡献是历史性的，也是世界性的，不仅改变了中国人民的历史命运，而且改变了世界的历史进程。邓小平理论之所以能够如此，就在于看清了世界和中国的发展大势，深刻了解中国人民和中华民族的深沉愿望，把握住中国发展的历史规律。如习近平在纪念邓小平同志诞辰 110 周年座谈会上的讲话所重申的："如果没有邓小平同志，中国人民就不可能有今天的新生活，中国就不可能有今天改革开放的新局面和社会主义现代化的光明前景。"[①]

邓小平理论是邓小平留给我们最重要的思想遗产。邓小平理论经过改革开放和现代化建设实践的检验，已经被证明是指导中国人民建设中国特色社会主义、保证中国在改革开放中实现国家繁荣富强和人民共同富裕的系统的科学理论。邓小平理论是中国共产党和中国人民宝贵的精神财富，是改革开放和社会主义现代化建设的科学指南，是党和国家必须长期坚持的指导思想。

三、释疑解惑

※ 如何认识邓小平理论形成的社会历史条件？

邓小平理论是在和平与发展成为时代主题的历史条件下，在总结我国社会主义胜

---

① 习近平：《在纪念邓小平同志诞辰 110 周年座谈会上的讲话》，人民出版社 2014 年版，第 8 页。

利和挫折的历史经验并借鉴其他社会主义国家兴衰成败历史经验的基础上，在我国改革开放和现代化建设的实践中，逐步形成和发展起来的。它是以邓小平为主要代表的中国共产党人立足中国又面向世界，总结历史又正视现实、放眼未来，把马克思主义基本原理同中国的国情和时代特征结合起来，在研究新情况、解决新问题的过程中形成发展起来的。邓小平是中国社会主义改革开放和现代化建设的总设计师。习近平指出："邓小平同志留给我们的最重要的思想和政治遗产，就是他带领党和人民开创的中国特色社会主义，就是他创立的邓小平理论。"①

　　※ 如何把握邓小平理论的主要内容？

　　邓小平理论贯穿解放思想、实事求是的思想路线，围绕着"什么是社会主义、怎样建设社会主义"这个基本的理论问题，第一次比较系统地初步回答了建设中国特色社会主义的一系列基本问题，包括社会主义本质理论、社会主义初级阶段理论、社会主义根本任务理论，改革开放理论，社会主义市场经济理论，"三步走"战略，"两手抓，两手都要硬"的方针，"一国两制"构想，执政党建设理论等，形成了一个比较完备的科学体系。

四、学习测试

(一) 单项选择题

1. 邓小平理论形成的现实依据是(　　　)

　　A. 和平与发展成为时代主题

　　B. 我国改革开放和现代化建设的实践

　　C. 我国社会主义胜利和挫折的历史经验

　　D. 其他社会主义国家兴衰成败的历史经验

2. 邓小平理论是逐步形成和发展起来的。邓小平理论主题的形成是在(　　　)

　　A. 党的十一届三中全会上　　　　B. 党的十二大上

　　C. 党的十三大上　　　　　　　　D. 1992 年南方谈话中

3. 邓小平理论是逐步形成和发展起来的。邓小平理论逐步走向成熟是在(　　　)

　　A. 党的十一届三中全会上　　　　B. 党的十二大上

---

① 《习近平谈治国理政》第 2 卷，外文出版社 2017 年版，第 12 页。

C. 党的十三大上　　　　　　　　　　　　D. 1992 年南方谈话中

4. 中国共产党正式提出"邓小平理论"这一概念，深刻阐述了邓小平理论的历史地位和指导意义，进一步论述了邓小平对这一理论的创立作出的独创性贡献，并郑重地把邓小平理论同马克思主义、毛泽东思想一起，确立为党的指导思想并写入党章的会议是(　　)

A. 党的十三大　　B. 党的十四大　　C. 党的十五大　　D. 党的十六大

5. 邓小平在领导改革开放和现代化建设这一新的革命过程中，不断提出和反复思考的首要基本理论问题是(　　)

A. 什么是社会主义、怎样建设社会主义

B. 建设什么样的党、怎样建设党

C. 实现什么样的发展、怎样发展

D. 实现什么样的现代化、怎样实现现代化

6. 什么是社会主义、怎样建设社会主义，是邓小平在领导改革开放和现代化建设这一新的革命过程中，不断提出和反复思考的首要的基本的理论问题。搞清楚这个问题的关键是要(　　)

A. 正确认识社会主义的发展阶段

B. 正确认识社会主义市场经济

C. 正确认识社会主义社会的发展动力

D. 在坚持社会主义基本制度的基础上进一步认清社会主义的本质

7. 邓小平理论的活的灵魂、邓小平理论的精髓是(　　)

A. 解放生产力，发展生产力　　　　　B. 解放思想、实事求是

C. 坚持四项基本原则　　　　　　　　D. 坚持改革开放

8. 社会主义社会发展的直接动力是(　　)

A. 阶级斗争　　　　　　　　　　　　B. 科技

C. 改革　　　　　　　　　　　　　　D. 解放生产力、发展生产力

9. 社会主义初级阶段是指(　　)

A. 任何国家进入社会主义都会经历的起始阶段

B. 资本主义向社会主义的过渡阶段

C. 我国在生产力落后、商品经济不发达条件下建设社会主义必然要经历的特定历史阶段

    D. 新民主主义向社会主义过渡的阶段

10. 我国进入社会主义初级阶段的起点是(　　)

    A. 中华人民共和国的成立　　　　B. 国民经济恢复任务的完成

    C. 社会主义改造的完成　　　　　D. 党的十三大的召开

11. 社会主义初级阶段与新民主主义社会因为都存在多种经济成分而有某些相似之处，但在社会性质上却存在着明显的区别。从经济基础方面看，它们之间的根本区别在于(　　)

    A. 社会主义国营经济是否掌握主要经济命脉，居于领导地位

    B. 非公有制经济是否成为社会主义经济的必要补充

    C. 国有经济是否起主导作用

    D. 社会主义公有制经济是否成为国民经济的主体

12. 党的基本路线高度概括了党在社会主义初级阶段的奋斗目标、基本途径和根本保证、领导力量和依靠力量以及实现这一目标的基本方针。"一个中心，两个基本点"是(　　)

    A. 基本途径　　　B. 奋斗目标　　　C. 依靠力量　　　D. 基本方针

13. 党的基本路线在改革开放实践中不断充实和完善，把"和谐"与"富强、民主、文明"一起写入了基本路线的会议是(　　)

    A. 党的十四大　　B. 党的十五大　　C. 党的十六大　　D. 党的十七大

14. 社会主义的根本任务是(　　)

    A. 实现共同富裕　　　　　　　　B. 维护社会公平正义

    C. 促进社会和谐　　　　　　　　D. 发展生产力

15. 邓小平明确指出："改革是中国的第二次革命。"所谓第二次革命，是相对于中国共产党领导的第一次革命而言的。社会主义改革的性质是(　　)

    A. 社会主义基本制度的改革　　　B. 社会主义经济运行方式的改变

    C. 社会主义原有体制的修补　　　D. 社会主义制度的自我完善和发展

(二)多项选择题

1. 邓小平在 1992 年南方视察谈话中，对社会主义本质这一重大问题作了总结性的理论概括，澄清了不合乎社会发展规律和时代进步的模糊观念，摆脱了长期以来拘泥于具体模式而忽略社会主义本质的错误倾向，对于建设中国特色社会主义具有重大的

理论意义和实践意义。邓小平关于社会主义本质的概括突出强调了( )

    A. 社会和谐是中国特色社会主义的本质属性

    B. 中国共产党的领导是中国特色社会主义最本质的特征

    C. 解放和发展生产力在社会主义发展中的重要作用

    D. 消灭剥削、消除两极分化，最终达到共同富裕的发展目标

2. 邓小平关于社会主义本质的论断体现了( )

    A. 解放生产力与发展生产力的统一

    B. 生产力与生产关系的统一

    C. 社会主义发展过程与发展目标的统一

    D. 目的与手段的统一

3. 社会主义的根本任务是解放和发展生产力，其原因在于( )

    A. 高度发达的生产力是实现社会主义的物质基础

    B. 解放生产力是为促进生产力的发展开辟道路

    C. 解放和发展生产力是中国特色社会主义的根本任务

    D. 解放和发展生产力是社会主义制度与资本主义制度相区别的根本标志

4. 邓小平理论的形成条件是( )

    A. 冷战终结，美苏争霸格局结束

    B. 和平发展成为时代的主题

    C. 总结了社会主义建设的经验教训

    D. 改革开放实践积累的经验

5. 1956 年之后，我们在探索社会主义建设道路过程中取得了一定成果，也犯了不少错误。造成这些失误的深层次原因是( )

    A. 社会主义改造进行得太早，脱离了生产力

    B. 偏离了党的思想路线

    C. 没有认清基本国情

    D. 对社会主义本质认识不清

◎ **参考答案**

(一)单项选择题

1. B　2. B　3. D　4. C　5. A　6. D　7. B　8. C　9. C　10. C

11. D　12. A　13. D　14. D　15. D

(二)多项选择题

1. CD　2. ABCD　3. AB　4. BCD　5. BCD

第六章
"三个代表"重要思想

一、教学基本要求

本章主要介绍"三个代表"重要思想形成的社会历史条件、发展过程、核心观点、主要内容、历史地位。通过本章内容的学习，使同学们掌握"三个代表"重要思想形成的社会历史条件和发展过程，了解"三个代表"重要思想的核心观点和主要内容，明确"三个代表"重要思想的历史地位和指导意义。知识点框架图如图 6-1 所示。

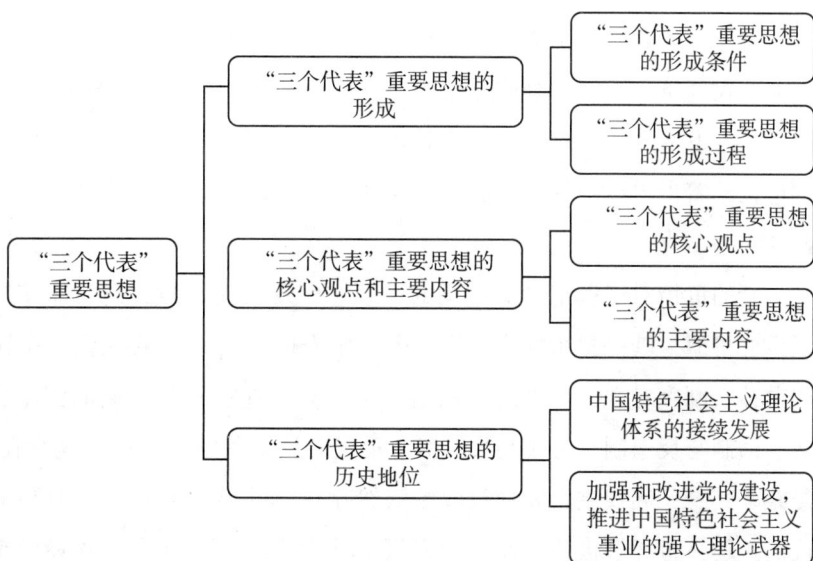

图 6-1　第六章知识点框架图

二、重点讲解

(一)"三个代表"重要思想的形成和发展

1. "三个代表"重要思想的形成条件

"三个代表"重要思想是以江泽民为主要代表的中国共产党人,在建设中国特色社会主义实践中加深了对什么是社会主义、怎样建设社会主义和建设什么样的党、怎样建设党的认识,积累了治国理政新的宝贵经验,从而形成的重要理论成果。它形成和发展于20世纪末到21世纪初。这一时期,中国共产党面临着新的世情、党情和国情,要求党必须科学判断形势,全面把握大局,从容应对困难和风险,全面推进社会主义现代化建设,开创中国特色社会主义事业新局面。具体表现在三个方面:

第一,从世情来看,"三个代表"重要思想是在对冷战结束后国际局势科学判断基础上形成的。千年更迭、世纪交替之际,尽管和平与发展仍然是时代的主题,但我们所处的国际环境发生了深刻变化。在政治上,20世纪80年代末90年代初,东欧剧变、苏联解体,国际共产主义运动遭受了严重挫折。两极格局终结,世界多极化在曲折中发展。在经济上,经济全球化浪潮正在蓬勃发展,全球经济日益融为一体。在科技上,科学技术发展异常迅猛。以信息技术和生命科学为核心的现代科学技术日新月异,深刻地推动着世界经济的发展和全球化进程,并越来越在国家社会经济发展中起着决定性的作用。

新的世情对于世纪之交我国的社会主义现代化建设,既带来了严峻挑战,也带来了重要机遇。其一,东欧剧变后,中国作为世界上最大的社会主义国家,实际上处于两种社会制度对立、斗争的最前沿。中国共产党将面临长期的国际压力,渗透与反渗透、遏制与反遏制、分裂与反分裂、颠覆与反颠覆的斗争将长期存在,并且异常尖锐、复杂。其二,霸权主义和强权政治依然存在,世界仍不安宁。但和平与发展仍然是时代的主题,世界多极化在曲折中发展,从而为我国社会主义建设带来了一个难得的相对稳定的和平外部环境。其三,积极参与经济全球化是我国实现现代化的必由之路。其四,面对新的科学技术革命,我国如何迎头赶上时代潮流,在日益激烈的国际竞争中始终立于不败之地?如何发展科学技术,又如何利用科技革命创造的良好机遇,抢占新兴产业的制高点,加速我国经济结构、产业结构和产品结构的换代升级和调整,实现社会生产力的跨越式发展？

第二，从党情来看，"三个代表"重要思想是在科学判断党的历史方位和总结历史经验的基础上提出来的。20世纪80年代末到21世纪初，伴随着我国改革开放的深入和建立社会主义市场经济体制，中国共产党的自身状况也发生了深刻变化。"我们党历经革命、建设和改革，已经从领导人民为夺取全国政权而奋斗的党，成为领导人民掌握全国政权并长期执政的党；已经从受到外部封锁和实行计划经济条件下领导国家建设的党，成为对外开放和发展社会主义市场经济条件下领导国家建设的党。"①这一时期，正值党的队伍进入整体性交接的关键时刻，一大批年轻干部走上了各级领导岗位。尽管党的干部队伍总体是好的，但在一些党员和干部中，还存在着不同程度的思想僵化、信念动摇、道德滑坡、组织涣散和腐败现象。在党员领导干部中违法乱纪、腐化堕落案件时有发生。

世纪之交新的党情，给党的建设提出了一系列新的要求。主要有三：一是必须解决好两大历史性课题，即进一步提高党的领导水平和执政水平、提高拒腐防变和抵御风险的能力。二是必须坚持从新的实际出发，以改革的精神加强和改进党的建设，使党在世界形势深刻变化的历史进程中始终走在时代前列，在应对国内外各种风险考验的历史进程中始终成为全国人民的主心骨，在建设中国特色社会主义的历史进程中始终成为坚强的领导核心。三是必须立足于党的历史、总结党的历史经验。

这一时期，中国共产党通过总结正反两方面历史经验，得出了一个重要结论：我们党之所以赢得人民的拥护，是因为我们党作为中国工人阶级的先锋队和中国人民的先锋队，在革命、建设、改革的各个历史时期，总是代表中国先进生产力的发展要求，代表中国先进文化的前进方向，代表中国最广大人民的根本利益，并通过制定正确的路线方针政策，为实现国家和人民的根本利益而不懈奋斗。

因此，可以说"三个代表"重要思想是在科学判断党的历史方位和总结历史经验的基础上提出来的。

第三，从国情看，"三个代表"重要思想是在建设中国特色社会主义伟大实践的基础上形成的。从20世纪80年代末到21世纪初，我国改革开放和社会主义现代化建设既取得了一系列重大成就，同时也面临着不少新情况新挑战。

一方面，中国共产党从容应对一系列关系我国主权和安全的国际突发事件，战胜了在政治、经济领域和自然界出现的困难和风险，经受住了一次又一次考验，排除了

---

① 《江泽民文选》第3卷，人民出版社2006年版，第536~537页。

各种干扰，保证了改革开放和现代化建设的航船，始终沿着正确的方向破浪前进。比如，20世纪80年代末90年代初面对东欧剧变、苏联解体的影响，党领导人民开展反对资产阶级自由化和西方"和平演变"的斗争。再如，世纪之交，党领导人民成功应对1997年东南亚金融危机、1998年"三江"大洪水、1999年"法轮功"事件、2001年中美南海撞机事件等。在此基础上，从2001年开始，我国已经实现了社会主义现代化建设"三步走"战略的前两步目标，进入了全面建设小康社会、加快推进社会主义现代化新的发展阶段。

另一方面，伴随着改革开放和社会主义市场经济的推进，我国社会生活发生了广泛而深刻的变化，社会经济成分、组织形式、利益分配和就业方式等的多样化进一步发展，这给国家的政治经济文化和社会生活的各个方面带来了深刻的影响。随着我国社会就业方式、分配方式的多样化，出现了更为复杂的利益关系，原有的社会阶层发生了极大变化，除了工人、农民、知识分子、干部等社会阶层外，还出现了一些新的社会阶层。此外，我国在经历了长时期的经济增长后，也面临着国际经济衰退、国内经济结构需要调整、部分国有企业发生较大困难、人口与资源矛盾日益突出、发展经济与保持环境生态等重重压力。

这给党提出了一系列新的挑战。主要有四：一是党如何正确处理社会主义现代化建设中的若干重大关系？比如，改革、发展、稳定的关系；速度与效益的关系；市场机制和宏观调控的关系；公有制经济和其他经济成分的关系；收入分配中国家、企业和个人的关系；扩大对外开放和坚持自力更生的关系；中央和地方的关系；国防建设和经济建设的关系；物质文明建设和精神文明建设的关系。二是党如何完善和驾驭社会主义市场经济体制？三是党如何积极稳妥推进政治体制改革？四是党如何解决国内的人与资源、环境的矛盾，保持国民经济的可持续发展？

总之，"三个代表"重要思想是在对冷战结束后国际局势科学判断的基础上，科学判断党的历史方位，总结党成立以来的奋斗历程和历史经验，在建设中国特色社会主义伟大实践的基础上形成的。

2."三个代表"重要思想形成和发展的过程

党的十六大指出："三个代表"重要思想是对马克思列宁主义、毛泽东思想、邓小平理论的继承和发展，反映了当代世界和中国的发展变化对党和国家工作的新要求，是加强和改进党的建设、推进我国社会主义自我完善和发展的强大理论武器，是中国共产党集体智慧的结晶，是党必须长期坚持的指导思想。它是中国共产党在对冷战结束后国际局势准确把握的基础上，科学判断党的历史方位，总结党成立以来的奋斗历程和历史经验，在建设中国特色社会主义伟大实践的基础上形成的。其形成和发展经历了一个酝酿、形成到逐步深化的过程。具体分为三个阶段：

第一阶段："三个代表"重要思想的酝酿阶段（1989 年党的十三届四中全会到 2000年年初）。这一阶段，以江泽民为核心的党的第三代中央领导集体，高度重视党的建设，大力推进党的建设"新的伟大的工程"。具体表现为：党的十三届四中全会提出大力加强党的建设、坚决惩治腐败的要求；1989 年 8 月，中共中央发布《关于加强党的建设的通知》；1990 年 3 月，党的十三届六中全会发布《中共中央关于加强党同人民群众联系的决定》；1992 年 10 月，党的十四大系统论述了加强党的建设和改善党的领导的问题；1994 年 9 月，党的十四届四中全会提出党的建设是一项"新的伟大的工程"，发布《中共中央关于加强党的建设几个重大问题的决定》；1997 年 9 月，党的十五大提出党的建设新的伟大工程的总目标，对世纪之交推进党的建设进行了科学谋划。党的十五大后，以江泽民为核心的第三代中央领导集体，围绕新的历史条件下加强党的建设重大理论和现实问题，继续进行探索。

第二阶段："三个代表"重要思想的形成阶段（2000 年年初至 2001 年 7 月）。具体表现为：经过长期思考，2000 年 2 月，江泽民在广东考察工作时，第一次提出"三个代表"的要求。2000 年 6 月，江泽民指出"三个代表"重要思想回答和解决的是"建设什么样的党、怎样建设党"的重大问题。2000 年 10 月，江泽民在党的十五届五中全会上就"改进党的作风"发表重要讲话，强调务必使全党同志深刻认识和全面、正确地把握"三个代表"的要求，按照"三个代表"要求全面加强党的建设。2001 年 7 月，江泽民在纪念建党 80 周年大会的讲话中，全面阐述了"三个代表"重要思想的科学内涵和基本内容。

第三阶段："三个代表"重要思想的逐步深化阶段（2001 年 7 月至 2002 年党的十六大）。具体表现为：2002 年 5 月，江泽民提出贯彻"三个代表"要求，关键在坚持与时俱进，核心在保持党的先进性，本质在坚持执政为民。党的十六大全面阐述了"三个代表"重要思想形成的时代背景、历史地位、精神实质和指导意义，把"三个代表"重要思想与马克思列宁主义、毛泽东思想、邓小平理论一道确立为党必须长期坚持的指导思想并写进了党章。

（二）"三个代表"重要思想的核心观点

"三个代表"重要思想是以江泽民为核心的党的第三代中央领导集体治国理政经验

的理论概括和总结，是一个科学、完整的理论体系。其核心观点为：中国共产党必须始终代表中国先进生产力的发展要求，代表中国先进文化的前进方向，代表中国最广大人民的根本利益。2001 年 7 月，江泽民在庆祝中国共产党成立 80 周年大会上系统论述了"三个代表"的科学内涵。

中国共产党要始终代表中国先进生产力的发展要求，就是党的理论、路线、纲领、方针、政策和各项工作，必须努力符合生产力发展的规律，体现不断推动社会生产力的解放和发展的要求，尤其要体现先进生产力发展的要求，通过发展生产力不断提高人民群众的生活水平。

中国共产党要始终代表中国先进文化的前进方向，就是党的理论、路线、纲领、方针、政策和各项工作，必须努力体现发展面向现代化、面向世界、面向未来的，民族的科学的大众的社会主义文化的要求，促进全民族思想道德素质和科学文化素质的不断提高，为我国经济发展和社会进步提供精神动力和智力支持。

中国共产党要始终代表中国最广大人民的根本利益，就是党的理论、路线、纲领、方针、政策和各项工作，必须坚持把人民的根本利益作为出发点和归宿，充分发挥人民群众的积极性、主动性、创造性，在社会不断发展进步的基础上，使人民群众不断获得切实的经济、政治、文化利益。

"三个代表"是一个统一的整体，相互联系、相互促进。发展先进的生产力，是发展先进文化、实现最广大人民根本利益的基础条件。人民群众是先进生产力和先进文化的创造主体，也是实现自身利益的根本力量。不断发展先进生产力和先进文化，归根到底都是为了满足人民群众日益增长的物质文化生活需要，不断实现最广大人民的根本利益。

(三)"三个代表"重要思想的主要内容

"'三个代表'重要思想涵盖了社会主义经济建设、政治建设、文化建设、社会建设和党的建设以及国防和军队现代化建设、祖国统一、国际战略和外交工作等各个领域，涉及改革发展稳定、内政外交国防、治党治国治军等各个方面，是一个完整的科学的思想体系。"[①]它不仅包括"三个代表"的核心观点，而且还包括一系列关于中国特色社会主义建设的理论观点。主要有：

第一，发展是党执政兴国的第一要务。以江泽民为核心的党的第三代中央领导集

---

① 《胡锦涛文选》第 2 卷，人民出版社 2016 年版，第 490 页。

体认为，党要承担起推动中国社会进步的历史责任，必须始终紧紧抓住发展这个党执政兴国的第一要务，把坚持党的先进性和发挥社会主义制度的优越性，落实到发展先进生产力、发展先进文化、实现最广大人民的根本利益上来，推动社会全面进步，促进人的全面发展。社会主义要强大，体现优越性，关键在发展。只要正确坚持和贯彻发展的思想，我们就能够从容应对挑战，克服困难，不断前进。

第二，建立社会主义市场经济体制。以江泽民为核心的党的第三代中央领导集体，根据邓小平南方谈话精神，明确提出"社会主义市场经济体制"这个概念。党的十四大正式把建立社会主义市场经济体制确立为我国经济体制改革的目标。党的十四届三中全会通过的《中共中央关于建立社会主义市场经济体制若干问题的决定》，勾画了建立社会主义市场经济体制的蓝图和基本框架。即建立社会主义市场经济体制，必须坚持和完善公有制为主体，多种所有制经济共同发展的社会主义基本经济制度，进一步探索公有制特别是国有制的多种有效实现形式，建立符合市场经济规律和我国国情的企业领导体制和管理制度；必须建立全国统一开放的市场体系；必须建立完善的宏观调控体系；必须理顺分配关系，调整和规范国家、企业和个人的分配关系；必须建立和完善社会保障体系。

第三，全面建设小康社会。以江泽民为核心的党的第三代中央领导集体提出 21 世纪头 20 年是全面建设小康社会的阶段，形成了"两个一百年"的奋斗目标，深化了邓小平关于分阶段、有步骤地实现国家现代化的战略构想，丰富了我们党关于社会主义初级阶段的理论。党的十五大初步勾画了分三步走，实现社会主义现代化建设第三步走战略目标的蓝图。第一步，21 世纪第一个十年实现国民生产总值比 2000 年翻一番，使人民的小康生活更加宽裕，形成比较完善的社会主义市场经济体制；第二步，再经过十年的努力，到建党一百年时，使国民经济更加发展，各项制度更加完善；第三步，到 21 世纪中叶中华人民共和国成立一百年时，基本实现现代化，建成富强民主文明的社会主义国家。

第四，建设社会主义政治文明。以江泽民为核心的党的第三代中央领导集体提出，发展社会主义民主政治，建设社会主义政治文明，是社会主义现代化建设的重要目标。建设社会主义政治文明，最根本的就是要坚持党的领导、人民当家作主和依法治国的有机统一。建设社会主义政治文明，必须进行政治体制改革。

第五，推进党的建设新的伟大工程。以江泽民为核心的党的第三代中央领导集体认为，党的建设是一项"新的伟大的工程"。在改革开放和社会主义市场经济条件下，推进党的建设新的伟大工程，必须坚持党的领导，加强党的建设。坚持党的领导，就是要坚持党在建设中国特色社会主义事业中的领导核心地位，发挥党总揽全局、协调各方的作用。坚持党的领导，核心是坚持党的先进性。坚持党的领导，必须加强党的建设。具体有五：一要坚持党要管党、从严治党的方针，进一步解决提高党的领导水平和执政水平、提高拒腐防变和抵御风险能力这两大历史性课题；二要准确把握当代中国社会前进的脉搏，改革和完善党的领导方式和执政方式、领导体制和工作制度，使党的工作充满活力；三要加强党的执政能力建设，不断提高科学判断形势的能力、驾驭市场经济的能力、应对复杂局面的能力、依法执政的能力、总揽全局的能力；四要把思想建设、组织建设和作风建设有机结合起来，把制度建设贯穿其中，既立足于做好经常性工作，又抓紧解决存在的突出问题；五要坚决反对和防止腐败。

"三个代表"重要思想作为一个完整的科学体系，除了上述五个主要理论外，还包括以下内容：关于大力弘扬与时俱进的精神；社会主义初级阶段的基本纲领；中国特色社会主义改革开放的理论；建立巩固的国防、加强军队的革命化现代化正规化建设的思想；坚持和发展爱国统一战线理论；中国特色社会主义外交和国际战略；推进祖国完全统一，提出发展两岸关系八项主张的理论等。

(四)"三个代表"重要思想的历史地位

党的十六大通过的《中国共产党章程》指出，"三个代表"重要思想是对马克思列宁主义、毛泽东思想、邓小平理论的继承和发展，反映了当代世界和中国的发展变化对党和国家工作的新要求，是加强和改进党的建设、推进我国社会主义自我完善和发展的强大理论武器，是中国共产党集体智慧的结晶，是党必须长期坚持的指导思想。这反映了全党的共识，明确了"三个代表"重要思想的历史地位。

首先，"三个代表"重要思想是中国特色社会主义理论体系的接续发展。

"三个代表"重要思想是对马克思列宁主义、毛泽东思想和邓小平理论的继承和发展，是中国特色社会主义理论体系的重要组成部分。比如，"三个代表"重要思想坚持把人民的根本利益作为出发点和归宿，提出"最大多数人的利益是最紧要和最具有决定性的因素"，时刻要把人民群众的安危冷暖放在心上，关心群众疾苦，努力为群众办好事、办实事。这丰富了马克思主义的唯物史观。再如，"三个代表"重要思想强调社会主义社会是全面发展、全面进步的社会，衡量党的方针政策的成败得失，必须坚持全面性的标准，从而揭示了中国特色社会主义是物质文明、政治文明和精神文明的有机统一。这加深了我们对建设中国特色社会主义的规律性认识。又如，"三个代表"重要思想，把党的建设同当今世界的发展趋势，同我国社会主义的自我完善和发展，同实现中国特色社会主义的宏伟目标和各项任务联系起来，科学地揭示了执政党建设的规律，赋予了党的指导思想、党的宗旨和党的任务以鲜明的时代内容和时代特征，形成了崭新的马克思主义建党学说，创造性地回答了建设什么样的党、怎样建设党的问题。

其次，"三个代表"重要思想是加强和改进党的建设，推进中国特色社会主义事业的强大理论武器。

这主要表现在两个方面。其一，"三个代表"重要思想把发展先进生产力、发展先进文化和实现最广大人民的根本利益统一起来，从深层次上揭示了社会主义制度不断完善和发展的途径。在"三个代表"重要思想的指导下，中国特色社会主义事业得以全面推向 21 世纪。其二，"三个代表"重要思想提出了党的建设的新要求，从新的高度提出必须不断改进党的领导方式和执政方式。比如，全党必须始终保持与时俱进的精神状态，不断开拓马克思主义理论发展的新境界。再如，党要按照总揽全局、协调各方的原则，进一步加强和完善党的领导体制，改进党的领导方式和执政方式，既保证党委的领导核心作用，又充分发挥人大、政府、政协以及人民团体和其他方面的职能作用。

总之，"三个代表"重要思想在邓小平理论的基础上，进一步回答了什么是社会主义、怎样建设社会主义的问题，创造性地回答了建设什么样的党、怎样建设党的问题，集中起来就是深化了对中国特色社会主义的认识。

三、释疑解惑

※ "三个代表"和"三个代表"重要思想一样吗？

这两个概念不一样。"三个代表"是"三个代表"重要思想的集中概括或者说核心观点。"三个代表"重要思想的主要内容经历了一个由"三个代表"到属于整个第三代中央领导集体治国理政经验理论概括和总结的演变过程。"三个代表"是指中国共产党要始终代表中国先进生产力的发展要求、始终代表中国先进文化的前进方向、始终代表中国最广大人民的根本利益。"三个代表"重要思想是以江泽民为核心的党的第三代中央领导集体十三年治国理政经验的概括和总结。它是一个内容丰富的、完整的科学理论体系。主要包括"发展是党执政兴国的第一要务""建立社会主义市场经济体制""全面建设小康社会""建设社会主义政治文明""推进党的建设新的伟大工程"等内容。

※ 中国共产党为什么在 20 世纪末提出了全面建设小康社会的目标?

全面建设小康社会的奋斗目标是立足于我国的基本国情提出来的。到 20 世纪末,我们已经胜利实现了现代化建设"三步走"战略的第一步、第二步目标,人民生活总体上达到小康水平。但是,这个小康还是低水平的、不全面的、发展很不平衡的小康。因此,我们要在 21 世纪的头 20 年,集中力量,全面建设惠及十几亿人口的更高水平的小康社会,使经济更加发展、民主更加健全、科教更加进步、文化更加繁荣、社会更加和谐、人民生活更加殷实。全面建设小康社会是我们实现现代化建设第三步战略目标必经的承上启下的发展阶段,也是完善社会主义市场经济体制和扩大对外开放的关键阶段。

※ 如何理解依法治国的内涵?

"依法治国"是江泽民在党的十五大报告中提出的。它是指广大人民群众在党的领导下,依照宪法和法律规定,通过各种途径和形式管理国家事务,管理经济文化事业,管理社会事务,保证国家各项工作都依法进行,逐步实现社会主义民主的制度化、法律化,使这种制度和法律不因领导人的改变而改变,不因领导人看法和注意力的改变而改变。它是党领导人民治理国家的基本方略,是发展社会主义市场经济的客观需要,是社会文明进步的重要标志,是国家长治久安的重要保障。

四、学习测试

(一)单项选择题

1. 冷战结束后,世界的主题是(　　)

    A. 战争与革命　　　B. 和平与发展　　　C. 经济全球化　　　D. 世界多极化

2. 江泽民首次对"三个代表"进行比较全面的阐释的时间是(　　)

    A. 1989 年 6 月　　B. 1997 年 9 月　　C. 2000 年 2 月　　D. 2001 年 7 月

3. 全面阐述"三个代表"重要思想科学内涵和基本内容的会议是(　　)

    A. 党的十四届四中全会

    B. 党的十五大

    C. 2001 年庆祝中国共产党成立 80 周年大会

D. 党的十六大

4. 全面阐述"三个代表"重要思想形成的时代背景、历史地位、精神实质和指导意义的会议是(   )

    A. 党的十四大   B. 党的十五大

    C. 党的十五届五中全会   D. 党的十六大

5. 将"三个代表"重要思想确立为党必须长期坚持的指导思想,并写入党章的会议是(   )

    A. 党的十四大   B. 党的十五大   C. 党的十六大   D. 党的十七大

6. 首先提出"社会主义市场经济体制"这个提法的党的领导人是(   )

    A. 邓小平   B. 江泽民   C. 胡锦涛   D. 陈云

7. 党的十四大明确了我国经济体制改革的目标是(   )

    A. 建立社会主义有计划的商品经济体制

    B. 建立社会主义市场经济体制

    C. 建立计划经济为主、市场调节为辅的经济体制

    D. 建立国家调控市场、市场引导企业的经济运行机制

8. 社会变革中出现的新的社会阶层,是中国特色社会主义事业的(   )

    A. 领导者   B. 根本力量   C. 建设者   D. 主力军

9. 我国社会主义初级阶段基本经济制度的主体是(   )

    A. 公有制   B. 非公有制   C. 混合所有制   D. 民营企业

10. 我国进入全面建设小康社会、加快推进社会主义现代化的新的发展阶段的时间点为(   )

    A. 1997 年   B. 从21世纪开始   C. 2002 年   D. 2012 年

11. 党领导人民治理国家的基本方略是(   )

    A. 以德治国   B. 依法治国   C. 坚持党的领导   D. 人民当家作主

12. 社会主义民主政治的本质要求是(   )

    A. 共同富裕   B. 坚持党的领导 C. 依法治国   D. 人民当家作主

13. 以江泽民为核心的第三代中央领导集体,在发展问题上提出的核心观点是(   )

    A. 发展是硬道理

    B. 发展是党执政兴国的第一要务

  C. 科学发展观

  D. 创新、协调、绿色、开放、共享的新发展理念

14. "三个代表"重要思想的内容不包括(　　)

  A. 推进党的建设新的伟大工程的理论

  B. 实现社会主义现代化建设第三步走战略的"小三步走"理论

  C. 构建社会主义和谐社会理论

  D. 社会主义初级阶段基本纲领

15. "三个代表"重要思想创造性地回答了(　　)

  A. 什么是社会主义、怎样建设社会主义的问题

  B. 建设什么样的党、怎样建设党的问题

  C. 实现什么样的发展、怎样实现发展的问题

  D. 什么是马克思主义、怎样对待马克思主义的问题

(二)多项选择题

1. "三个代表"重要思想的形成条件有(　　)

  A. 在对冷战结束后国际局势科学判断基础上形成的

  B. 在科学判断党的历史方位和总结历史经验的基础上提出来的

  C. 在中国共产党成为执政党条件下形成的

  D. 在建设中国特色社会主义伟大实践的基础上形成的

2. 发展社会主义先进文化的要求有(　　)

  A. 建设社会主义精神文明

  B. 发展面向现代化、面向世界、面向未来的、民族的科学的大众的社会主义文化

  C. 必须弘扬民族精神

  D. 必须加强社会主义思想道德建设，做好思想政治工作

3. "三个代表"重要思想的核心观点有(　　)

  A. 始终代表中国先进生产力的发展要求

  B. 始终代表中国先进文化的前进方向

  C. 始终代表中国最广大人民的根本利益

  D. 始终代表中国工人阶级的根本利益

4. 下列属于"三个代表"重要思想内容的有( )

    A. 建立巩固的国防、加强军队的革命化现代化正规化建设的思想

    B. 推进祖国完全统一，发展两岸关系的八项主张

    C. 社会主义本质理论

    D. 社会主义核心价值体系

5. "三个代表"重要思想的历史地位是( )

    A. 中国特色社会主义理论体系的接续发展

    B. 加强和改进党的建设，推进中国特色社会主义事业的强大理论武器

    C. 党和国家必须长期坚持的指导思想

    D. 中国特色社会主义理论体系的开篇之作

◎ 参考答案

(一)单项选择题

1. B   2. C   3. C   4. D   5. C   6. B   7. B   8. C   9. A   10. B

11. B   12. D   13. B   14. C   15. B

(二)多项选择题

1. ABD   2. ABCD   3. ABC   4. AB   5. ABC

第七章
科学发展观

一、教学基本要求

通过本章内容的学习，使同学们了解科学发展观的形成过程及其产生的社会历史条件；深入理解并掌握科学发展观的科学内涵和主要内容；充分认识科学发展观的历史地位和重要意义，树立科学的发展观。知识点框架图如图 7-1 所示。

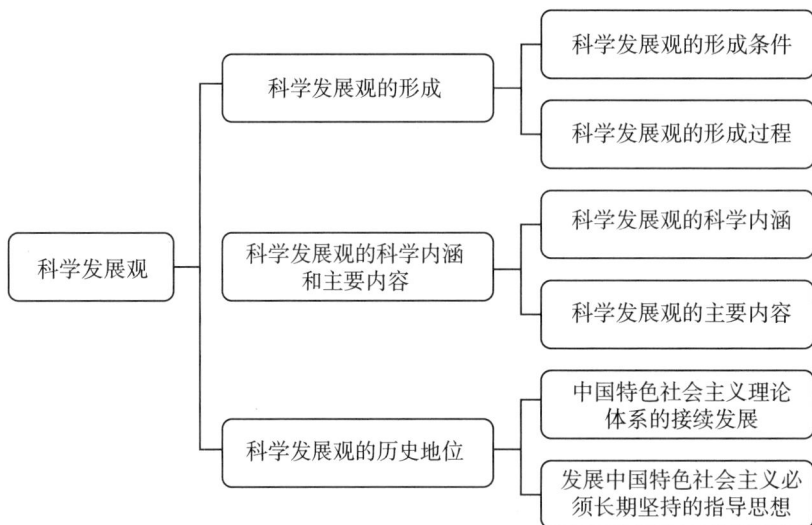

图 7-1　第七章知识点框架图

二、重点讲解

(一)科学发展观形成发展的社会历史条件

首先，科学发展观是在深刻把握我国基本国情和新的阶段性特征的基础上形成和发展起来的。

经过中华人民共和国成立以来特别是改革开放以来的不懈努力，我国经济社会发展取得了举世瞩目的成就，但仍处于并将长期处于社会主义初级阶段的基本国情没有变。进入新世纪新阶段，我国进入发展关键期、改革攻坚期和矛盾凸显期，经济社会发展呈现一系列新的阶段性特征：第一，经济实力显著增强，同时生产力水平总体上还不高，自主创新能力还不强，长期形成的结构性矛盾和粗放型增长方式尚未根本改变；第二，社会主义市场经济体制初步建立，同时影响发展的体制机制障碍依然存在，改革攻坚面临深层次矛盾和问题；第三，人民生活总体上达到小康水平，同时收入分配差距拉大趋势还未根本扭转，城乡贫困人口和低收入人口还有相当数量，统筹兼顾各方面利益难度加大；第四，协调发展取得显著成绩，同时农业基础薄弱、农村发展滞后的局面尚未改变，缩小城乡、区域发展差距和促进经济社会协调发展任务艰巨；第五，社会主义民主政治不断发展、依法治国基本方略扎实贯彻，同时民主法制建设与扩大人民民主和经济社会发展的要求还不完全适应，政治体制改革需要继续深化；第六，社会主义文化更加繁荣，同时人民精神文化需求日趋旺盛，人们思想活动的独立性、选择性、多变性、差异性明显增强，对发展社会主义先进文化提出了更高要求；第七，社会活力显著增强，同时社会结构、社会组织形式、社会利益格局发生深刻变化，社会建设和管理面临诸多新课题；第八，对外开放日益扩大，同时面临的国际竞争日趋激烈，发达国家在经济科技上占优势的压力长期存在，可以预见和难以预见的风险增多，统筹国内发展和对外开放的要求更高。

这些阶段性特征是社会主义初级阶段基本国情在新世纪新阶段的具体表现，反映了我国经济社会发展面临的新形势、新矛盾和新问题。社会主义初级阶段基本国情和新的阶段性特征，是科学发展观形成的现实依据。

其次，科学发展观是在深入总结改革开放以来特别是党的十六大以来实践经验的基础上形成和发展起来的。

改革开放以来，中国共产党根据新的形势和任务不断深化改革，扩大开放，推动我国经济社会发展取得了新的成就，积累了丰富经验。这些经验集中体现为党的十七大概括的"十个结合"：一是把坚持马克思主义基本原理同推进马克思主义中国化结合起来；二是把坚持四项基本原则同坚持改革开放结合起来；三是把尊重人民首创精神同加强和改善党的领导结合起来；四是把坚持社会主义基本制度同发展市场经济结合起来；五是把推动经济基础变革同推动上层建筑改革结合起来；六是把发展社会生产力同提高全民族文明素质结合起来；七是把提高效率同促进社会公平结合起来；八是把坚持独立自主同参与经济全球化结合起来；九是把促进改革发展同保持社会稳定结合起来；十是把推进中国特色社会主义伟大事业同推进党的建设新的伟大工程结合起来。这"十个结合"是我们这样一个十几亿人口的发展中大国摆脱贫困、加快实现现代化、巩固和发展社会主义的宝贵经验。

党的十六大以来，党领导人民紧紧抓住和用好我国发展的重要战略机遇期，以加入世界贸易组织为契机，深化改革开放，加快发展步伐；成功应对国际金融危机的严重冲击，在全球率先实现经济企稳回升；战胜突如其来的非典疫情，成功举办北京奥运会、残奥会和上海世博会，夺取抗击汶川特大地震等严重自然灾害和灾后恢复重建重大胜利，妥善处置一系列重大突发事件，奋力把中国特色社会主义推进到新的发展阶段。

党带领人民战胜各种风险挑战、坚持和发展中国特色社会主义的成功探索，是科学发展观形成的实践基础。

最后，科学发展观是在深刻分析国际形势、顺应世界发展趋势、借鉴国外发展经验的基础上形成和发展起来的。

进入新世纪，世界处在大发展大变革大调整之中。和平与发展仍然是时代主题，世界多极化不可逆转，经济全球化深入发展，科技革命加速推进，各国相互依存逐步加深，大国关系深刻变动，国际力量对比朝着有利于维护世界和平方向发展。同时，国际环境中不稳定不确定因素增多，我国发展的外部条件复杂多变。

这一时期，一些国家在发展中也遇到了一系列的问题，表现为经济结构失衡、社会发展滞后、能源资源紧张、生态环境恶化，两极分化严重、失业增加、社会腐败、政治动荡等，这些发展中出现的问题给我国改革开放和社会主义现代化建设提出了新的课题。特别是国际金融危机的爆发，充分暴露了资本主义制度的固有矛盾，暴露了世界经济增长模式的弊端。推动强劲、可持续、平衡增长成为各国共同关注的重大问题，各主要国家纷纷反思和调整发展方式、发展战略。

当今世界发展大势、国外发展的经验教训，是科学发展观形成的时代背景。

(二)科学发展观的科学内涵

科学发展观是马克思主义关于发展的世界观和方法论的集中体现，是中国特色社会主义理论体系的重要组成部分，是发展中国特色社会主义必须长期坚持的指导思想。

科学发展观，第一要义是发展，核心立场是以人为本，基本要求是全面协调可持续，根本方法是统筹兼顾。这是对科学发展观的集中概括。

1. 推动经济社会发展是科学发展观的第一要义

发展是人类文明进步的基础，也是马克思主义最基本的范畴之一。科学发展观是用来指导发展的理论，中国特色社会主义是靠发展来不断巩固和前进的。在当代中国，坚持"发展才是硬道理"的本质要求就是坚持科学发展。

坚持科学发展，必须加快转变经济发展方式。要坚持把经济结构战略性调整作为主攻方向，坚持把科技进步和创新作为重要支撑，坚持把保障和改善民生作为根本出发点和落脚点，坚持把建设资源节约型、环境友好型社会作为重要着力点，坚持把改革开放作为强大动力，努力使加快转变经济发展方式要求贯穿经济社会发展全过程和各领域，切实做到在发展中促转变、在转变中谋发展。要正确认识和处理发展"好"与"快"的辩证关系，抓紧解决我国发展面临的突出矛盾和问题，促进经济增长由主要依靠投资、出口拉动向依靠消费、投资、出口协调拉动转变；由主要依靠第二产业带动向依靠第一、第二、第三产业协同带动转变；由主要依靠增加物质资源消耗向主要依靠科技进步、劳动者素质提高、管理创新转变。

坚持科学发展，必须善于抓住和用好机遇。党的十六大在综合分析进入新世纪后国际国内形势变化的基础上，作出了21世纪头20年对我国来说是一个必须紧紧抓住并且可以大有作为的重要战略机遇期的重大判断。党的十六大以来，我们党紧紧抓住和用好重要战略机遇期，战胜一系列重大挑战，把中国特色社会主义推进到新的发展阶段。

2. 以人为本是科学发展观的核心立场

以人为本是科学发展观的核心立场，集中体现了马克思主义历史唯物论的基本原理，体现了我们党全心全意为人民服务的根本宗旨和推动经济社会发展的根本目的。以人为本就是以最广大人民的根本利益为本。以人为本的"人"，是指人民群众，就是以工人、农民、知识分子等劳动者为主体，包括社会各阶层人民在内的中国最广大人民；"本"，就是根本，就是出发点和落脚点。

坚持以人为本，必须秉持这样的理念：坚持以人为本，就要坚持发展为了人民，始终把最广大人民的根本利益放在第一位；坚持以人为本，就要坚持发展依靠人民，从人民群众的伟大创造中汲取智慧和力量；坚持以人为本，就要坚持发展成果由人民共享，着力提高人民物质文化生活水平；坚持以人为本，最终是为了实现人的全面发展。

3. 全面协调可持续是科学发展观的基本要求

全面协调可持续是科学发展观的基本要求。这是因为：一方面，经过长期发展，我们积累了较为雄厚的物质技术条件，可以在推进全面协调可持续发展上有更大作为；另一方面，城乡区域发展不平衡、经济社会发展不协调、经济发展与人口资源环境不适应等问题更加突出地摆在了我们面前。只有更加自觉地推进全面协调可持续发展，才能更好地化解对我国发展的各种制约因素，更好推动地我国发展进程，确保实现我国发展的战略目标。

全面协调可持续中的"全面"是指发展要有全面性、整体性，不仅经济发展，而且各个方面都要发展；"协调"是指发展要有协调性、均衡性，各个方面、各个环节的发展要相互适应、相互促进；"可持续"是指发展要有持久性、连续性，不仅当前要发展，而且要保证长远发展。具体来说：坚持全面发展，就是要按照中国特色社会主义事业总体布局，正确认识和把握经济建设、政治建设、文化建设、社会建设、生态文明建设是相互联系、相互促进的有机统一体。经济建设是中心和基础，政治建设是方向和保障，文化建设是灵魂和血脉，社会建设是支撑和归宿，生态文明建设是根基和条件，它们相辅相成、相互促进，共同构筑起中国特色社会主义事业的全局。坚持协调发展，就是保证中国特色社会主义各个领域协调推进。要协调好消费与投资，供给与需求，发展的速度和结构、质量、效益，科技进步与人力资源优势的充分发挥，市场机制与宏观调控等经济发展的重大问题，促进发展的均衡性。正确处理经济与社会发展，城市与农村发展，东中西部发展，人与自然界发展，国内发展和对外开放，改革发展稳定等现代化建设中的重大关系，促进现代化建设各个环节、各个方面相协调，促进生产关系与生产力、上层建筑与经济基础相协调。坚持可持续发展，必须走生产发展、生活富裕、生态良好的文明发展道路。

4. 统筹兼顾是科学发展观的根本方法

统筹兼顾是科学发展观的根本方法，深刻体现了唯物辩证法在发展问题上的科学运用，深刻揭示了实现科学发展、促进社会和谐的基本途径，是正确处理经济社会发展中重大关系的方针原则。

在我国改革发展的关键阶段，经济体制深刻变革，社会结构深刻变动，利益格局深刻调整，思想观念深刻变化。在这样的情况下，我们要推动科学发展、促进社会和谐，必须更加自觉地运用统筹兼顾的根本方法，正确反映和兼顾不同方面的利益。

党的十六届三中全会提出"五个统筹",即:统筹城乡发展、区域发展、经济社会发展、人与自然和谐发展、国内发展和对外开放。强调要坚持统筹兼顾,协调好改革进程中的各种利益关系。统筹城乡发展,就是要增强农村发展活力,逐步缩小城乡差距,促进城乡共同繁荣,推动城乡发展一体化。统筹区域发展,就是要继续实施区域发展总体战略,充分发挥各地区比较优势,逐步形成东中西部相互促进、优势互补、共同发展的新格局。统筹经济社会发展,就是要加快科技、教育、就业、文化、卫生、体育、社会保障、社会管理等社会事业发展,实现经济发展与社会进步的有机统一。统筹人与自然和谐发展,就是要处理好经济建设、人口增长与资源利用、生态环境保护的关系,增强可持续发展的能力。统筹国内发展和对外开放,就是要统筹利用好国内国际两个市场、两种资源,统筹把握好国内产业发展和国际产业分工,努力促进我国发展和各国共同发展的良性互动。

坚持统筹兼顾,一要正确认识和妥善处理中国特色社会主义事业中的重大关系。二要牢牢掌握统筹兼顾的科学思想方法,努力提高战略思维、创新思维、辩证思维能力,不断增强统筹兼顾的本领,更好地推动科学发展。三要既立足当前,又着眼长远,做到兼顾各方、综合平衡。

(三)科学发展观的主要内容

科学发展观着眼于党和人民事业发展的全局,紧紧围绕建设中国特色社会主义这个主题,准确把握时代特征和中国国情,抓住重要战略机遇期,在全面建设小康社会进程中,认真研究和回答我国社会主义经济建设、政治建设、文化建设、社会建设、生态文明建设和党的建设面临的一系列重大问题,丰富和发展了中国特色社会主义理论体系。

1. 加快转变经济发展方式

改革开放以来,我国经济以世界上少有的速度持续快速发展起来,但随着经济发展和对外开放水平不断提高,原有经济发展方式的弊端日益显现。特别是 2008 年由美国次贷危机引发的波及全球的国际金融危机,使得我国转变经济发展方式问题更加凸显。如果不能加快经济发展方式的转变,我国今后的发展代价就会越来越大、空间就会越来越小、道路就会越走越艰难。因此,要适应国内外经济形势新变化,加快形成新的经济发展方式。

全面深化经济体制改革是加快转变经济发展方式的关键;实施创新驱动发展战略,

是转变经济发展方式的重大战略决策；推动经济结构战略性调整，是提升国民经济整体素质、赢得国际经济竞争主动权的根本途径，是加快转变经济发展方式的主攻方向；促进区域协调发展是我国现代化建设中的一个重大战略；积极稳妥推进城镇化是优化城乡经济结构、促进国民经济良性循环和社会协调发展的重要措施；推动城乡发展一体化，是解决"三农"问题的根本途径；实现工业化、信息化、城镇化、农业现代化，是我国社会主义现代化建设的战略任务，也是加快形成新的经济发展方式、促进经济持续健康发展的重要动力。

2. 发展社会主义民主政治

人民民主是社会主义的生命，是我们党始终高扬的光辉旗帜。社会主义愈发展，民主也愈发展。胡锦涛指出："我们要始终牢记，发展社会主义民主政治是党始终不渝的奋斗目标，必须更高地举起人民民主的旗帜。"[①]

科学发展观强调，社会主义民主政治的本质和核心是人民当家作主。发展社会主义民主政治，必须坚定不移地走中国特色社会主义政治发展道路，坚持党的领导、人民当家作主、依法治国的有机统一。

发展社会主义民主政治，最重要的就是坚持好、发展好适合我国国情的社会主义政治制度。我们党领导人民在长期革命、建设、改革实践中，经过反复探索、不断总结，逐步建立起一套适合中国国情的社会主义基本政治制度，我国社会主义基本政治制度包括人民代表大会制度的根本政治制度，中国共产党领导的多党合作和政治协商制度、民族区域自治制度以及基层群众自治制度等。这些制度集中体现了我国社会主义民主政治的特点和优势，必须始终不渝地坚持、发展和完善。

发展社会主义民主政治，必须大力推进协商民主。协商民主是中国共产党和中国人民在社会主义民主形式方面的伟大创造，是对马克思主义民主理论的丰富和发展，充分体现了社会主义民主的真实性、广泛性、包容性。坚持通过充分协商形成共识、凝聚力量，对发展中国特色社会主义民主政治、充分调动各方面建设社会主义的积极性和主动性，具有十分重要的意义。

发展社会主义民主政治，必须坚定不移地推进依法治国基本方略。依法治国从制度上、法律上保证人民当家作主，保证党的执政地位。依法治国，前提是有法可依，基础是提高全社会的法律意识和法制观念，关键是依法执政、依法行政、依法办事、公正司法。

---

① 《十七大以来重要文献选编》上，中央文献出版社 2009 年版，第 235 页。

发展社会主义民主政治，必须积极推进政治体制改革。推进政治体制改革，必须坚持正确政治方向。要充分发挥我国社会主义政治制度优越性，积极借鉴人类政治文明有益成果，绝不照搬西方政治制度模式，不搞多党轮流执政，不搞"三权鼎立"和两院制。

3. 推进社会主义文化强国建设

文化是民族的血脉，是人民的精神家园。当今时代，文化越来越成为民族凝聚力和创造力的重要源泉、越来越成为综合国力竞争的重要因素、越来越成为经济社会发展的重要支撑。

推进社会主义文化强国建设，要树立高度的文化自觉和文化自信，提高国家文化软实力。

推进社会主义文化强国建设，要坚定不移走中国特色社会主义文化发展道路，坚持为人民服务、为社会主义服务的方向，坚持百花齐放、百家争鸣的方针，坚持贴近实际、贴近生活、贴近群众的原则，推动社会主义精神文明和物质文明全面发展，建设面向现代化、面向世界、面向未来的，民族的科学的大众的社会主义文化。

推进社会主义文化强国建设，要牢牢把握社会主义核心价值体系，即马克思主义指导思想，中国特色社会主义共同理想，以爱国主义为核心的民族精神和以改革创新为核心的时代精神，社会主义荣辱观。积极培育和践行富强、民主、文明、和谐、自由、平等、公正、法治、爱国、敬业、诚信、友善的社会主义核心价值观。

4. 构建社会主义和谐社会

党的十六大以来，党从中国特色社会主义事业总体布局和全面建设小康社会全局出发，提出构建社会主义和谐社会的重大战略任务。胡锦涛明确指出："社会和谐是中国特色社会主义的本质属性。"①这个重大判断，深刻总结了国内外社会主义建设的历史经验，深化了对社会主义本质的认识。

我们要构建的社会主义和谐社会是经济建设、政治建设、文化建设、社会建设、生态文明建设协调发展的社会，是人与人、人与社会、人与自然整体和谐的社会。构建社会主义和谐社会的总要求是：民主法治、公平正义、诚信友爱、充满活力、安定有序、人与自然和谐相处。民主法治，就是社会主义民主得到充分发扬，依法治国基本方略得到切实落实，各方面积极因素得到广泛调动；公平正义，就是社会各方面的

---

① 《胡锦涛文选》第 2 卷，人民出版社 2016 年版，第 625 页。

利益关系得到妥善协调，人民内部矛盾和其他社会矛盾得到正确处理，社会公平和正义得到切实维护和实现；诚信友爱，就是全社会互帮互助、诚实守信，全体人民平等友爱、融洽相处；充满活力，就是能够使一切有利于社会进步的创造愿望得到尊重，创造活动得到支持，创造才能得到发挥，创造成果得到肯定；安定有序，就是社会组织机制健全，社会管理完善，社会秩序良好，人民群众安居乐业，社会保持安定团结；人与自然和谐相处，就是生产发展、生活富裕、生态良好。

5. 推进生态文明建设

建设生态文明，是关系人民福祉、关乎民族未来的长远大计。胡锦涛指出："自然界是包括人类在内的一切生物的摇篮，是人类赖以生存和发展的基本条件。保护自然就是保护人类，建设自然就是造福人类。"[①]

强调生态文明建设，并把它作为重大战略纳入中国特色社会主义事业"五位一体"总体布局。主要原因是：生态文明建设是对自然规律及人与自然关系再认识的重要成果，是破解我国经济社会发展面临的资源环境瓶颈制约的必然选择，是深入贯彻落实科学发展观、实现可持续发展的内在要求。

建设生态文明，实质上就是要建设以资源环境承载力为基础、以自然规律为准则、以可持续发展为目标的资源节约型、环境友好型社会。要坚持节约资源和保护环境的基本国策，坚持节约优先、保护优先、自然恢复为主的方针，着力推进绿色发展、循环发展、低碳发展，形成节约资源和保护环境的空间格局、产业结构、生产方式、生活方式，从源头上扭转生态环境恶化趋势，为人民创造良好生产生活环境，为全球生态安全作出贡献。

推进生态文明建设必须树立尊重自然、顺应自然、保护自然的生态文明理念，把生态文明建设放在突出地位，融入经济建设、政治建设、文化建设、社会建设各方面和全过程，努力建设美丽中国，实现中华民族永续发展。

推进生态文明建设，必须加大自然生态系统和环境保护力度。要加快建立生态文明制度，推动形成人与自然和谐发展现代化建设新格局。要加强生态文明宣传教育，增强全民节约意识、环保意识、生态意识，形成合理消费的社会风尚，营造爱护生态环境的良好风气，努力走向社会主义生态文明新时代。

6. 全面提高党的建设科学化水平

党的建设是党领导的伟大事业不断取得胜利的重要法宝。形势的发展、事业的开

---

① 《胡锦涛文选》第2卷，人民出版社2016年版，第171页。

拓、人民的期待，都要求我们以改革创新精神全面推进党的建设新的伟大工程，全面提高党的建设科学化水平。新形势下，党面临的一系列的危险和考验，加强党的自身建设任务比以往任何时候都更为繁重、更为紧迫。新形势下，党面临的考验有：执政的考验、改革开放的考验、市场经济的考验、外部环境的考验。党面临的危险有：精神懈怠的危险、能力不足的危险、脱离群众的危险、消极腐败的危险。

新形势下全面提高党的建设科学化水平的总要求是：要增强紧迫感和责任感，牢牢把握加强党的执政能力建设、先进性和纯洁性建设这条主线，坚持解放思想、改革创新，坚持党要管党、从严治党，全面加强党的思想建设、组织建设、作风建设、反腐倡廉建设、制度建设，增强自我净化、自我完善、自我革新、自我提高能力，建设学习型、服务型、创新型的马克思主义执政党，确保党始终成为中国特色社会主义事业的坚强领导核心。

执政能力建设是党执政后的一项根本建设。党的执政能力，就是党提出和运用正确的理论、路线、方针、政策和策略，领导制定和实施宪法和法律，采取科学的领导制度和领导方式，动员和组织人民依法管理国家和社会事务、经济和文化事业，有效治党治国治军，建设社会主义现代化国家的本领。加强执政能力建设，就要不断提高驾驭社会主义市场经济的能力、发展社会主义民主政治的能力、建设社会主义先进文化的能力、构建社会主义和谐社会的能力、推进社会主义生态文明建设的能力、应对国际局势和处理国际事务的能力。

保持和发展党的先进性是马克思主义政党自身建设的根本任务和永恒课题。胡锦涛指出："先进性是马克思主义政党的本质属性，是马克思主义政党的生命所系、力量所在。"①中国共产党作为马克思主义政党，在本质上具有非马克思主义政党无可比拟的先进性。党的先进性是历史的具体的，既是一以贯之的，又是与时俱进的。必须顺应时代的发展和人民的要求，使我们党保持与时俱进的品质，始终走在时代前列。

（四）科学发展观的历史地位和现实意义

1. 中国特色社会主义理论体系的接续发展

科学发展观是中国共产党坚持把马克思主义基本原理同当代中国实际和时代特征相结合，在中华人民共和国成立以来特别是改革开放以来不懈探索的基础上，继续拓展中国特色社会主义实践、探索中国特色社会主义规律的必然结论，既贯穿了马克思

---

①　《改革开放三十年重要文献选编》下，人民出版社 2008 年版，第 1594 页。

主义立场、观点和方法，又把马克思主义中国化推进到新境界。

科学发展观是对经济社会发展一般规律认识的深化，是马克思主义关于发展的世界观和方法论的集中体现，是中国特色社会主义理论体系的重要组成部分。

科学发展观强调坚持以经济建设为中心，把发展生产力作为首要任务，把经济发展作为一切发展的前提，体现了历史唯物主义关于生产力是人类社会发展的基础的观点。科学发展观坚持以人为本，把人民群众作为推动发展的主体和基本力量，以满足人民群众不断增长的物质文化需要为发展的根本出发点和落脚点，从最广大人民的根本利益出发，谋发展、促发展，体现了历史唯物主义关于人民是历史发展主体和人的全面发展的观点。科学发展观坚持全面发展和协调发展，强调全面推进经济建设、政治建设、文化建设、社会建设、生态文明建设，实现经济发展和社会全面进步，注重统筹城乡发展、区域发展、经济社会发展、人与自然和谐发展、国内发展和对外开放，体现了唯物辩证法关于事物之间普遍联系、辩证统一的基本原理。科学发展观坚持可持续发展，强调要实现经济发展与人口、资源、环境相协调，保证一代接一代地永续发展，体现了辩证唯物主义的关于人与自然关系的思想。科学发展观把社会主义物质文明、政治文明、精神文明、和谐社会建设和人的全面发展看成相互联系的整体，把人类社会的发展看成生产力和生产关系、经济基础和上层建筑、社会生产各个部类、各个地域、各个方面，人与社会、当代与后代等彼此相互联系、相互促进、不可分割的过程。

科学发展观初步形成了马克思主义关于社会主义发展的系统理论，进一步丰富和深化了马克思主义对发展问题的认识。

科学发展观最鲜明的精神实质是解放思想、实事求是、与时俱进、求真务实。这个精神实质充分体现了马克思列宁主义、毛泽东思想、邓小平理论、"三个代表"重要思想和科学发展观的历史逻辑和内在联系。科学发展观着眼于丰富发展内涵、创新发展观念、开拓发展思路、破解发展难题，在发展道路、发展模式、发展战略、发展动力、发展目的和发展要求等方面提出了一系列新的思想观点，进一步丰富和深化了马克思主义对发展问题的认识。

科学发展观是同邓小平理论、"三个代表"重要思想一脉相承的科学体系。

科学发展观同邓小平理论、"三个代表"重要思想，面对着共同的时代课题，面临着共同的历史任务，都贯穿了中国特色社会主义这个主题，都坚持辩证唯物主义和历史唯物主义的世界观方法论，都坚持党的最高纲领和最低纲领的统一，都坚持代表最广大人民根本利益，在理论主题、思想基础、政治理想、根本立场上一以贯之。所以，科学发展观是同邓小平理论、"三个代表"重要思想一脉相承的科学体系。

科学发展观在邓小平理论和"三个代表"重要思想的基础上，用一系列具有鲜明时代特点的新思想、新观点、新论断，"进一步回答了什么是社会主义、怎样建设社会主义和建设什么样的党、怎样建设党的问题，创造性地回答了新形势下实现什么样的发展、怎样发展等重大问题，形成了涵盖改革发展稳定、内政外交国防、治党治国治军各方面的系统科学理论，实现了我们党在指导思想上的又一次与时俱进，开辟了当代中国马克思主义发展新境界"①。

2. 发展中国特色社会主义必须长期坚持的指导思想

科学发展观集中体现了关于发展的本质、目的、内涵和要求的总体看法和根本观点，决定了经济社会发展的总体战略和基本模式，对经济社会发展实践具有根本性、全局性的重大影响。

科学发展观要求正确处理经济发展与社会发展、发展速度与效益、市场机制与宏观调控、改革发展稳定等社会主义现代化建设中的一系列重大关系，在大力推进经济建设的同时促进政治、文化、社会共同发展，解决好与经济增长相关的各种社会问题。科学发展观提出统筹兼顾的根本要求，把发展看作是相互推进、系统协调的过程，强调总揽全局，科学筹划，协调发展，兼顾各方，使各个方面、各个环节协调一致地运转。科学发展观着眼于中华民族的长远利益，以前瞻的眼光创新发展模式、健全发展机制、提高发展质量，努力实现经济与社会、人与自然的良性互动。科学发展观坚持正确处理中心与全面、重点与非重点、平衡与不平衡的关系，注重加强经济社会发展的薄弱环节，实现发展的均衡和协调。

科学发展观进一步深化了对共产党执政规律、社会主义建设规律和人类社会发展规律的认识，是我们党执政理念的丰富和发展，是全面建设小康社会、加快推进社会主义现代化的根本指针。

从党的十六大到党的十八大，中国共产党深入贯彻落实科学发展观，制定了一系列战略部署，实施了一系列重大举措，全面推进经济建设、政治建设、文化建设、社会建设、生态文明建设，为全面建成小康社会打下了坚实基础。这十年，我们走过了很不平坦的道路，战胜了一系列重大挑战，巩固和发展了改革开放和社会主义现代化建设大局，把中国特色社会主义推进到新的发展阶段。我国社会生产力、经济实力、

①　习近平：《在学习〈胡锦涛文选〉报告会上的讲话》，人民出版社 2016 年版，第 4~5 页。

科技实力迈上一个大台阶，人民生活水平、居民收入水平、社会保障水平迈上一个大台阶，综合国力、国际竞争力、国际影响力迈上一个大台阶，彰显了中国特色社会主义的巨大优越性和强大生命力，增强了中国人民和中华民族的自豪感和凝聚力。

党的十六大以来的实践昭示我们，科学发展观不仅是指导经济建设的理论，而且是指导各方面建设的理论；不仅是指导发展的理论，而且是指导党和国家各项工作的理论；不仅是指导实践、推动工作的有力武器，而且是帮助人们认识和把握社会发展规律的世界观方法论。实践充分证明，科学发展观是指导全面建成小康社会、发展中国特色社会主义的正确理论。

三、释疑解惑

※ 如何理解科学发展观是同邓小平理论、"三个代表"重要思想一脉相承的科学体系？

科学发展观同邓小平理论、"三个代表"重要思想，面对着共同的时代课题，面临着共同的历史任务，都贯穿了中国特色社会主义这个主题，都坚持辩证唯物主义和历史唯物主义的世界观方法论，都坚持党的最高纲领和最低纲领的统一，都坚持代表最广大人民根本利益，在理论主题、思想基础、政治理想、根本立场上一以贯之。所以，科学发展观是同邓小平理论、"三个代表"重要思想一脉相承的科学体系。

四、学习测试

(一)单项选择题

1. 科学发展观形成的现实依据是(　　)

    A. 社会主义初级阶段基本国情和新的阶段性特征

    B. 党带领人民战胜各种风险挑战、坚持和发展中国特色社会主义的成功探索

    C. 当今世界发展大势、国外发展的经验教训

    D. 马克思列宁主义、毛泽东思想、邓小平理论和"三个代表"重要思想

2. 科学发展观形成的时代背景是(　　)

    A. 社会主义初级阶段基本国情和新的阶段性特征

B. 党带领人民战胜各种风险挑战、坚持和发展中国特色社会主义的成功探索

C. 当今世界发展大势、国外发展的经验教训

D. 马克思列宁主义、毛泽东思想、邓小平理论和"三个代表"重要思想

3. 中国共产党的文件中第一次提出科学发展观的是(　　)

A. 党的十六届三中全会通过的《中共中央关于完善社会主义市场经济体制若干问题的决定》

B. 党的十六届四中全会通过的《中共中央关于加强党的执政能力建设的决定》

C. 党的十六届五中全会通过的《中共中央关于制定国民经济和社会发展第十一个五年规划的建议》

D. 党的十七大报告

4. "中国特色社会主义理论体系"的科学概念是在(　　)提出的

A. 党的十五大　　　B. 党的十六大　　　C. 党的十七大　　　D. 党的十八大

5. 科学发展观的第一要义是(　　)

A. 发展　　　　　B. 以人为本　　　C. 全面协调可持续　　　D. 统筹兼顾

6. 科学发展观的核心立场是(　　)

A. 发展　　　　　B. 以人为本　　　C. 全面协调可持续　　　D. 统筹兼顾

7. 科学发展观的基本要求是(　　)

A. 发展　　　　　B. 以人为本　　　C. 全面协调可持续　　　D. 统筹兼顾

8. 科学发展观的根本方法是(　　)

A. 发展　　　　　B. 以人为本　　　C. 全面协调可持续　　　D. 统筹兼顾

9. 科学发展观最鲜明的精神实质是(　　)

A. 解放思想、实事求是、与时俱进、求真务实

B. 坚持把马克思主义基本原理同当代中国实际和时代特征相结合

C. 强调坚持以经济建设为中心,把发展生产力作为首要任务

D. 坚持以人为本,把人民群众作为推动发展的主体和基本力量

10. 关于科学发展观同邓小平理论、"三个代表"重要思想的关系,表述错误的是(　　)

A. 面对着不同的时代课题

B. 面临着共同的历史任务

C. 都贯穿了中国特色社会主义这个主题

    D. 都坚持辩证唯物主义和历史唯物主义的世界观方法论

11. 社会主义民主政治的本质和核心是(　　)

    A. 中国共产党的领导　　　　　　　B. 依法治国

    C. 人民当家作主　　　　　　　　　D. 协商民主

12. 以人为本的"人",是指(　　)

    A. 人民群众,就是以工人、农民、知识分子等劳动者为主体,包括社会各阶
       层人民在内的中国最广大人民

    B. 港澳台同胞

    C. 爱国华人华侨

    D. 新的社会阶层

13. 胡锦涛指出,(　　)是解决中国一切问题的"总钥匙",对于全面建设小康社
会、加快推进社会主义现代化,对于开创中国特色社会主义事业新局面、实现中华民
族伟大复兴,具有决定性意义

    A. 改革开放　　　B. 发展　　　　　C. 稳定　　　　　D. 创新

14. 全面协调可持续中的"全面"是指(　　)

    A. 发展要有全面性、整体性,不仅经济发展,而且各个方面都要发展

    B. 发展要有协调性、均衡性

    C. 各个方面、各个环节的发展要相互适应、相互促进

    D. 发展要有持久性、连续性,不仅当前要发展,而且要保证长远发展

15. 建设生态文明,必须树立(　　)的生态文明理念

    A. 利用自然、开发自然、保护自然

    B. 尊重自然、顺应自然、保护自然

    C. 改造自然、顺应自然、保护自然

    D. 改造自然、战胜自然、利用自然

(二)多项选择题

1. 坚持以人为本,就要(　　)

    A. 坚持发展为了人民　　　　　　　B. 坚持发展依靠人民

    C. 坚持发展成果由人民共享　　　　D. 以最广大人民的根本利益为本

2. 加快转变经济发展方式,促进经济增长(　　)

A. 由主要依靠投资、出口拉动向依靠消费、投资、出口协调拉动转变

B. 由主要依靠第二产业带动向依靠第一、第二、第三产业协同带动转变

C. 由主要依靠增加物质资源消耗向主要依靠科技进步、劳动者素质提高、管理创新转变

D. 由主要依靠政策推动向市场化转变

3. 构建社会主义和谐社会的总要求是(　　)

A. 民主法治、公平正义　　　　　B. 诚信友爱

C. 充满活力、安定有序　　　　　D. 人与自然和谐相处

4. 社会主义核心价值体系的基本内容是(　　)

A. 马克思主义指导思想

B. 中国特色社会主义共同理想

C. 以爱国主义为核心的民族精神和以改革创新为核心的时代精神

D. 社会主义荣辱观

5. 科学发展观的历史地位，正确的表述是(　　)

A. 中国特色社会主义理论体系的接续发展

B. 发展中国特色社会主义必须长期坚持的指导思想

C. 科学发展观是同邓小平理论、"三个代表"重要思想一脉相承的科学体系

D. 发展观是关于发展的本质、目的、内涵和要求的总体看法和根本观点

◎ **参考答案**

(一)单项选择题

1. A　2. C　3. A　4. C　5. A　6. B　7. C　8. D　9. A　10. A
11. C　12. A　13. B　14. A　15. B

(二)多项选择题

1. ABCD　2. ABC　3. ABCD　4. ABCD　5. ABC

第八章
习近平新时代中国特色社会主义思想及其历史地位

一、教学基本要求

本章主要介绍习近平新时代中国特色社会主义思想形成发展的历史条件和时代背景、习近平新时代中国特色社会主义思想的主要内容和历史地位。通过本章内容的学习，使同学们了解中国特色社会主义新时代的内涵和意义，掌握习近平新时代中国特色社会主义思想的核心要义和丰富内涵、新时代坚持和发展中国特色社会主义的基本方略，明确习近平新时代中国特色社会主义思想是马克思主义中国化的最新成果，是新时代的精神旗帜，是实现中华民族伟大复兴的行动指南。知识点框架图如图 8-1 所示。

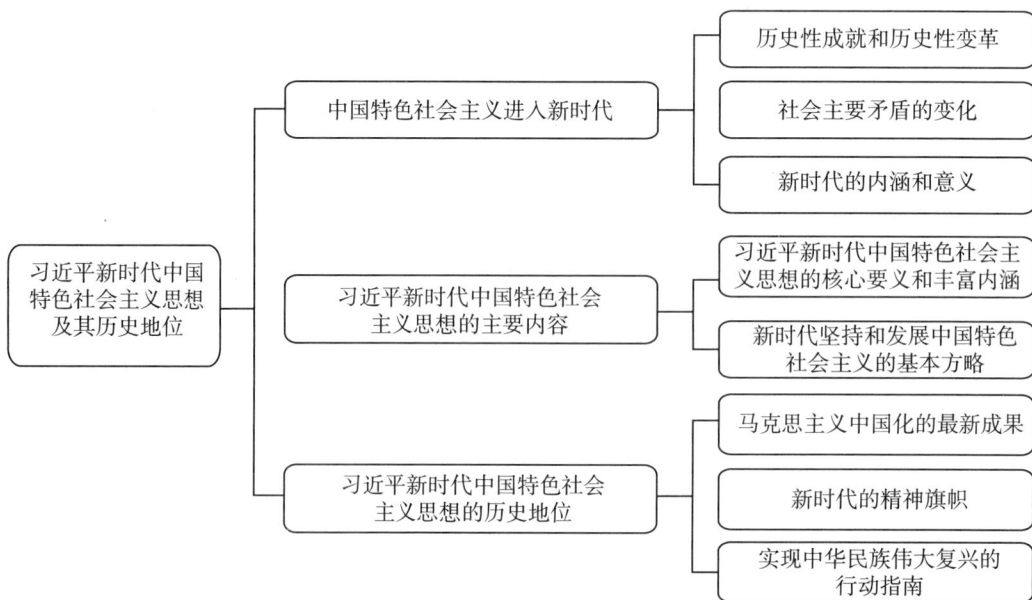

图 8-1　第八章知识点框架图

二、重点讲解

(一)党的十八大以来的历史性成就和历史性变革

党的十八大以来,以习近平同志为核心的党中央以巨大的政治勇气和强烈的责任担当,提出一系列新理念新思想新战略,出台一系列重大方针政策,推出一系列重大举措,推进一系列重大工作,推动党和国家事业取得了全方位的、开创性的历史性成就。这些历史性成就的"全方位",主要表现在十个方面;成就的"开创性",表现在它解决了许多长期想解决而没有解决的难题,办成了许多过去想办而没有办成的大事。十个方面的成就具体如下:

第一,经济建设取得重大成就。经济保持中高速增长,综合国力和国际影响力显著提升,经济总量稳居世界第二位,对世界经济增长贡献率超过 30%。结构不断优化,推动经济迈向更高发展水平。

第二,全面深化改革取得重大突破。蹄疾步稳推进全面深化改革,压茬拓展改革广度和深度,通过了 360 多个重大改革方案,出台了 1500 多项改革举措,夯基垒台、立柱架梁,全面深化改革的主体框架基本确立。

第三,民主法治建设迈出重大步伐。中国特色社会主义法治理论实现新飞跃,中国特色社会主义法治体系日益完善,加快建设法治政府进入新阶段,司法质量、效率和公信力大幅提升,全社会法治观念明显增强。

第四,思想文化建设取得重大进展。现代公共文化服务体系建设步入发展快车道,文化产业蓬勃发展,全国文化及相关产业增加值从 2012 年的 18071 亿元增加到 2016 年的 30254 亿元。文化走出去的步伐加快,中国故事正在吸引世界目光。

第五,人民生活不断改善。惠民政策力度不断加大,养老金和农村低保标准的增幅远超 GDP 增速。保障性安居工程建设扎实推进,教育事业全面发展,人民健康和医疗卫生水平大幅提高。综合交通基础设施网络日趋完善,新业态不断涌现,就业状况持续改善。

第六,生态文明建设成效显著。修复水生陆生生态,防治水土流失,把绿色发展理念融入生产生活。2016 年,我国单位 GDP 能耗、用水量分别比 2012 年下降 17.9% 和 25.4%,主要污染物减排效果显著。引导应对气候变化国际合作,成为全球生态文明建设的重要参与者、贡献者、引领者。

第七，强军兴军开创新局面。着眼于实现中国梦强军梦，制定新形势下军事战略方针，全力推进国防和军队现代化。召开古田全军政治工作会议，恢复和发扬我党我军光荣传统和优良作风。国防和军队改革取得历史性突破，固本开新，重塑钢铁长城。加强练兵备战，锻造胜战之师。

第八，港澳台工作取得新进展。牢牢掌握宪法和基本法赋予的中央对香港、澳门全面管治权，深化内地和港澳地区交流合作，保持香港、澳门繁荣稳定。坚持一个中国原则和"九二共识"，推动两岸关系和平发展，坚决反对和遏制"台独"分裂势力，有力地维护了台海和平稳定。

第九，全方位外交布局深入展开。全面推进中国特色大国外交，形成全方位、多层次、立体化的外交布局，为我国发展营造了良好外部条件。实施共建"一带一路"倡议，倡导构建人类命运共同体，促进全球治理体系变革，为世界和平与发展作出了新的重大贡献。

第十，全面从严治党成效卓著。增强政治意识、大局意识、核心意识、看齐意识，坚决维护党中央权威和集中统一领导。开展党的群众路线教育实践活动和"三严三实"专题教育，推进"两学一做"学习教育常态化制度化，全党理想信念更加坚定、党性更加坚强。贯彻新时期好干部标准，选人用人状况和风气明显好转。党的建设制度改革深入推进，党内法规制度体系不断完善。出台中央八项规定，严厉整治形式主义、官僚主义、享乐主义和奢靡之风，巡视利剑作用彰显。坚持反腐败无禁区、全覆盖、零容忍，坚定不移"打虎""拍蝇""猎狐"，反腐败斗争压倒性态势已经形成并巩固发展。

这些"全方位""开创性"的历史性成就带来了中国社会"深层次的、根本性"的历史性变革，主要表现在：一是党的领导得到全面加强，党的领导被忽视、淡化、削弱的状况得到明显改变；二是坚定不移贯彻新发展理念，发展观念不正确、发展方式粗放的状况得到明显改变；三是坚定不移全面深化改革，各方面体制机制弊端阻碍发展活力和社会活力的状况得到明显改变；四是坚定不移全面推进依法治国，有法不依、执法不严、司法不公问题严重的状况得到明显改变；五是加强党对意识形态工作的领导，社会思想舆论环境的混乱状况得到明显改变；六是坚定不移推进生态文明建设，忽视生态环境保护、生态环境恶化的状况得到明显改变；七是坚定不移推进国防和军队现代化，人民军队中一度存在的不良政治状况得到明显改变；八是坚定不移推进中国特色大国外交，我国在国际力量对比中面临的不利状况得到明显改变；九是坚定不移推进全面从严治党，管党治党宽松软状况得到明显改变。

(二)中国特色社会主义进入新时代

中国特色社会主义进入了新时代，这是我国发展新的历史方位。党的十九大作出这个重大政治判断，是改革开放以来特别是党的十八大以来我国社会所取得的历史性成就和发生的历史性变革的必然结果，是我国社会主要矛盾运动的必然结果，也是党团结带领人民开创光明未来的必然要求。

中国特色社会主义进入新时代，有着充分的历史依据、理论依据和现实依据。首先，党和国家事业发生了历史性变革。党的十九大报告指出："经过长期努力，中国特色社会主义进入了新时代，这是我国发展新的历史方位。"这个"长期努力"，既包括党的十八大以前我国社会主义建设和改革的艰苦努力，也包括党的十八大以来以习近平同志为核心的党中央的砥砺奋进。党的十八大召开之前，我国改革开放已取得巨大成就，为中国特色社会主义进入新的发展阶段奠定了坚实的基础。十八大以来所取得的历史性成就和历史性变革表明，我国发展站到了新的历史起点上，中国特色社会主义进入了新的发展阶段。这个新的发展阶段既同党的十八大之前的改革开放一脉相承，又有新的特点。从发展的角度来看，发展理念和发展方式有重大转变，发展环境和发展条件发生深刻变化，发展质量和发展水平得到明显提高。因此，中国特色社会主义进入新时代这一论断有坚实的事实依据作支撑，是对中国发展阶段的科学判断。

其次，社会主义初级阶段的社会主要矛盾的新变化，是进入新时代的一个重要依据。党对我国社会主要矛盾的认识，根据社会发展变化而不断调整和深化。党的八大提出，社会主义制度确立后我国国内的主要矛盾，已经是人民对于建立先进的工业国的要求同落后的农业国的现实之间的矛盾，已经是人民对于经济文化迅速发展的需要同当前经济文化不能满足人民需要的状况之间的矛盾。党的十一届三中全会后，进一步明确提出，我国所要解决的主要矛盾，是人民日益增长的物质文化需要同落后的社会生产之间的矛盾。正是根据这一判断，我们制定了党在社会主义初级阶段的基本路线，明确了社会主义的根本任务是解放和发展社会生产力，有力地推动了中国特色社会主义的开创与发展。

改革开放以来，尤其是党的十八大以来，中国经济社会发生了翻天覆地的变化，呈现出了许多新的特点。正因为如此，党的十九大提出了我国社会主要矛盾的新表述，即"人民日益增长的美好生活需要和不平衡不充分的发展之间的矛盾"。其主要依据，一是经过中华人民共和国成立以来，尤其是改革开放40年的发展，我国社会生产力水平总体上显著提高，再讲"落后的社会生产"已经不合实际；二是人民生活水平显著提高，对美好生活的向往更加强烈，在民主、法治、公平、正义、安全、环境等方面的要求日益增长，只讲"物质文化需要"已经不能真实全面反映人民群众的愿望和要求；三是影响满足人民美好生活需要的因素很多，但主要是发展的不平衡不充分问题，如发展质量效益还不高，生态环境保护有待加强，民生领域还有不少短板，城乡区域发展和收入分配差距依然较大，等等。这些发展不平衡不充分问题相互掣肘，带来很多社会矛盾和问题，是当前和今后一个时期制约我国发展和满足人民日益增长的美好生活需要的主要根源。这些新情况，推动我国社会主要矛盾发生了转化，使中国特色社会主义进入了新时代。

最后，中国与外部世界的关系预示着一个新时代的到来。改革开放以来，中国作为发展中的社会主义大国已经深深地融入整个世界。现在，我国发展同外部世界的交融性、关联性、互动性不断增强，正日益走近世界舞台中央。判断我国所处的新的历史方位，必须充分考量国际形势的新变化。当今世界正处于大发展大变革大调整时期，和平与发展仍然是时代主题。我国正处于一个大有可为的历史机遇期，这是中国从大国走向强国的关键时期，也是中国日益走近世界舞台中央的关键阶段。中国的前景十分光明，但挑战也十分严峻。概言之，伴随着中国经济社会发展外部环境的变化，中国特色社会主义进入一个新阶段。

这个新时代，是中国特色社会主义新时代，而不是别的什么新时代。深刻把握中国特色社会主义新时代的内涵和特征，有利于进一步统一思想、凝聚力量，在新的起点上把中国特色社会主义事业推向前进。

第一，这个新时代是承前启后、继往开来，在新的历史条件下继续夺取中国特色社会主义伟大胜利的时代。从历史脉络来看，中国特色社会主义是党和人民长期奋斗所创造积累的根本成就和前赴后继的事业，特别是改革开放以来，党领导人民走中国特色社会主义道路，极大地激发了中国人民的创造力，使社会主义在中国展现出强大生命力。

第二，这个新时代是决胜全面建成小康社会进而全面建设社会主义现代化强国的时代。从实践主题来看，到2020年全面建成小康社会，是党向人民、向历史作出的庄严承诺。到中华人民共和国成立100年建成社会主义现代化强国，则标志着中国在100年内走完发达国家几百年走过的现代化路程，这是中国特色社会主义新时代的必然要求和历史任务。

第三，这个新时代是全国各族人民团结奋斗、不断创造美好生活、逐步实现全体人民共同富裕的时代。从人民性来看，以人民为中心的发展思想，是党的全心全意为人民服务的根本宗旨在新时代的具体体现。新时代不仅要国家富强，而且要人民幸福，在解决人民"从无到有"的需求之后，注重解决"从有到优"的需求，朝着创造美好生活、共同富裕的目标前进。

第四，这个新时代是全体中华儿女勠力同心、奋力实现中华民族伟大复兴中国梦的时代。从民族性来看，经过党的十八大以来的历史性变革，今天我们比历史上任何时期都更加接近、更有信心和能力实现中华民族伟大复兴的目标。在新时代，凝聚起全体中华儿女共筑中国梦的力量，中华民族必将以更加昂扬的姿态屹立于世界民族之林。

第五，这个新时代是我国日益走近世界舞台中央、不断为人类作出更大贡献的时代。从世界性来看，中国梦与世界各国人民祈和平、求发展的梦是相通的，实现中国梦也离不开世界和平发展的国际环境，世界的发展也需要中国。作为世界上最大的发展中国家和第二大经济体，作为安理会常任理事国，新时代的中国既有责任也有能力为人类繁荣与进步作出新的更大贡献。

中国特色社会主义进入新时代，在中华人民共和国发展史、中华民族发展史上具有重大意义，在世界社会主义发展史、人类社会发展史上也具有重大意义。

第一，从中华民族复兴的历史进程来看，中国特色社会主义进入新时代，意味着近代以来久经磨难的中华民族迎来了从站起来、富起来到强起来的伟大飞跃，迎来了实现中华民族伟大复兴的光明前景。中华人民共和国的成立使中国人民站起来，改革开放使中国人民逐步富起来，新时代中华民族要实现强起来的宏伟目标。

第二，从科学社会主义发展进程来看，中国特色社会主义进入新时代，意味着科学社会主义在21世纪的中国焕发出强大生机活力，在世界上高高举起了中国特色社会主义伟大旗帜。20世纪末，东欧剧变使世界社会主义运动遭受曲折。中国坚持改革开放和社会主义现代化建设，取得了历史性的成就，在沧海横流中显示了中国特色社会主义的勃勃生机。

第三，从人类文明进程来看，中国特色社会主义进入新时代，意味着中国特色社会主义道路、理论、制度、文化不断发展，拓展了发展中国家走向现代化的途径，给世界上那些既希望加快发展又希望保持自身独立性的国家和民族提供了全新选择，为解决人类问题贡献了中国智慧和中国方案。当世界上一些国家陷入困难甚至危机时，中国因政治稳定、经济发展而独树一帜。中国发展所释放出的强大影响力和示范力，吸引了很多国家注意和借鉴。

党的十九大报告中指出："经过长期努力，中国特色社会主义进入了新时代，这是我国发展新的历史方位。"①"中国特色社会主义进入新时代，我国社会主要矛盾已经转化为人民日益增长的美好生活需要和不平衡不充分的发展之间的矛盾。"②同时强调："必须认识到，我国社会主要矛盾的变化，没有改变我们对我国社会主义所处历史阶段的判断，我国仍处于并将长期处于社会主义初级阶段的基本国情没有变，我国是世界最大发展中国家的国际地位没有变。"③那么，新时代与中国特色社会主义初级阶段究竟是什么关系呢？社会主义初级阶段是指我国在生产力落后、商品经济不发达条件下建设社会主义必然要经历的特定阶段。生产力水平是判定社会主义初级阶段的根本标准，在社会主义现代化基本实现之前，都属于社会主义初级阶段。所以，十九大重申我国仍处于并将长期处于社会主义初级阶段的基本国情没有变。中国特色社会主义进入了新时代这一重大政治判断，是在科学把握时代趋势和世情国情党情深刻变化基础上，从党和国家事业发展的角度提出来的。这个新时代，并不是马克思主义社会形态变革意义上的新时代，也不是历史学上时代划分的概念，而是中国特色社会主义发展的一个新阶段。或者说，中国特色社会主义进入新时代，虽然没有改变我们对我国社会主义所处历史阶段的判断，但意味着不发达的状况发生了阶段性的改变。从这个意义上讲，新时代是社会主义初级阶段的新时代，是社会主义初级阶段历史长过程在当前呈现出的阶段性特征。

（三）习近平新时代中国特色社会主义思想的核心要义和丰富内涵

新时代呼唤并催生新思想，新思想指导并引领新时代。党的十八大以来，以习近平同志为核心的党中央坚持以马克思列宁主义、毛泽东思想、邓小平理论、"三个代表"重要思想、科学发展观为指导，坚持解放思想、实事求是、与时俱进、求真务实，

① 习近平：《决胜全面建成小康社会　夺取新时代中国特色社会主义伟大胜利——在中国共产党第十九次全国代表大会上的报告》，人民出版社2017年版，第10页。
② 习近平：《决胜全面建成小康社会　夺取新时代中国特色社会主义伟大胜利——在中国共产党第十九次全国代表大会上的报告》，人民出版社2017年版，第10页。
③ 习近平：《决胜全面建成小康社会　夺取新时代中国特色社会主义伟大胜利——在中国共产党第十九次全国代表大会上的报告》，人民出版社2017年版，第11页。

坚持辩证唯物主义和历史唯物主义，紧密结合新的时代条件和实践要求，以全新的视野深化对共产党执政规律、社会主义建设规律、人类社会发展规律的认识，进行艰辛理论探索，取得重大理论创新成果，创立了习近平新时代中国特色社会主义思想。这里的"三个坚持""一个结合"，就是习近平新时代中国特色社会主义思想得以创立的思想方法论。

坚持和发展中国特色社会主义，是改革开放以来我们党全部理论和实践的鲜明主题，也是习近平新时代中国特色社会主义思想的核心要义。党的十八大以来，我们党的全部理论和实践探索都是围绕这个主题来展开、深化和拓展的。首先，对坚持和发展什么样的中国特色社会主义，习近平从理论渊源、历史根据、本质特征、独特优势、强大生命力等多方位多角度作出了深刻回答，强调中国特色社会主义是既坚持科学社会主义基本原则，又具有鲜明实践特色、理论特色、民族特色、时代特色的社会主义，是中国特色社会主义道路、理论、制度、文化四位一体的社会主义，是统揽伟大斗争、伟大工程、伟大事业、伟大梦想的社会主义，是根植于中国大地、反映中国人民意愿、适应中国和时代发展进步要求的社会主义。其次，对于怎样坚持和发展中国特色社会主义，习近平以一系列战略性、前瞻性、创造性的观点，深刻回答了新时代坚持和发展中国特色社会主义的总目标、总任务、总体布局、战略布局和发展方向、发展方式、发展动力、战略步骤、外部条件、政治保证等基本问题。这些思想观点，在理论上有重大突破、重大创新、重大发展，深刻揭示了新时代中国特色社会主义的本质特征、发展规律和建设路径，为在新的时代条件下坚持和发展中国特色社会主义提供了科学的理论指引。

习近平新时代中国特色社会主义思想内涵十分丰富，涵盖了经济、政治、法治、科技、文化、教育、民生、民族、宗教、社会、生态文明、国家安全、国防和军队、"一国两制"和祖国统一、统一战线、外交、党的建设等各方面。党的十九大报告提出的"八个明确"，是对其科学内涵中最核心内容的概括。第一，明确坚持和发展中国特色社会主义，总任务是实现社会主义现代化和中华民族伟大复兴，在全面建成小康社会的基础上，分两步走在本世纪中叶建成富强民主文明和谐美丽的社会主义现代化强国。第二，明确新时代我国社会主要矛盾是人民日益增长的美好生活需要和不平衡不充分的发展之间的矛盾，必须坚持以人民为中心的发展思想，不断促进人的全面发展、全体人民共同富裕。第三，明确中国特色社会主义事业总体布局是"五位一体"、战略布局是"四个全面"，强调坚定道路自信、理论自信、制度自信、文化自信。第四，明确全面深化改革总目标是完善和发展中国特色社会主义制度、推进国家治理体系和治理能力现代化。第五，明确全面推进依法治国总目标是建设中国特色社会主义法治体系、建设社会主义法治国家。第六，明确党在新时代的强军目标是建设一支听党指挥、能打胜仗、作风优良的人民军队，把人民军队建设成为世界一流军队。第七，明确中国特色大国外交要推动构建新型国际关系，推动构建人类命运共同体。第八，明确中国特色社会主义最本质的特征是中国共产党领导，中国特色社会主义制度的最大优势是中国共产党领导，党是最高政治领导力量，提出新时代党的建设总要求，突出政治建设在党的建设中的重要地位。这"八个明确"，高度凝练、提纲挈领地点明了习近平新时代中国特色社会主义思想的主要内容，构成了系统完备、逻辑严密、内在统一的科学体系。

(四)坚持和发展中国特色社会主义的基本方略

习近平新时代中国特色社会主义思想不但明确了新时代坚持和发展什么样的中国特色社会主义，也回答了新时代怎样坚持和发展中国特色社会主义，党的十九大概括为"十四个坚持"，即新时代中国特色社会主义基本方略。

改革开放以来，党相继提出了基本理论、基本路线、基本纲领、基本经验、基本要求，构成了中国特色社会主义的"五个基本"。"五个基本"在精神实质和核心要素上是一脉相承、相互联系、相互贯通的，都是中国特色社会主义理论体系在不同方面的拓展和深化，但又各有其明确的内涵和鲜明的指向。"五个基本"当中，基本理论和基本路线是最具指导性、全局性、长期性的，是管长远的。相对而言，在基本理论和基本路线指导下，不同时期形成的基本纲领、基本经验、基本要求，阶段性特征更为明显，需要及时跟随时代、理论和实践的发展而创新发展。党的十九大提出的基本方略，是实现"两个一百年"奋斗目标、走向中华民族伟大复兴中国梦的"基本点""路线图"和"方法论"，涵盖了党的基本纲领、基本经验、基本要求的内涵。

十四条基本方略是对习近平新时代中国特色社会主义思想精神实质和丰富内涵的实践展开，是新时代坚持和发展中国特色社会主义的基本遵循；是对改革开放以来40年的伟大实践，特别是来自党的十八大以来砥砺前行五年的辉煌实践经验的总结；是对规律的反映，充分体现了对共产党执政规律、社会主义建设规律、人类社会发展规律的自觉遵循；是实践的指南，必须与党的基本理论、基本路线一起，在党和国家的各项工作中，在坚持和发展新时代中国特色社会主义伟大实践中全面准确贯彻落实。

这"十四个坚持"具体展开，就是：

①坚持党对一切工作的领导。党政军民学，东西南北中，党是领导一切的。必须增强政治意识、大局意识、核心意识、看齐意识，自觉维护党中央权威和集中统一领导，自觉在思想上政治上行动上同党中央保持高度一致，完善坚持党的领导的体制机制，坚持稳中求进工作总基调，统筹推进"五位一体"总体布局，协调推进"四个全面"战略布局，提高党把方向、谋大局、定政策、促改革的能力和定力，确保党始终总揽全局、协调各方。

②坚持以人民为中心。人民是历史的创造者，是决定党和国家前途命运的根本力量。必须坚持人民主体地位，坚持立党为公、执政为民，践行全心全意为人民服务的根本宗旨，把党的群众路线贯彻到治国理政全部活动之中，把人民对美好生活的向往作为奋斗目标，依靠人民创造历史伟业。

③坚持全面深化改革。只有社会主义才能救中国，只有改革开放才能发展中国、发展社会主义、发展马克思主义。必须坚持和完善中国特色社会主义制度，不断推进国家治理体系和治理能力现代化，坚决破除一切不合时宜的思想观念和体制机制弊端，突破利益固化的藩篱，吸收人类文明有益成果，构建系统完备、科学规范、运行有效的制度体系，充分发挥我国社会主义制度优越性。

④坚持新发展理念。发展是解决我国一切问题的基础和关键，发展必须是科学发展，必须坚定不移贯彻创新、协调、绿色、开放、共享的发展理念。必须坚持和完善我国社会主义基本经济制度和分配制度，毫不动摇巩固和发展公有制经济，毫不动摇鼓励、支持、引导非公有制经济发展，使市场在资源配置中起决定性作用，更好发挥政府作用，推动新型工业化、信息化、城镇化、农业现代化同步发展，主动参与和推动经济全球化进程，发展更高层次的开放型经济，不断壮大我国经济实力和综合国力。

⑤坚持人民当家作主。坚持党的领导、人民当家作主、依法治国有机统一是社会主义政治发展的必然要求。必须坚持中国特色社会主义政治发展道路，坚持和完善人民代表大会制度、中国共产党领导的多党合作和政治协商制度、民族区域自治制度、基层群众自治制度，巩固和发展最广泛的爱国统一战线，发展社会主义协商民主，健全民主制度，丰富民主形式，拓宽民主渠道，保证人民当家作主落实到国家政治生活和社会生活之中。

⑥坚持全面依法治国。全面依法治国是中国特色社会主义的本质要求和重要保障。必须把党的领导贯彻落实到依法治国全过程和各方面，坚定不移走中国特色社会主义

法治道路，完善以宪法为核心的中国特色社会主义法律体系，建设中国特色社会主义法治体系，建设社会主义法治国家，发展中国特色社会主义法治理论，坚持依法治国、依法执政、依法行政共同推进，坚持法治国家、法治政府、法治社会一体建设，坚持依法治国和以德治国相结合，依法治国和依规治党有机统一，深化司法体制改革，提高全民族法治素养和道德素质。

⑦坚持社会主义核心价值体系。文化自信是一个国家、一个民族发展中更基本、更深沉、更持久的力量。必须坚持马克思主义，牢固树立共产主义远大理想和中国特色社会主义共同理想，培育和践行社会主义核心价值观，不断增强意识形态领域主导权和话语权，推动中华优秀传统文化创造性转化、创新性发展，继承革命文化，发展社会主义先进文化，不忘本来、吸收外来、面向未来，更好构筑中国精神、中国价值、中国力量，为人民提供精神指引。

⑧坚持在发展中保障和改善民生。增进民生福祉是发展的根本目的。必须多谋民生之利、多解民生之忧，在发展中补齐民生短板、促进社会公平正义，在幼有所育、学有所教、劳有所得、病有所医、老有所养、住有所居、弱有所扶上不断取得新进展，深入开展脱贫攻坚，保证全体人民在共建共享发展中有更多获得感，不断促进人的全面发展、全体人民共同富裕。建设平安中国，加强和创新社会治理，维护社会和谐稳定，确保国家长治久安、人民安居乐业。

⑨坚持人与自然和谐共生。建设生态文明是中华民族永续发展的千年大计。必须树立和践行"绿水青山就是金山银山"的理念，坚持节约资源和保护环境的基本国策，像对待生命一样对待生态环境，统筹山水林田湖草系统治理，实行最严格的生态环境保护制度，形成绿色发展方式和生活方式，坚定走生产发展、生活富裕、生态良好的文明发展道路，建设美丽中国，为人民创造良好生产生活环境，为全球生态安全作出贡献。

⑩坚持总体国家安全观。统筹发展和安全，增强忧患意识，做到居安思危，是党治国理政的一个重大原则。必须坚持国家利益至上，以人民安全为宗旨，以政治安全为根本，统筹外部安全和内部安全、国土安全和国民安全、传统安全和非传统安全、自身安全和共同安全，完善国家安全制度体系，加强国家安全能力建设，坚决维护国家主权、安全、发展利益。

⑪坚持党对人民军队的绝对领导。建设一支听党指挥、能打胜仗、作风优良的人民军队，是实现"两个一百年"奋斗目标、实现中华民族伟大复兴的战略支撑。必须全

面贯彻党领导人民军队的一系列根本原则和制度，确立新时代党的强军思想在国防和军队建设中的指导地位，坚持政治建军、改革强军、科技兴军、依法治军，更加注重聚焦实战，更加注重创新驱动，更加注重体系建设，更加注重集约高效，更加注重军民融合，实现党在新时代的强军目标。

⑫坚持"一国两制"和推进祖国统一。保持香港、澳门长期繁荣稳定，实现祖国完全统一，是实现中华民族伟大复兴的必然要求。必须把维护中央对香港、澳门特别行政区全面管治权和保障特别行政区高度自治权有机结合起来，确保"一国两制"方针不会变、不动摇，确保"一国两制"实践不变形、不走样。必须坚持一个中国原则，坚持"九二共识"，推动两岸关系和平发展，深化两岸经济合作和文化往来，推动两岸同胞共同反对一切分裂国家的活动，共同为实现中华民族伟大复兴而奋斗。

⑬坚持推动构建人类命运共同体。中国人民的梦想同各国人民的梦想息息相通，实现中国梦离不开和平的国际环境和稳定的国际秩序。必须统筹国内国际两个大局，始终不渝走和平发展道路，奉行互利共赢的开放战略，坚持正确的义利观，树立共同、综合、合作、可持续的新安全观，谋求开放创新、包容互惠的发展前景，促进和而不同、兼收并蓄的文明交流，构筑尊崇自然、绿色发展的生态体系，始终做世界和平的建设者、全球发展的贡献者、国际秩序的维护者。

⑭坚持全面从严治党。勇于自我革命，从严管党治党，是党最鲜明的品格。必须以党章为根本遵循，把党的政治建设摆在首位，思想建党和制度治党同向发力，统筹推进党的各项建设，抓住"关键少数"，坚持"三严三实"，坚持民主集中制，严肃党内政治生活，严明党的纪律，强化党内监督，发展积极健康的党内政治文化，全面净化党内政治生态，坚决纠正各种不正之风，以零容忍态度惩治腐败，不断增强党自我净化、自我完善、自我革新、自我提高的能力，始终保持党同人民群众的血肉联系。

新时代中国特色社会主义基本方略，是习近平新时代中国特色社会主义思想的重要组成部分，也是落实习近平新时代中国特色社会主义思想的实践要求。

习近平新时代中国特色社会主义思想内容十分丰富，涵盖改革发展稳定、内政外交国防、治党治国治军等各个领域、各个方面，构成了一个系统完整、逻辑严密、相互贯通的思想理论体系。"八个明确"是指导思想层面的表述，重点讲的是怎么看，回答的是新时代坚持和发展什么样的中国特色社会主义的问题；"十四个坚持"是行动纲领层面的表述，重点讲的是怎么办，回答的是新时代怎样坚持和发展中国特色社会主义的问题。"八个明确"和"十四个坚持"体现了习近平新时代中国特色社会主义思想理论与实践的统一。

（五）习近平新时代中国特色社会主义思想的历史地位

习近平新时代中国特色社会主义思想在马克思主义中国化史上具有重要的历史地位。它与马克思列宁主义、毛泽东思想、邓小平理论、"三个代表"重要思想、科学发展观既一脉相承又与时俱进，是马克思主义中国化的新飞跃，是当代中国马克思主义，是21世纪马克思主义。

习近平新时代中国特色社会主义思想开辟了马克思主义新境界。习近平新时代中国特色社会主义思想鲜明地贯穿着马克思主义立场观点方法，始终把马克思主义作为理论起点、逻辑起点、价值起点，处处闪耀着马克思主义真理光辉，"没有丢掉老祖宗"。同时，它又以我们正在做的事情为中心，直面前进道路上的各种困难和矛盾、风险和挑战，着力探索破解难题、推进事业发展的新理念新思想新战略，讲了许多老祖宗没有讲过的新话，具有强烈的时代气息和现实针对性。以一系列具有原创性的新思想新观点新论断，在理论上实现了重大突破、重大创新、重大发展，写出了马克思主义新版本，对马克思主义在21世纪的发展作出了重大原创性贡献，以全新视野深化了对共产党执政规律、社会主义建设规律和人类社会发展规律的认识，充分彰显了科学理论的强大生命力和中国共产党人的理论创造力，是当代最现实、最鲜活的马克思主义。

习近平新时代中国特色社会主义思想开辟了中国特色社会主义新境界。中国特色社会主义是改革开放以来党的全部理论和实践的主题。以习近平同志为核心的党中央坚持和发展中国特色社会主义一以贯之，续写中国特色社会主义这篇大文章，以一系列具有原创性的新思想新观点新论断，形成了系统完备、逻辑严密、内在统一的科学体系，把中国特色社会主义和实现社会主义现代化、实现中华民族伟大复兴有机贯通起来，聚焦"从哪里来、到哪里去"的历史追问，系统阐述了民族复兴的深刻内涵、历史方位、实现路径和战略步骤，为实现中华民族伟大复兴的中国梦提供了强大精神力量，标注了正确前进方向，充分体现了中国特色社会主义理论自信，也向世界展示了社会主义的光明图景。

习近平新时代中国特色社会主义思想对人类文明进步具有重要意义。当今世界正处于百年未有的大变局，世界经济增长需要新动力，发展需要更加普惠平衡，贫富差距鸿沟有待弥合，地区热点问题此起彼伏，面对摆在全人类面前的共同挑战，"世界怎么了，应该怎么办"，习近平新时代中国特色社会主义思想洞察时代风云，把握世界发展大势，积极探索关系人类前途命运的重大问题，其中包括中国开辟的新型现代化之路，提供新型经济全球化方案，倡导"一带一路"建设，提出世界经济复苏方案，提出"人类命运共同体"理念，提出共商共建共享原则等。中国的做法和经验为发展中国家提供了路径启示，拓展了发展中国家走向现代化的途径，给世界上那些既希望加快发展又希望保持自身独立性的国家和民族提供了全新选择。为应对全球性挑战、解决全球性问题贡献了中国智慧和中国方案，为人类文明思想宝库增添了绚丽夺目的瑰宝。

习近平新时代中国特色社会主义思想的历史地位，还体现在它是新时代的精神旗帜。旗帜问题至关重要，事关党的正确方向，决定着党的凝聚力、引领力、战斗力，关乎国家前途命运和人民根本利益。习近平新时代中国特色社会主义思想具有无比深厚的现实基础、十分鲜明的实践特色，是新时代党和人民共同奋斗的精神旗帜。

一种思想能够成为时代精神旗帜，说明它具有强大的解释力创造力凝聚力，能够激励全党全国人民朝着共同的目标团结奋进，不断创造新辉煌。那么，习近平新时代中国特色社会主义思想为什么会具有如此强大的解释力创造力凝聚力呢？原因是：这一思想坚持以社会主义现代化建设进程中的实际问题、以我们正在做的事情为中心，着眼统揽伟大斗争、伟大工程、伟大事业、伟大梦想，是实践探索、经验总结、理论升华凝结而成的思想结晶。这一思想既立足于现实的中国，又植根于历史的中国，以中华文明为源头活水，从我们党革命建设改革的奋斗历程中探寻民族复兴、民富国强的客观规律，是中华文化创造性转化和创新性发展的思想成果，具有无比深厚的历史底蕴。这一思想紧紧围绕强国梦想，贯通党的使命、国家的前途、人民的福祉、民族的命运，足以激励全党全国人民朝着共同的目标团结奋进，不断创造新辉煌。

要充分认识习近平新时代中国特色社会主义思想的历史地位，还要从以下三个方面进一步加深理解和认识：

第一，它是党的意志、国家意志和人民意志的集中体现，为新时代坚持和发展中国特色社会主义提供了根本指引。中国特色社会主义是建设社会主义现代化强国、实现中华民族的伟大复兴的必由之路。习近平新时代中国特色社会主义思想围绕新时代坚持和发展什么样的中国特色社会主义、怎样坚持和发展中国特色社会主义这个重大时代课题进行谋篇布局，在不断推进"四个伟大"的实践过程中，提出了一系列具有开创性意义的新理念新思想新战略，从根本上引领党和国家事业取得历史性成就、发生历史性变革，开启和引领了中国特色社会主义的新时代、新发展，也必将有力指引决胜全面建成小康社会、全面建设社会主义现代化强国新征程。

第二，它为新时代不断完善中国特色社会主义制度，推进国家治理体系和治理能力的现代化提供了基本遵循。这一思想围绕什么是国家治理现代化，如何实现国家治理现代化，顺应时代潮流，把握时代发展大势，坚持一切从实际出发，坚持人民主体地位，坚持把人民对美好生活的向往作为奋斗目标，直面前进道路上的各种困难和矛盾、风险和挑战，准确把握我国发展的阶段性特征和我国社会主要矛盾的新变化，勇于破除一切不合时宜的思想观念和体制机制弊端，提出一系列重要观点，做出一系列重大部署，为不断完善中国特色社会主义制度，推进国家治理体系和治理能力的现代化提供了基本遵循。

第三，它为全面从严治党、把党建设成为中国特色社会主义事业的坚强领导核心提供了强大思想武器。治国必先治党，治党务必从严。实现民族复兴，关键在党。这一思想着眼于确保党始终成为中国特色社会主义坚强领导核心，提出全面加强党的领导，强调党是最高政治领导力量，党政军民学，东西南北中，党是领导一切的；坚持党中央权威和集中统一领导，增强政治意识、大局意识、核心意识、看齐意识；确保党始终总揽全局、协调各方，深刻揭示了党和国家的根本所在、命脉所在，揭示了全国各族人民的幸福所系、利益所系。这一思想着眼于保持党的先进性和纯洁性、克服"四大考验""四种危险"，提出全面从严治党，明确新时代党的建设总要求，强调以政治建设为统领，坚持思想建党和制度治党同向发力，全面推进党的政治建设、思想建设、组织建设、作风建设、纪律建设，以零容忍态度惩治腐败，构建起体现马克思主义政党本质、符合时代发展和长期执政要求系统完备的党建理论体系。这一思想深刻把握伟大工程在"四个伟大"中的决定性作用，充分体现了"打铁必须自身硬"的坚强意志，体现了推进社会革命和自我革命相统一的高度自觉，对在管党治党实践中引领党的革命性锻造，实现全党思想上统一、政治上团结、行动上一致，极大增强党的凝聚力、战斗力和领导力、号召力，完成好新时代党的历史使命具有重大意义。

因此，从现实的角度来看，习近平新时代中国特色社会主义思想的历史地位，就体现在它是党和国家必须长期坚持的指导思想，是全党全国各族人民团结奋斗的共同思想基础，是决胜全面建成小康社会、建设社会主义现代化强国、实现中华民族伟大复兴中国梦的行动纲领。

三、释疑解惑

※ 如何理解新时代我国社会主要矛盾的变化？

对中国社会主要矛盾的科学判断，是制定党的路线方针政策的基本依据。党对我国社会主要矛盾的认识根据社会发展变化而不断调整和深化。1981 年党的十一届六中全会通过的《关于建国以来党的若干历史问题的决议》对我国社会主要矛盾作了科学表述："在社会主义改造基本完成以后，我国所要解决的主要矛盾，是人民日益增长的物质文化需要同落后的社会生产之间的矛盾。"经过改革开放近 40 年的发展，党的十九大明确指出，我国社会主要矛盾已经转化为人民日益增长的美好生活需要和不平衡不充分的发展之间的矛盾。

新时代我国社会主要矛盾变化的依据主要有三。一是经过改革开放近 40 年的发展，我国社会生产力水平总体上显著提高，很多方面进入世界前列。我国进入社会主义初级阶段以来的"落后的社会生产"已经发生了新的阶段性变化。二是人民生活水平显著提高，对美好生活的向往更加强烈，不仅对物质文化生活提出了更高要求，而且在民主、法治、公平、正义、安全、环境等方面的要求日益增长。人民群众对于日益增长的"物质文化需要"层次更高、内容范围更广，出现了阶段性的新特征。三是影响满足人们美好生活需要的因素很多，但主要是发展的不平衡不充分问题。这些发展不平衡不充分问题相互掣肘，带来了很多社会矛盾和问题，是当前和今后一个时期制约我国发展和满足人民日益增长的美好生活需要的主要根源。

我国社会主要矛盾的变化是关系全局的历史性变化，对党和国家工作提出了许多新要求。我们要在继续推动发展的基础上，着力解决好发展不平衡不充分问题，大力提升发展质量和效益，更好满足人民在经济、政治、文化、社会、生态等方面日益增长的需要，更好推动人的全面发展、社会全面进步。

我国社会主要矛盾的变化，没有改变我们对我国社会主义所处历史阶段的判断，我国仍处于并将长期处于社会主义初级阶段的基本国情没有变，我国是世界最大发展中国家的国际地位没有变。我们要牢牢把握社会主义初级阶段这个基本国情，牢牢立足社会主义初级阶段这个最大实际，牢牢坚持党在社会主义初级阶段的基本路线。

※ 如何把握习近平新时代中国特色社会主义思想的丰富内涵？

习近平新时代中国特色社会主义思想内涵十分丰富，涵盖新时代坚持和发展中国特色社会主义的总目标、总任务、总体布局、战略布局和发展方向、发展方式、发展动力、战略步骤、外部条件、政治保证等基本问题，并根据新的实践对经济、政治、法治、科技、文化、教育、民生、民族、宗教、社会、生态文明、国家安全、国防和军队、"一国两制"和祖国统一、统一战线、外交、党的建设等各方面作出新的理论概括和战略指引。

习近平新时代中国特色社会主义思想的核心内容是"八个明确"和"十四个坚持"。

"八个明确"，就是明确坚持和发展中国特色社会主义，总任务是实现社会主义现代化和中华民族伟大复兴，在全面建成小康社会的基础上，分两步走在本世纪中叶建成富强民主文明和谐美丽的社会主义现代化强国；明确新时代我国社会主要矛盾是人民日益增长的美好生活需要和不平衡不充分的发展之间的矛盾，必须坚持以人民为中心的发展思想，不断促进人的全面发展、全体人民共同富裕；明确中国特色社会主义事业总体布局是"五位一体"、战略布局是"四个全面"，强调坚定道路自信、理论自信、制度自信、文化自信；明确全面深化改革总目标是完善和发展中国特色社会主义制度、推进国家治理体系和治理能力现代化；明确全面推进依法治国总目标是建设中国特色社会主义法治体系、建设社会主义法治国家；明确党在新时代的强军目标是建设一支听党指挥、能打胜仗、作风优良的人民军队，把人民军队建设成为世界一流军队；明确中国特色大国外交要推动构建新型国际关系，推动构建人类命运共同体；明确中国特色社会主义最本质的特征是中国共产党领导，中国特色社会主义制度的最大优势是中国共产党领导，党是最高政治领导力量，提出新时代党的建设总要求，突出政治建设在党的建设中的重要地位。

"十四个坚持"，就是坚持党对一切工作的领导，坚持以人民为中心，坚持全面深化改革，坚持新发展理念，坚持人民当家作主，坚持全面依法治国，坚持社会主义核心价值体系，坚持在发展中保障和改善民生，坚持人与自然和谐共生，坚持总体国家安全观，坚持党对人民军队的绝对领导，坚持"一国两制"和推进祖国统一，坚持推动构建人类命运共同体，坚持全面从严治党。

"八个明确"和"十四个坚持"有机融合、有机统一，凝聚着我们党坚持和发展中国特色社会主义的宝贵经验，反映了以习近平同志为核心的党中央对中国特色社会主义规律性认识的深化、拓展、升华，体现了理论与实际相结合、认识论和方法论相统一的鲜明特色。

习近平新时代中国特色社会主义思想，体系严整、逻辑严密、内涵丰富、博大精深，闪耀着马克思主义的真理光辉。这一思想贯通马克思主义哲学、政治经济学、科学社会主义，贯通历史、现实和未来，贯通改革发展稳定、内政外交国防、治党治国治军等各领域，使我们党对共产党执政规律、社会主义建设规律、人类社会发展规律的认识达到了新高度，为发展马克思主义作出了原创性贡献。

四、学习测试

（一）单项选择题

1. 目前我国社会主要矛盾已经转化为人民日益增长的美好生活需要和不平衡不充分的发展之间的矛盾，此说法的提出是在（　　）

A. 党的十九大　　　　　　　　B. 党的十八大

C. 党的十八届三中全会　　　　D. 党的十八届五中全会

2. 当前和今后一个时期制约我国发展和满足人民日益增长的美好生活需要的主要根源是（　　）

A. 社会法治化水平不高　　　　B. 生态文明建设问题较多

C. 文化建设相对滞后　　　　　D. 发展不平衡不充分

3. 改革开放以来我们党全部理论和实践的鲜明主题是（　　）

A. 坚持和发展中国特色社会主义

B. 人民当家作主

C. 为人民服务

D. 中国共产党的领导

4. 习近平新时代中国特色社会主义思想最重要、最核心的内容就是（　　）

A.“四个全面”的战略布局　　　B.“五位一体”的总体布局

C.“八个明确”　　　　　　　　D.“十四个坚持”

5. 既是历史的创造者，也是决定党和国家前途命运的根本力量是（　　）

A. 中国共产党　　B. 人民　　　C. 党的领导　　　D. 社会主义

6. 我国社会主要矛盾已经转化为人民日益增长的美好生活需要和不平衡不充分的发展之间的矛盾，其转变的主要依据不包括（　　）

A. 我国处于社会主义初级阶段的基本国情没有变

    B. 人民生活水平显著提高,对美好生活的向往更加强烈

    C. 影响满足人们美好生活需要的因素很多,但主要是发展的不平衡不充分问题

    D. 经过改革开放近40年的发展,我国社会生产力水平总体上显著提高,很多方面进入世界前列

7. 关于习近平新时代中国特色社会主义思想,下列说法错误的是(　　)

    A. 中国特色社会主义理论体系的重要组成部分

    B. 马克思主义中国化最新成果

    C. 马克思主义中国化的第一个重大理论成果

    D. 党和国家必须长期坚持并不断发展的指导思想

8. 中国特色社会主义的本质要求和重要保障是(　　)

    A. 全面改革开放　　B. 全面从严治党　　C. 全面深化改革　　D. 全面依法治国

9. 中国特色社会主义进入了新时代,这是我国发展新的历史方位,其意义不包括(　　)

    A. 意味着近代以来久经磨难的中华民族迎来了从站起来、富起来到强起来的伟大飞跃,迎来了实现中华民族伟大复兴的光明前景

    B. 意味着科学社会主义在21世纪的中国焕发出强大生机活力,在世界上高高举起了中国特色社会主义伟大旗帜

    C. 意味着我国日益走近世界舞台中央、不断为人类作出更大贡献的时代

    D. 意味着中国特色社会主义道路、理论、制度、文化不断发展,拓展了发展中国家走向现代化的途径

10. 习近平新时代中国特色社会主义思想中提出的"四个伟大"分别是:伟大斗争、(　　)、伟大事业、伟大梦想。

    A. 伟大工作　　　B. 伟大工程　　　C. 伟大创造　　　D. 伟大精神

11. 习近平新时代中国特色社会主义思想的核心要义是(　　)

    A. "四个全面"的战略布局　　　　B. "五位一体"的总体布局

    C. 坚持和发展中国特色社会主义　　D. "八个明确"

12. 目前我国的国际地位是(　　)

    A. 发达国家　　　　　　　　　　B. 中等发达国家

    C. 最大的发展中国家　　　　　　D. 落后的发展中国家

13. 党向人民、向历史作出庄严承诺,全面建成小康社会的时间是(　　)

A. 2019 年　　　　B. 2020 年　　　　C. 2049 年　　　　D. 2050 年

14. 新时代中国特色社会主义基本方略是(　　)

A. "四个全面"的战略布局　　　　B. "五位一体"的总体布局

C. "八个明确"　　　　D. "十四个坚持"

15. 经过长期努力,中国特色社会主义进入了新时代,这个新时代是全国各族人民团结奋斗、不断创造美好生活、逐步实现(　　)的时代。

A. 全体人民共同幸福　　　　B. 全部人民共同发展

C. 全体人民共同富裕　　　　D. 全体人民共同努力

(二)多项选择题

1. 党的十八大到十九大的五年中,我国在经济建设上取得的重大成就包括(　　)

A. 经济保持高速增长

B. 综合国力和国际影响力显著提升

C. 经济总量稳居世界第一位

D. 对世界增长贡献率超过 30%

2. 坚决维护党中央权威和集中统一领导,需要增强(　　)

A. 大局意识　　　　B. 政治意识　　　　C. 核心意识　　　　D. 看齐意识

3. 习近平强调坚定"四个自信",是指(　　)

A. 道路自信　　　　B. 理论自信　　　　C. 制度自信　　　　D. 文化自信

4. 中国特色社会主义进入了新时代,这是我国发展新的历史方位,其内涵包括(　　)

A. 这个新时代是承前启后、继往开来,在新的历史条件下继续夺取中国特色社会主义伟大胜利的时代

B. 这个新时代是决胜全面建成小康社会、进而全面建设社会主义现代化强国的时代

C. 这个新时代是全国各族人民团结奋斗、不断创造美好生活、逐步实现全体人民共同富裕的时代

D. 这个新时代是全体中华儿女勠力同心、奋力实现中华民族伟大复兴中国梦的时代

5. 党的十九大报告概括的"八个明确"内容包括(　　)

A. 明确新时代我国社会主要矛盾是人民日益增长的美好生活需要和不平衡不充分的发展之间的矛盾

B. 明确中国特色社会主义事业总体布局是"五位一体"、战略布局是"四个全面"

C. 明确全面推进依法治国总目标是建设中国特色社会主义法治体系、建设社会主义法治国家

D. 明确中国特色大国外交要推动构建新型国际关系，推动构建人类命运共同体

◎ 参考答案

(一)单项选择题

1. A 2. D 3. A 4. C 5. B 6. A 7. C 8. D 9. C 10. B
11. C 12. C 13. B 14. D 15. C

(二)多项选择题

1. BD 2. ABCD 3. ABCD 4. ABCD 5. ABCD

第九章
坚持和发展中国特色社会主义的总任务

一、教学基本要求

本章主要内容是介绍中国梦的科学内涵和实现中国梦的路径，建成社会主义现代化强国的战略安排。通过本章内容的学习，使同学们了解坚持和发展中国特色社会主义的总任务，是实现社会主义现代化和中华民族伟大复兴，掌握中国梦的科学内涵和实现路径；明确在全面建成小康社会的基础上，分两步走在本世纪中叶建成富强民主文明和谐美丽的社会主义现代化强国是建成社会主义现代化强国的战略安排。知识点框架图如图 9-1 所示。

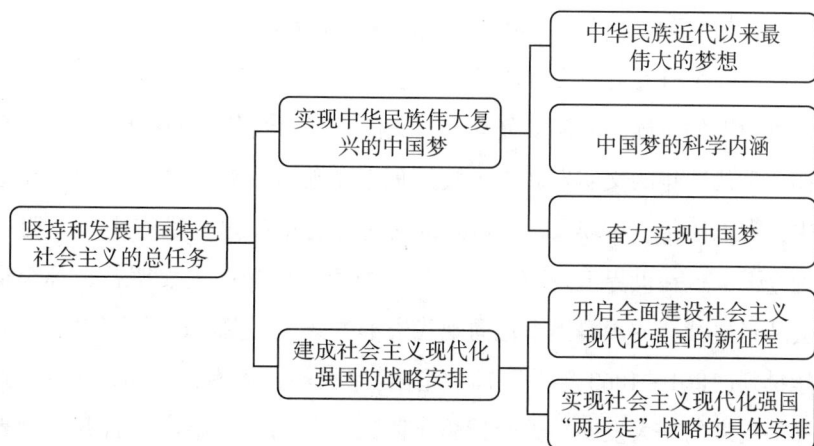

图 9-1　第九章知识点框架图

二、重点讲解

(一)实现中华民族伟大复兴的中国梦

1. 坚持和发展中国特色主义的总任务的提出

坚持和发展中国特色社会主义,总任务是什么?如何完成这个总任务?2012年党的十八大提出了建设中国特色社会主义的总任务,这个总任务就是实现社会主义现代化和中华民族伟大复兴。

2012年11月29日,习近平率中央政治局常委和中央书记处的同志来到国家博物馆,参观《复兴之路》展览。习近平正式提出"实现中华民族伟大复兴,就是中华民族近代以来最伟大的梦想"①,强调这是中国共产党在新时期的总任务,是新时代中国共产党的历史使命。此后,中国梦就成为中华民族伟大复兴的形象表达。这就正式把实现社会主义现代化,尤其是实现中华民族伟大复兴的中国梦,作为我们党长期的奋斗目标和中国特色社会主义的总任务提了出来。

2. 中华民族近代以来最伟大的梦想

为什么要将"中华民族的伟大复兴"作为我们最伟大的梦想?这要从近代以来中国人民百年"寻梦""追梦"和"圆梦"的历史进程讲起。我们将"复兴"作为梦想,这是由于中国是一个有着五千多年文明史的文明大国,在历史上曾长期走在世界前列。只有创造过辉煌的民族,才懂得复兴的意义;只有历经苦难的民族,才对复兴有深切的渴望。在人类几千年的文明发展史中我们创造了悠久灿烂的中华文明。在世界四大文明古国中,古巴比伦、古埃及、古印度的文明都曾中断过,唯有中华文明一直延绵不断传承到今天,这在世界上是独一无二的。中国古代的四大发明曾造福全世界,对于西方社会从封建社会的漫漫黑夜走向现代资本主义文明发挥过重大作用。马克思在《政治经济学批判(1861—1863年手稿)》中指出:"火药、指南针、印刷术——这是预告资产阶级社会到来的三大发明。火药把骑士阶层炸得粉碎,指南针打开了世界市场并建立了殖民地,而印刷术则变成新教的工具,总的来说变成科学复兴的手段,变成对精神发展创造必要前提的最强大的杠杆。"②英国人李约瑟在《中国科学技术史》中写道:"在现代

---

① 《十八大以来重要文献选编》上,中央文献出版社2014年版,第84页。
② 《马克思恩格斯文集》第8卷,人民出版社2009年版,第338页。

科学技术登场前十多个世纪，中国在科技和知识方面的积累远胜于西方。"中国历史上先后出现的文景之治、贞观之治、康乾盛世等，彰显了经济文化发展的繁荣景象和中国社会治理的博大智慧。

然而近代以后，由于西方列强的入侵和封建统治的腐败，中国逐渐沦为半殖民地半封建社会，中华民族遭受了深重苦难。先进的中国人不甘落后，无数仁人志士"以爱国相砥砺，以救亡为己任"，拯救民族危难，谱写了追梦的不朽篇章。比如洋务派的"实业梦"，维新派的"立宪梦"，革命派的"共和梦"，等等。由此可见，"中国梦"是在近代以来反抗侵略、反抗殖民、反抗掠夺的历史进程中逐步形成的，是中国人民摆脱西方压迫、实现民族复兴和国家富强的坚强意志。

3. 中国共产党义无反顾肩负起实现中华民族伟大复兴历史使命

在五千多年的文明发展历程中，中华民族为人类文明进步作出了不可磨灭的贡献。近代以后，我们的民族历经磨难，中华民族到了最危险的时候。自那时以来，为了实现中华民族伟大复兴，无数仁人志士奋起抗争，但一次又一次地失败了。①

在历史的洪流中，大浪淘沙，中国共产党义无反顾地担当起实现中华民族伟大复兴的历史使命，从上海石库门和嘉兴南湖出发，在近百年波澜壮阔的历史进程中，取得了一个又一个的伟大胜利，领导中国人民实现"解放梦"，发展奠基"富强梦"，改革开启"振兴梦"，使具有五千多年文明历史的中华民族全面迈向现代化，让中华文明在现代化进程中焕发出新的蓬勃生机，使具有 70 多年历史的新中国建设取得举世瞩目的伟大成就！中国，这个世界上最大的发展中国家在短短 40 多年里摆脱贫困并跃升为世界第二大经济体，创造了人类社会发展史上惊天动地的发展奇迹。

因此，中国梦是中国共产党 90 多年一切奋斗的永恒主题，是中华人民共和国 70 多年革命建设改革的不变旋律，更是贯穿改革开放 40 多年的一条主线。

因此，正如习近平在阐述提出中国梦的深刻背景时指出："中国梦是历史的、现实的，也是未来的。"②从历史来看，实现中国梦，"是中华民族近代以来最伟大的梦想"，"凝聚了几代中国人的夙愿"③；从现实来看，今天，"我们比历史上任何时期都更接近中华民族伟大复兴的目标，比历史上任何时候都更有信心、有能力实现这个目标"④；

---

① 习近平：《在十八届中央政治局常委同中外记者见面时的讲话》（2012 年 11 月 15 日），《人民日报》2012 年 11 月 16 日。
② 《习近平谈治国理政》第 1 卷，外文出版社 2018 年版，第 49 页。
③ 《习近平谈治国理政》第 1 卷，外文出版社 2018 年版，第 36 页。
④ 《习近平谈治国理政》第 1 卷，外文出版社 2018 年版，第 35~36 页。

从未来来看，"人民对美好生活的向往，就是我们的奋斗目标"①。

(二)中国梦的内涵

中国梦深刻揭示了近代以来中国历史发展的主线，形象描绘了中华民族不懈奋斗的历史过程，集中展现了中国特色社会主义的宏伟愿景。中国梦视野宽广、内涵丰富、意蕴深远。那什么是中国梦呢？中国梦和我们每个人的梦想又有什么联系呢？

1. 中国梦的本质

"中国梦"这个词有很深的历史渊源，最早由国内专家学者提出，其意义在很大程度上属于学术范畴，但让中国梦上升为国家的意志、理想和目标并赋予其世界意义的是习近平总书记。他指出："实现中华民族伟大复兴的中国梦，就是要实现国家富强、民族振兴、人民幸福"②。这就明确了中国梦的本质是国家富强、民族振兴、人民幸福。

国家富强，是指我国综合国力进一步增强，中国特色社会主义事业进一步发展和完善。经济更加发达，科技创新在经济发展中的驱动力更加强劲，政治更加民主，文化更加繁荣，社会更加和谐，生态更加美好。

民族振兴，就是通过自身的不断发展与强大，继承并创造中华民族的优秀文化以及先进的文明成果，进而使中华民族再次处于世界领先的地位，再次以高昂的姿态屹立于世界民族之林。

人民幸福，就是人民权利保障更加充分、人人得享共同发展，生活在伟大祖国和伟大时代的中国人民，共同享有人生出彩的机会，共同享有梦想成真的机会，共同享有同祖国和时代一起成长与进步的机会。

2. 国家富强、民族振兴和人民幸福之间的关系

国家富强、民族振兴是人民幸福的基础和保障，中国近代以来的屈辱历史已经证明，民族不独立、国家不富强，人民的生存根本得不到保证，更谈不上人民幸福。人民幸福是国家富强、民族振兴的题中之义和必然要求，民为邦本、本固邦宁，国家的富强、民族的振兴都要以人民的权利得到保障、利益得到实现、幸福得到满足为条件，人民幸福是国家富强、民族振兴的根本出发点和落脚点。

这个梦想，把国家的追求、民族的向往、人民的期盼融为一体，体现了中华民族和中国人民的整体利益，表达了每一个中华儿女的共同愿景。正因为如此，中国梦具有广泛的包

---

① 《习近平谈治国理政》第 1 卷，外文出版社 2018 年版，第 4 页。
② 《习近平谈治国理政》第 1 卷，外文出版社 2018 年版，第 39 页。

容性，成为回荡在14亿多人民心中的高昂旋律，是中华民族团结奋斗的最大公约数。

（三）中国梦的实现

习近平指出："实现中国梦必须走中国道路、弘扬中国精神、凝聚中国力量。"①这为我们党团结带领人民继续把中国特色社会主义事业推向前进，为实现中华民族伟大复兴的中国梦而努力奋斗指明了方向。

1. 实现中国梦必须走中国道路

实现中国梦必须走中国道路，这就是中国特色社会主义道路。没有正确的道路，再美好的愿景、再伟大的梦想，都不能实现。历史和现实充分证明，无论是封闭僵化的老路，还是改旗易帜的邪路，都是绝路、死路。只有中国特色社会主义道路才能发展中国、稳定中国，这是一条通往复兴梦想的康庄大道、人间正道。中华民族是具有非凡创造力的民族，我们创造了伟大的中华文明，我们也能够继续拓展和走好适合中国国情的发展道路。要增强对中国特色社会主义的道路自信、理论自信、制度自信、文化自信，坚定不移沿着正确的中国道路奋勇前进。

2. 实现中国梦必须弘扬中国精神

实现中国梦必须弘扬中国精神，这就是以爱国主义为核心的民族精神和以改革创新为核心的时代精神。伟大的梦想，需要伟大的精神作支撑。没有振奋的精神、没有高尚的品格、没有坚定的志向，一个民族不可能自立于世界民族之林。实现中国梦，要求我们不仅在物质上强大起来，而且得在精神上强大起来。中华文明生生不息，中国精神薪火相传。以爱国主义为核心的民族精神和以改革创新为核心的时代精神，是凝心聚力的兴国之魂、强国之魂。爱国主义是中华民族的精神基因，维系着华夏大地上各个民族的团结统一，激励着一代又一代中华儿女为祖国发展繁荣而不懈奋斗；改革创新体现了中华民族最深沉的民族禀赋，反映了当代中国发展进步的要求，始终是鞭策我们在改革开放中与时俱进的精神力量。要弘扬伟大的民族精神和时代精神，不断振奋全民族的精气神，不断增强团结一心的精神纽带、自强不息的精神动力，永远朝气蓬勃地迈向未来。

3. 实现中国梦必须凝聚中国力量

实现中国梦必须凝聚中国力量，这就是全国各族人民大团结的力量。人民是历史

---

① 《十八大以来重要文献选编》中，中央文献出版社2016年版，第133页。

的创造者，人民是真正的英雄。波澜壮阔的中华民族发展史是中国人民书写的。博大精深的中华文明是中国人民创造的。历久弥新的中华民族精神是中国人民培育的。我国56个民族都是中华民族大家庭的平等一员，共同构成了你中有我、我中有你、谁也离不开谁的中华民族命运共同体。实现中华民族伟大复兴的中国梦是各民族共同的梦，也是各民族自己的梦。中华民族一家亲，同心共筑中国梦。各族人民大团结的力量，是克服各种困难、战胜风险挑战的决定性因素。只要我们紧密团结，万众一心，为实现共同梦想而奋斗，实现梦想的力量就无比强大，我们每个人为实现自己梦想的努力就拥有广阔的空间。全国各族人民一定要牢记使命，心往一处想，劲往一处使，用14亿多人民的智慧和力量汇集起不可战胜的磅礴力量。

实干才能梦想成真。实现中华民族伟大复兴，是一项光荣而艰巨的事业，需要每一个人付出艰苦努力，用实干托起中国梦。

(四)建成社会主义现代化强国的战略安排

当前，我们已经进入中国特色社会主义新时代，即将开启全面建设社会主义现代化强国的新征程，我们距离实现中华民族伟大复兴中国梦的目标已经越来越近了。在我们这一代人身上，在不远的将来，将会实现几代中国人梦寐以求的百年夙愿。圆梦有时，今日中国，已经前所未有地接近这个伟大梦想的实现。然而，梦想的实现不是一蹴而就的，而是需要分步骤、分阶段地完成。

1."两步走"发展战略的提出

早在1945年，党的七大就提出了"使中国由农业国变为工业国"的发展目标。中华人民共和国成立后，1954年我国就明确提出了实现"现代化"的发展目标。1964年12月，三届全国人大一次会议首次宣布"要在不太长的历史时期内，把我国建设成为一个具有现代农业、现代工业、现代国防和现代科学技术的社会主义强国，赶上和超过世界先进水平"[①]，进而提出"两步走"的战略思想。其中第二步就是全面实现农业、工业、国防和科学技术的现代化。这是我们对于现代化目标的最早探索。

改革开放后，1979年邓小平在会见日本首相大平正芳时强调："我们要实现的四个现代化，是中国式的四个现代化。我们的四个现代化的概念，不是像你们那样的现代化的概念，而是'小康之家'。"[②]"就算达到那样的水平，同西方来比，也还是落后的。

---

① 《周恩来选集》下卷，人民出版社1984年版，第439页。
② 《邓小平文选》第2卷，人民出版社1994年版，第237页。

所以，我只能说，中国到那时也还是一个小康的状态"。① 这表明，我们党开始结合中国国情来探索现代化目标的实现，对走中国式的现代化道路战略目标有了比较清晰的认识。在接下来的改革开放历程中，我们对"现代化"目标的认识越来越全面，也越来越深入。改革开放初期，由于中国急需解决人民的温饱和物质匮乏问题，"四个现代化"主要侧重于物质文明层面。所以，党的十二大报告，就在沿用"四个现代化"提法的同时，提出"把我国建设成为高度文明、高度民主的社会主义国家"，把社会主义现代化国家的目标和特征归结为高度文明、高度民主。1987年党的十三大则进一步提出，"为把我国建设成为富强、民主、文明的社会主义现代化国家而奋斗"②。现代化奋斗目标从经济建设、政治建设进一步拓展到文化建设方面。不仅如此，党的十三大还立足于中国社会主义初级阶段的国情，提出党的十一届三中全会以后，我国经济建设的战略部署大体分三步走。第一步，实现国民生产总值比1980年翻一番，解决人民的温饱问题。这个任务已经基本实现。第二步，到20世纪末，使国民生产总值再增长一倍，人民生活达到小康水平。第三步，到21世纪中叶，人均国民生产总值达到中等发达国家水平，人民生活比较富裕，基本实现现代化。所以，"三步走"战略告诉我们基本实现现代化是在21世纪中叶，也就是2050年前后。

经过全党全国各族人民共同努力，我们先后提前实现了第一步、第二步战略目标，2002年党的十六大正式宣布人民生活总体达到小康水平。在此基础上，党的十六大提出了全面建设小康社会的奋斗目标，党的十七大对全面建设小康社会提出了新的要求。党的十八大提出了全面建成小康社会的目标，发出了向实现"两个一百年"奋斗目标进军的时代号召，即到建党100年时建成惠及十几亿人口的更高水平的小康社会；到中华人民共和国成立100年时基本实现现代化，建成社会主义现代化国家。综合分析国际国内形势和我国发展条件，习近平在党的十九大报告中提出，我们要全面建成小康社会、实现第一个百年奋斗目标，然后再乘势而上开启全面建设社会主义现代化国家新征程，向第二个百年奋斗目标进军。全面建设社会主义现代化国家的进程分两个阶段来安排，这就是我们所说的"两步走"发展战略。

2. 实现社会主义现代化强国"两步走"战略的具体安排

第一个阶段，从2020年到2035年，在全面建成小康社会的基础上，再奋斗15年，基本实现社会主义现代化。第二个阶段，从2035年到21世纪中叶，在基本实现现代化

① 《邓小平文选》第2卷，人民出版社1994年版，第255页。
② 《中国共产党第十三次全国代表大会文件汇编》，人民出版社1987年版，第15页。

的基础上，再奋斗 15 年，把我国建成富强民主文明和谐美丽的社会主义现代化强国。这就是新时代实现社会主义现代化强国"两步走"战略的具体安排。这一战略安排，是我们党首次对决胜全面建成小康社会后 30 年作出具体而详细的部署，是 2020 年后我国发展战略付诸实践的"行动纲领"。

（1）从 2020 年到 2035 年，基本实现社会主义现代化的目标要求。

改革开放 40 多年来，我国经济持续较快发展，工业化城镇化快速推进，各项事业全面进步，国家面貌发生了前所未有的巨大变化。我们党原来提出的"三步走"战略的第三步即基本实现现代化，将提前 15 年，即在 2035 年实现。在这一阶段，主要目标要求是：在经济建设方面，我国经济实力、科技实力将大幅跃升，跻身创新型国家前列；在政治建设方面，人民平等参与、平等发展权利得到充分保障，法治国家、法治政府、法治社会基本建成，各方面制度更加完善，国家治理体系和治理能力现代化基本实现；在文化建设方面，社会文明程度达到新的高度，国家文化软实力显著增强，中华文化的世界影响力更加广泛深入；在民生和社会建设方面，人民生活更为宽裕，中等收入群体比例明显提高，城乡区域发展差距和居民生活水平差距显著缩小，基本公共服务均等化基本实现，全体人民共同富裕迈出坚实步伐；在生态文明建设方面，生态环境根本好转，美丽中国目标基本实现。

（2）从 2035 年到 21 世纪中叶，建成社会主义现代化强国的目标要求。

在这一阶段，我们将在基本实现现代化的基础上全面提升我国社会主义物质文明、政治文明、精神文明、社会文明、生态文明，建成富强民主文明和谐美丽的社会主义现代化强国。到那时，我国作为具有五千多年文明历史的大国，将焕发出前所未有的生机活力，实现国家治理体系和治理能力现代化，成为综合国力和国际影响力领先的国家，将对构建人类命运共同体、推动世界和平与发展作出更大贡献，中华民族将以更加昂扬的姿态屹立于世界民族之林，实现中华民族伟大复兴的中国梦。

今天，"我们比历史上任何时期都更接近实现中华民族伟大复兴的目标，比历史上任何时期都更有信心、更有能力实现这个目标。"[1]然而，正如习近平强调的那样："行百里者半九十。中华民族伟大复兴，绝不是轻轻松松、敲锣打鼓就能实现的。全党必须准备付出更为艰巨、更为艰苦的努力。"[2]因此，我们要做的就是积极行动起来，为实现中华民族的伟大复兴而努力奋斗！

---

[1] 《习近平谈治国理政》第 1 卷，外文出版社 2018 年版，第 167 页。

[2] 习近平：《决胜全面建成小康社会 夺取新时代中国特色社会主义伟大胜利——在中国共产党第十九次全国代表大会上的报告》，人民出版社 2017 年版，第 15 页。

三、释疑解惑

※ 如何认识新时代"两步走"战略和社会主义现代化建设"三步走"战略的关系？

分步骤实现目标，是中国共产党治国理政的宝贵经验。改革开放之初，以邓小平同志为主要代表的中国共产党人提出社会主义现代化建设分"三步走"的战略目标。之后，党立足现实不断丰富和深化"三步走"的战略部署。党的十五大提出到2010年、建党100年和建国100年的"小三步走"战略目标，党的十六大提出21世纪头20年全面建设小康社会的奋斗目标，党的十八大提出要确保到2020年实现全面建成小康社会的宏伟目标。目前，"小三步走"战略中的前两步目标已经提前实现，第三步也即将开启。党的十九大是对2020年全面建成小康社会以后作了两个阶段的战略安排，明确了到21世纪中叶全党和全国人民的奋斗目标和主要任务。因此，社会主义现代化建设"三步走"战略和新时代"两步走"战略目标一脉相承，共同勾画了我国社会主义建设的完整路线图。"两步走"在"三步走"的基础上更加明确了百年奋斗目标。"三步走"中，第三步的奋斗目标是到中华人民共和国成立一百年时建成富强民主文明和谐的社会主义现代化国家。党的十九大对此作出了调整，增加了"美丽"，以此对应中国特色社会主义事业"五位一体"总体布局中的生态文明建设，从而构成了"富强"对应经济建设、"民主"对应政治建设、"文明"对应文化建设、"和谐"对应社会建设、"美丽"对应生态文明建设的完整格局。此外，把原来的"国家"改成了强国，提升了第二个百年奋斗目标的内在要求。

四、学习测试

(一)单项选择题

1. 在全面建成小康社会的基础上，分(　　)在本世纪中叶建成富强民主文明和谐美丽的社会主义现代化强国

 A. 两步走 B. 三步走 C. 四步走 D. 五步走

2. 从(　　)到(　　)，是"两个一百年"奋斗目标的历史交汇期

 A. 2020，2035   B. 党的十九大，党的二十大

C. 党的二十大，党的二十一大　　　　D. 2035，本世纪中叶

3. 从现在到 2020 年，是全面建成小康社会的(　　)

　　A. 决战期　　　　B. 决胜期　　　　C. 关键期　　　　D. 攻坚期

4. 综合分析国际国内形势和我国发展条件，从 2020 年到本世纪中叶可以分两个阶段来安排。第一个阶段，从(　　)到(　　)年，在全面建成小康社会的基础上，再奋斗 15 年，基本实现社会主义现代化

　　A. 2020 年，2035 年　　　　　　　B. 2025 年，2040 年

　　C. 2030 年，2045 年　　　　　　　D. 2035 年，本世纪中叶

5. 综合分析国际国内形势和我国发展条件，从 2020 年到本世纪中叶可以分两个阶段来安排。第二个阶段，从(　　)到(　　)，在基本实现现代化的基础上，再奋斗 15 年，把我国建成富强民主文明和谐美丽的社会主义现代化强国

　　A. 2020 年，2035 年　　　　　　　B. 2025 年，2040 年

　　C. 2030 年，2045 年　　　　　　　D. 2035 年，本世纪中叶

6. 从全面建成小康社会到基本实现现代化，再到全面建成(　　)，是新时代中国特色社会主义发展的战略安排

　　A. 创新型国家　　　　　　　　　　B. 社会主义现代化强国

　　C. 社会主义现代化大国　　　　　　D. 世界一流强国

7. 实现"两个一百年"奋斗目标、实现中华民族伟大复兴的中国梦，不断提高人民生活水平，必须坚定不移把(　　)作为党执政兴国的第一要务

　　A. 创新　　　　　　B. 改革　　　　　C. 发展　　　　　D. 开放

8. 中国梦的本质是国家富强、(　　)、人民幸福

　　A. 民族复兴　　　B. 民族振兴　　　C. 民族崛起　　　D. 民族团结

9. 中国梦具有广泛的包容性，成为回荡在 14 亿多人民心中的高昂旋律，是中华民族团结奋斗的(　　)

　　A. 最大公约数　　B. 共同基础　　　C. 共同起点　　　D. 共同目标

10. 实现中国梦必须走中国道路，这就是(　　)

　　A. 社会主义道路　　　　　　　　　B. 中华民族复兴道路

　　C. 大国崛起道路　　　　　　　　　D. 中国特色社会主义道路

11. (　　)是中国梦的主体，是中国梦的创造者和享有者

　　A. 工人　　　　　B. 农民　　　　　C. 公民　　　　　D. 人民

12. 实现中国梦必须凝聚中国力量，这就是(　　)

  A. 全国各族人民大团结的力量

  B. 海内外中华儿女大团结的力量

  C. 勠力同心共同奋斗的力量

  D. 军民大团结的力量

13. (　　)正式宣布人民生活总体达到小康水平，并在此基础上提出了全面建设小康社会的奋斗目标

  A. 党的十六大   B. 党的十七大

  C. 党的十八大   D. 党的十九大

14. 改革开放 40 多年来，我国经济持续较快发展，工业化城镇化快速推进，各项事业全面进步，国家面貌发生了前所未有的巨大变化。我们党原来提出的"三步走"战略的第三步即基本实现现代化，将提前(　　)年实现

  A. 5   B. 10   C. 15   D. 20

15. 从 2035 年到 21 世纪中叶，建成社会主义现代化强国的目标要求是：在基本实现现代化的基础上全面提升我国社会主义物质文明、政治文明、精神文明、社会文明、生态文明，建成富强民主文明和谐美丽的社会主义现代化(　　)

  A. 国家   B. 强国   C. 大国   D. 经济体

(二)多项选择题

1. 新时代中国特色社会主义思想，明确坚持和发展中国特色社会主义，总任务是(　　)

  A. 实现社会主义现代化   B. 实现中华民族伟大复兴

  C. 全面建成小康社会   D. 实现共同富裕

2. 实现中国梦必须弘扬中国精神，这就是(　　)

  A. 以爱国主义为核心的民族精神

  B. 以礼义廉耻为核心的民族精神

  C. 以改革创新为核心的时代精神

  D. 以开拓创新为核心的时代精神

3. 中国梦是(　　)的梦，与世界各国人民的美好梦想息息相通，中国人民愿意同各国人民在实现各自梦想的过程中相互支持、相互帮助

A. 和平　　　　　B. 发展　　　　　C. 合作　　　　　D. 共赢

4. 中国梦是(　　)相统一的梦

A. 家国情怀　　　B. 国家情怀　　　C. 民族情怀　　　D. 人民情怀

5.《复兴之路》展览，回顾了中华民族的昨天，展示了中华民族的今天，宣示了中华民族的明天，习近平引用三句诗对这段历史进行了生动叙说，这三句诗文是(　　)

A."雄关漫道真如铁"　　　　　　　B."天翻地覆慨而慷"

C."长风破浪会有时"　　　　　　　D."人间正道是沧桑"

◎ 参考答案

(一)单项选择题

1. A　2. B　3. B　4. A　5. D　6. B　7. C　8. B　9. A　10. D
11. D　12. A　13. A　14. C　15. B

(二)多项选择题

1. AB　2. AC　3. ABCD　4. BCD　5. ACD

第十章
"五位一体"总体布局

第一节　建设现代化经济体系

一、教学基本要求

本节主要介绍新时代贯彻新发展理念的必要性、深化供给侧结构性改革的要求、建设现代化经济体系的主要内容。通过本节内容的学习，使同学们了解新发展理念的内涵，掌握现代化经济体系的内涵和建设现代化经济体系的主要任务。知识点框架图如图 10-1 所示。

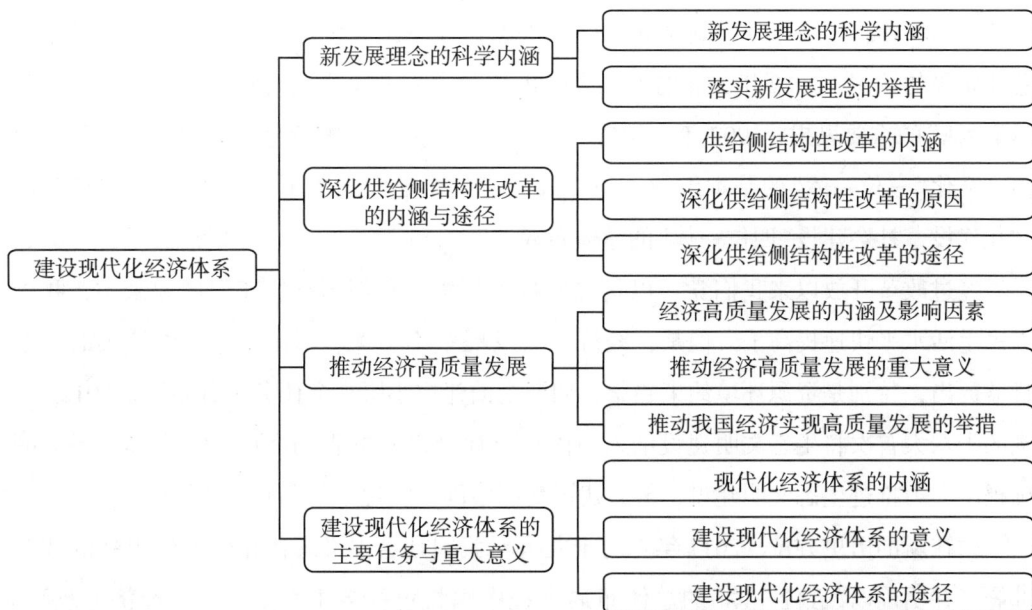

图 10-1　第十章第一节知识点框架图

二、重点讲解

（一）统筹推进"五位一体"总体布局

不谋全局者，不足谋一域。中国特色社会主义是全面发展的社会主义。进入新时代，要继续夺取中国特色社会主义伟大胜利，就必须按照党的十九大精神的要求，统筹推进"五位一体"总体布局。经济建设、政治建设、文化建设、社会建设、生态文明建设作为一个有机整体，就像纵横全国的经纬线，勾勒出富强民主文明和谐美丽的社会主义现代化强国的壮美景象。

那么，何谓"五位一体"总体布局呢？相比之下，"总体布局"的意义主要不在于"总体"，而在于"布局"。中国特色社会主义事业当然是总体性的事业，这个事业如何开展，如何实现它的战略目标或"总任务"，不能停留于目标的设定和任务的提出，而要在目标的实现上下功夫，要有谋划、有布局。"布局"不仅更接近于目标实现的实践环节，而且它直接是目标实现的实际战略部署和行动步骤，因而含义更加明确、具体。

为了推进中国特色社会主义伟大事业，我们党不断思考这一事业所包含的各方面的任务，不断作出新概括、新部署，一次次深化并不断完善对中国特色社会主义事业总体布局的认识。1982年，党的十二大提出了社会主义物质文明建设和精神文明建设"两手抓"的重要思想；1997年，党的十五大提出了建设中国特色社会主义的经济、政治、文化"三位一体"的基本纲领；2007年，党的十七大确立了经济建设、政治建设、文化建设、社会建设"四位一体"的总体布局。

经过改革开放以来我们党一以贯之的接力探索，我们国家快速发展起来了，我国人民生活水平快速提高了。但是，经济社会发展中不平衡、不协调、不可持续的问题日益突出，特别是资源环境约束趋紧，如期全面建成小康社会任务十分艰巨。2012年，党的十八大首次将生态文明建设纳入中国特色社会主义事业"五位一体"总体布局，明确提出大力推进生态文明建设，努力建设美丽中国，实现中华民族永续发展。

站在新的历史方位，2017年党的十九大对我国社会主义现代化建设作出新的战略部署，并明确以"五位一体"的总体布局推进中国特色社会主义事业，从经济、政治、文化、社会、生态文明五个方面，制定了新时代统筹推进"五位一体"总体布局的战略目标，是新时代推进中国特色社会主义事业的路线图，是更好推动人的全面发展、社会全面进步的任务书。

诚然，"五位一体"总体布局是坚持和发展中国特色社会主义的必然要求。那么，经济建设、政治建设、文化建设、社会建设和生态文明建设，在新时代"五位一体"总体布局中分别处于什么地位？相互之间又是什么样的关系呢？概而言之，新时代"五位一体"总体布局是一个有机整体，经济建设是根本，政治建设是保障，文化建设是灵魂，社会建设是条件，生态文明建设是基础，共同致力于全面提升我国物质文明、政治文明、精神文明、社会文明、生态文明，统一于把我国建成富强民主文明和谐美丽的社会主义现代化强国的新目标。

统筹推进新时代"五位一体"总体布局，首先要在理念上升华认识。中国特色社会主义进入了新时代，我国发展呈现阶段性特征，社会主要矛盾发生关系全局的历史性变化。要满足人民日益增长的美好生活需要，就必须在继续推动发展的基础上，着力解决好发展不平衡不充分问题。按照党的十九大部署，只有贯彻新发展理念，建设现代化经济体系，才能实现更高质量、更有效率、更加公平、更可持续的发展；只有健全人民当家作主制度体系，发展社会主义民主政治，才能体现人民意志、保障人民权益、激发人民创造活力；只有坚定文化自信，推动社会主义文化繁荣兴盛，才能激发全民族文化创新创造活力；只有保障和改善民生水平，加强和创新社会治理，才能使人民获得感、幸福感、安全感更加充实、更有保障、更可持续；只有加快生态文明体制改革，建设美丽中国，才能形成人与自然和谐发展现代化建设新格局。

统筹推进新时代"五位一体"总体布局，必须在实践中加以落实。新时代坚持和发展中国特色社会主义基本方略提出了"十四条坚持"，其中有五条是对"五位一体"的深刻阐述，必须全面贯彻。在经济建设方面，坚持新发展理念，以供给侧结构性改革为主线，推动经济发展质量变革、效率变革、动力变革，不断解放和发展社会生产力。在政治建设方面，坚持人民当家作主，把我国社会主义民主政治的优势和特点充分发挥出来，保证人民当家作主落实到国家政治生活和社会生活之中。在文化建设方面，坚持社会主义核心价值体系，发展中国特色社会主义文化，坚持创造性转化、创新性发展。在社会建设方面，坚持在发展中保障和改善民生，在发展中补齐民生短板、促进社会公平正义，在幼有所育、学有所教、劳有所得、病有所医、老有所养、住有所居、弱有所扶上不断取得新进展。在生态文明建设方面，坚持人与自然和谐共生，形成节约资源和保护环境的空间格局、产业结构、生产方式、生活方式，还自然以宁静、和谐、美丽。

(二)新发展理念的科学内涵

理念是行动的先导,发展理念是发展行动的先导,是管全局、管根本、管方向、管长远的东西,是发展思路、发展方向、发展着力点的集中体现。发展理念是否对头,从根本上决定着发展的成效甚至成败。以习近平同志为核心的党中央科学研判国际国内发展形势,准确把握经济社会发展新趋势、新机遇、新矛盾、新挑战,党的十八届五中全会明确提出了创新、协调、绿色、开放、共享的发展理念。党的十九大报告中,习近平关于新发展理念的重大论断和重要表述达 14 次之多,"坚持新发展理念"成为新时代坚持和发展中国特色社会主义基本方略的重要原则和组成部分。

新发展理念是中国共产党关于发展理论的重大升华,是习近平新时代中国特色社会主义经济思想的主要内容。如果把发展经济比作做蛋糕,就可以这样理解:创新发展是解决怎样将蛋糕做大的问题,协调发展、绿色发展、开放发展则是解决怎样不断提升蛋糕质量、把蛋糕做好的问题,而共享发展则是解决怎样分好蛋糕的问题。

新发展理念立足于我国的新发展环境、新发展条件,是符合我国国情、顺应时代潮流、厚植发展优势的重大抉择,具有战略性、纲领性、引领性。其科学内涵,可以从以下几个方面来理解:

创新是引领发展的第一动力。发展动力决定发展速度、发展效能、发展可持续性。坚持创新发展,是应对发展环境变化、增强发展动力、把握发展主动权,更好引领新常态的根本之策。抓住了创新,就抓住了牵动经济社会发展全局的关键。坚持创新发展,就是把创新摆在国家发展全局的核心位置,不断推进理论创新、制度创新、科技创新、文化创新等各方面创新,让创新贯穿党和国家一切工作,让创新在全社会蔚然成风。

协调是持续健康发展的内在要求。协调既是发展手段又是发展目标,同时还是评价发展质量的标准和尺度;协调既要着力破解难题、补齐短板,又要考虑巩固和厚植原有优势;协调发展不是搞平均主义,而是更注重发展机会公平、更注重资源配置均衡;协调发展就是要找出短板,在补齐短板上多用力,通过补齐短板挖掘发展潜力、增强发展后劲。坚持协调发展,要着力推动区域协调发展、城乡协调发展、物质文明和精神文明协调发展,推动经济建设和国防建设融合发展。

绿色是永续发展的必要条件。人类发展活动必须尊重自然、顺应自然、保护自然;

否则，就会遭到大自然的报复，这个规律谁也无法抗拒。也就是说，绿色发展就是要解决好人与自然和谐共生问题。因此，我们要坚定走生产发展、生活富裕、生态良好的文明发展道路，加快建设资源节约型、环境友好型社会，形成人与自然和谐发展的现代化建设新格局，推进美丽中国建设。

开放是国家繁荣发展的必由之路。开放就是要顺应经济全球化潮流，充分运用人类社会创造的先进科学技术成果和有益管理经验。现在搞开放发展，面临的国际国内形势同以往有很大不同，总体上有利因素更多，但也面临更深层次的风险挑战。坚持开放发展，就要奉行互利共赢的开放战略，坚持内外需协调、进出口平衡、引进来和走出去并重、引资和引技引智并举，发展更高层次的开放型经济，积极参与全球经济治理和公共产品供给，提高我国在全球经济治理中的制度性话语权，构建广泛的利益共同体。

共享是中国特色社会主义的本质要求，主要包括全民共享、全面共享、共建共享和渐进共享四个方面的内容。全民共享，即共享发展是人人享有、各得其所，不是少数人共享、一部分人共享；全面共享，即共享发展就要共享国家经济建设、政治建设、文化建设、社会建设、生态文明建设各方面的成果，全面保障人民在各方面的合法权益；共建共享，即只有共建才能共享，共建的过程也是共享的过程；渐进共享，即共享发展必将有一个从低级到高级、从不均衡到均衡的过程，即使达到很高的水平也会有差别。坚持共享发展，就要不断把"蛋糕"做大，又要把不断做大的"蛋糕"分好，让人民群众有更多获得感。

当前，中国特色社会主义进入新时代，我们应该如何让新发展理念在新时代开花结果呢？

第一，创新发展应注重理论、制度、文化领域的软创新。创新是引领发展的第一动力，科技创新无疑是经济增长的直接动力，但如果缺少理论创新、制度创新、文化创新，科技创新也很难获得突破。因此，推动创新发展需要解放思想，不仅要注重科技创新，而且要注重理论创新、制度创新，以及包括优秀传统文化创造性转化、创新性发展的文化创新。

第二，促进协调发展，需要从源头上解决各类扭曲和不平衡问题。产业协调发展、城乡区域协调发展等，可以依靠健全市场价格信号和激励机制逐步实现，但有些发展不协调问题则是市场不能有效解决的，如缩小收入分配差距，促进经济建设与社会建设协调发展、国防建设与经济建设协调发展等。这就必须充分发挥市场在资源配置中的决定性作用,更好地发挥政府作用。

第三,促进绿色发展,需要将发展生产力与保护环境统一起来。绿色发展理念揭示出:环境就是民生,青山就是美丽,蓝天也是幸福,绿水青山就是金山银山;自然生态的健康、人与自然的和谐是人类永续发展的根本保障,保护环境就是保护生产力、改善环境就是发展生产力。生产力中最活跃的因素是人。恶劣生态环境严重影响人的健康,是对人力资本的极大破坏;优美生态环境有利于人的身心健康,会大大促进人力资本积累。

第四,促进开放发展,需要强调开放系统与开放竞争的重要性。开放发展强调更好利用国际国内两个市场、两种资源,推动经济全球化健康发展。开放发展必然面临开放竞争。开放竞争不仅包括国家之间的经济竞争,而且包括制度竞争。开放竞争是推动制度变革、保持制度活力的动力来源。

第五,促进共享发展,必须坚持以人民为中心的发展思想。共享发展的实质是坚持以人民为中心的发展思想,体现的是逐步实现共同富裕的要求。从国际经验来看,一些国家之所以落入"中等收入陷阱",大多与收入差距拉大、社会不公加剧密切相关。因此,要求党和政府作出更有效的制度安排,使全体人民在共建共享发展中有更多获得感,朝着共同富裕方向稳步前进。

(三)深化供给侧结构性改革的内涵与途径

党的十九大报告指出:"我国经济已由高速增长阶段转向高质量发展阶段,正处在转变发展方式、优化经济结构、转换增长动力的攻关期,建设现代化经济体系是跨越关口的迫切要求和我国发展的战略目标。必须坚持质量第一、效益优先,以供给侧结构性改革为主线,推动经济发展质量变革、效率变革、动力变革,提高全要素生产率。"[①]所谓供给侧结构性改革,就是用改革的办法推进供给结构调整,更好地满足需求,促进经济社会持续健康发展。其最终目的是满足需求;主攻方向是提高供给体系质量和效率:包括提高劳动力质量、提高劳动生产率、提高全要素生产率,优化企业结构和产品结构等方面;根本途径是深化改革。

从字面上也可将供给侧结构性改革理解为"供给侧+结构性+改革"。其中供给侧包括生产要素、生产者和产业三个逐次递进的层次,构成经济增长的供给体系;结构性

---

① 习近平:《决胜全面建成小康社会 夺取新时代中国特色社会主义伟大胜利——在中国共产党第十九次全国代表大会上的报告》,人民出版社 2017 年版,第 30 页。

指三个层次是按照什么比例进行配置的，不同的组合决定了经济增长的质量和效率；改革指通过完善制度建设来调整生产关系，改变三个层次的重大比例关系，既包括数量关系调整，也包括质量提升。

深化供给侧结构性改革，是适应国际金融危机发生后综合国力竞争新形势的主动选择，是适应和引领经济发展新常态的重大创新和必然要求，是推动我国经济实现高质量发展的必然要求。贯彻新发展理念、建设现代化经济体系，要以供给侧结构性改革为主线。

推进供给侧结构性改革，要正确处理供给和需求的关系。供给和需求是市场经济内在关系的两个方面，是对立统一的关系，相互依存、互为条件、缺一不可。新的需求可以催生新的供给，新的供给可以创造新的需求。当前和未来一段时期，我国经济发展面临的问题，供给和需求两侧都有，但矛盾的主要方面在供给侧。我国不是需求不足，或者没有需求，而是需求变了，供给的产品没有变，质量、服务跟不上。解决这些结构性问题，必须从供给侧发力，实现我国经济由低水平供需平衡向高水平供需平衡跃升。比如，钢铁、水泥、电解铝等高消耗、高排放行业产能严重过剩，且呈加剧之势。同时，大量关键装备、核心技术、高端产品还依赖进口；我国农业发展形势很好，但一些农产品供给没有很好适应需求变化，像牛奶就难以满足消费者对质量、信誉保障的要求，大豆生产缺口很大，但是玉米增产则超过了需求增长；一些有大量购买力支撑的消费需求，在国内得不到有效供给，消费者将大把钞票花费在出境购物、"海淘"购物上，购买的商品已经从珠宝首饰、名包名表、名牌服饰、化妆品等奢侈品向电饭煲、马桶盖、奶粉、奶瓶等普通日用品延伸。党的十九大报告指出："中国特色社会主义进入新时代，我国社会主要矛盾已经转化为人民日益增长的美好生活需要和不平衡不充分的发展之间的矛盾。"[①]说到底，深化供给侧结构性改革的根本目的，就是要使我国供给能力更好地满足广大人民日益增长的美好生活需要。

贯彻新发展理念、建设现代化经济体系必须坚持供给侧结构性改革。深化供给侧结构性改革的途径主要有：

第一，推进增长动能转换，以加快发展先进制造业为重点全面提升实体经济。推动产业优化升级，加快发展先进制造业，推动互联网、大数据、人工智能和实体经济深度融合，在中高端消费、创新引领、绿色低碳、共享经济、现代供应链、人力资本

---

① 习近平：《决胜全面建成小康社会　夺取新时代中国特色社会主义伟大胜利——在中国共产党第十九次全国代表大会上的报告》，人民出版社 2017 年版，第 11 页。

服务等领域培育新增长点、形成新动能。要支持传统产业优化升级，瞄准国际先进标准提升产品技术、工艺装备能效环保水平，增强制造业基础工艺、基础材料和基础零部件制造能力，提高传统产业的产品品质和附加值。加强基础设施网络建设，发挥一体化网络效应，强化基础体系的支撑作用。推进中国制造向中国创造转变，中国速度向中国质量转变，制造大国向制造强国转变。

第二，深化要素市场化配置改革，实现由以价取胜向以质取胜的转变。破除无效供给，把处置"僵尸企业"作为重要抓手，推动化解过剩产能；调整产业结构，淘汰落后产能。培育新动能，强化科技创新，推动传统产业优化升级，培育一批具有创新能力的排头兵企业，积极推进军民融合深度发展。降低实体经济成本，降低制度性交易成本，继续清理涉企收费，加大对乱收费的查处和整治力度，深化电力、石油天然气、铁路等行业改革，降低用能、物流成本。优化存量资源配置，提质升级存量供给，扩大优质增量供给，在各行各业开展产品质量、工程质量和服务质量提升行动，显著增强我国经济质量优势。

第三，加大人力资本培育力度，更加注重调动和保护人的积极性。人是生产力中最活跃的因素。高素质的企业家、工匠和劳模是推动供给侧结构性改革、振兴实体经济发展的重要力量。要塑造良好社会文化生态，营造鼓励创新、终生学习和勇于冒险的社会氛围，厚植企业家精神土壤；厘清政府、市场边界，拓展企业家精神生长空间，激发和保护企业家精神。要建设知识型、技能型、创新型劳动者大军。要弘扬劳模精神和工匠精神，营造劳动光荣的社会风尚和精益求精的敬业风气。

第四，持续推进"三去一降一补"，优化市场供求结构。坚持去产能、去库存、去杠杆、降成本、补短板，优化存量资源配置，扩大优质增量供给。继续推动钢铁、煤炭等行业化解过剩产能。完善房地产调控措施，因地因城去库存，优化房地产市场供求关系，加快建立健全房地产基础性制度和长效机制。打好防范化解重大风险攻坚战，积极稳妥去杠杆，重点控制宏观杠杆率，促进形成金融和实体经济、金融和房地产、金融体系内部的良性循环，防范化解金融风险，有效控制国有企业债务和地方政府债务风险。加大减税、降费力度，降低要素成本和物流成本，切实降低企业负担。增强微观主体内生动力，扎实有效补短板。

(四)推动经济高质量发展

2017年年底的中央经济工作会议强调指出，中国特色社会主义进入了新时代，我国经济发展也进入了新时代,基本特征就是我国经济已由高速增长阶段转向高质量发展阶段。推动高质量发展,就要深刻认识其内涵及意义,以凝聚共识、形成合力。

所谓经济高质量发展,从宏观层面来说,主要是指生产要素投入少、资源环境成本低、经济效益好的发展。与此相对应,所谓新时代我国经济实现高质量发展,就是要在改革开放以来经济总量和人均收入水平大幅提升的基础上,大力提高发展质量和效益,在工业化、城镇化取得历史性进展的情况下,建设现代化经济体系,更好满足人民日益增长的美好生活需要。"我国经济已由高速增长阶段转向高质量发展阶段"的科学含义可以具体概括为三句话:一是强调从高速度到高质量的转变,这意味着今后经济发展的主要任务已从速度转向质量;二是强调从增长到发展的变化,这意味着今后要更加强调经济、政治、文化、社会、生态文明"五位一体"的全面发展和进步;三是要注意区分"转向"与"转为"含义的不同,这意味着正在朝着高质量发展的方向转变,但尚没有真正实现高质量发展。

实现经济由高速增长向高质量发展的转变,是内外条件发生的深刻变化使然,将受到以下三个方面因素的影响:

一是我国传统人口红利逐渐减少,资源环境约束正在加强。经历了30多年的高速发展之后,我国的经济增长结构正在发生历史性变化,传统产业相对饱和,传统人口红利在逐步减少,"刘易斯拐点"正在加速到来。与此相对应的是,我国过度依靠投资和外需的经济增长模式,已使得能源、资源、环境的制约影响越来越明显,石油、天然气等重要矿产资源的对外依存度在不断提高,生态环境压力在不断加大,要素的边际供给增量已难以支撑传统的经济高速发展路子。

二是国际创新驱动竞争更为激烈,我国产业结构转型升级任重道远。当前,第三次工业革命正迎面走来,主要发达国家纷纷加快发展战略性新兴产业,力图抢占未来科技创新和产业发展的制高点,这些新挑战倒逼着我国的经济发展方式要加快向创新驱动型转换。但长期以来,我国产业发展方式粗放,存在着"跑马占荒"、科技创新能力不足,科技与产业的融合力度不够,使得很多产业竞争力不强、核心技术受制于他人等诸多问题。为了改变这种被动状况,我们需要主动放慢经济增长速度,为发展高质量型的经济腾出空间、留出时间。

三是我国市场需求结构升级加快,高质量产品供给不足。随着我国居民收入水平不断提高,消费者对高品质农产品、高端制造品和高质量服务的需求更加突出,但国内企业的现有产品供给还不能很好满足需求结构的这一变化,导致越来越多的优质农产品需求、高端制造品需求、高品质服务需求等高端需求转向海外市场。近年来，我国消费者越来越多地到国外采购消费品，到海外留学、旅游、就医，就是国内供给质量不能很好满足国内需求的真实反映。

推动高质量发展，对于我国发展全局具有重大现实意义和深远历史意义。首先，推动高质量发展是保持经济持续健康发展的必然要求。过去，粗放型经济发展方式在我国发挥了很大作用，加快了我国经济发展步伐，但现在再按照过去那种粗放型经济发展方式来做，不仅国内条件不支持，国际条件也不支持，是不可持续的。如今，我国一年的经济增量，就相当于一个中等发达国家全年的经济规模。由于体量和基数变大，每增长一个百分点，在保就业、惠民生方面的效应就明显增大，同时，每增长一个百分点，对资源环境的消耗也成倍增长。中国经济既"做不到"也"受不了"像过去那样高速增长。我国正处于转变经济发展方式的关键阶段，劳动力成本上升，资源环境约束增大，粗放的发展方式难以为继，经济循环不畅问题十分突出。同时，世界新一轮科技革命和产业革命方兴未艾、多点突破。因此，必须推动高质量发展，以适应科技新变化、人民新需要，形成优质高效多样化的供给体系，提供更多优质产品和服务。这样供求才能在新的水平上实现均衡，我国经济才能持续健康发展。

其次，推动高质量发展是适应我国社会主要矛盾变化的必然要求。我国社会主要矛盾发生了重大变化，我国经济发展阶段也在发生了历史性变化，不平衡不充分的发展就是发展质量不高的表现。我们要重视量的增长，但更要重视解决质的问题，在质的大幅提升中实现量的有效增长。解决我国社会主要矛盾，必须推动高质量发展。通过高质量发展，实现产业体系更加完整，生产组织方式网络化、智能化，创新力、需求捕捉力、品牌影响力、核心竞争力不断增强，产品和服务质量不断提高，更好地满足人民群众个性化、多样化、不断升级的需求。

最后，推动高质量发展是遵循经济规律发展的必然要求。有关研究表明，20世纪60年代以来，全球100多个中等收入经济体中只有十几个成为高收入经济体。那些取得成功的国家和地区，就是在经历高速增长阶段后实现了经济发展从量的扩张转向质的提高；那些徘徊不前甚至倒退的国家和地区，就是没有实现这种根本性转变。

经济发展是一个螺旋式上升的过程，上升不是线性的，量积累到一定阶段，必须转向质的提升。"我国经济已由高速增长阶段转向高质量发展阶段"重大论断的提出，正是遵循这一规律的结果。

从转向高质量发展阶段到真正实现高质量发展，是一个需要不懈努力的过程。具体来说，实现我国经济高质量发展，需要做好以下几个方面的工作：

第一，坚定不移全面深化改革。我国经济发展进入新时代，改革面临更艰巨的任务，需要义无反顾的决心。必须坚持和完善中国特色社会主义制度，不断推进国家治理体系和治理能力现代化，坚决破除一切不合时宜的思想观念和体制机制弊端，突破利益固化的藩篱，加快构建系统完备、科学规范、运行有效的制度体系，为高质量发展奠定坚实的制度基础。

第二，积极推进供给侧结构性改革。宏观经济运行中的主要矛盾是总供给与总需求的矛盾。从长期看，在总供给与总需求的矛盾双方中，供给侧是矛盾的主要方面，只有解决好供给侧的问题，才能从根本上推动宏观经济高质量发展。因此，推进供给侧结构性改革对于实现高质量发展具有决定性意义。

第三，创新和完善宏观调控。经验告诉我们，对于宏观调控工作来说，坚持稳中求进是制胜法宝。当前，创新和完善宏观调控，要发挥国家发展规划的战略导向作用，适应我国经济发展主要矛盾变化，相机抉择，开准药方。

第四，积极扩大和深化对外开放。高质量发展的一个重要表现是国际竞争力的提升。无论关上门实行保护主义，还是不敢到国际市场去拼搏，都不能提升国际竞争力。国际竞争力不仅表现在产品的市场占有率和进出口实力，更表现为本国产品标准能否成为国际行业标准。要实现高质量发展、提高国际竞争力，必须坚持对外开放的基本国策，坚持打开国门搞建设。要积极推进"一带一路"国际合作，加快形成全面开放新格局。

第五，加快推进生态文明建设。保护绿水青山，才能使绿水青山变成金山银山。生态文明建设是高质量发展的重要条件，良好的生态环境本身就是高质量发展的成果。生态文明建设功在当代、利在千秋。我们要牢固树立社会主义生态文明观，推动形成人与自然和谐发展现代化建设新格局。

(五)建设现代化经济体系的重大意义与主要任务

党的十九大报告提出了"现代化经济体系"这一新概念，并将建设现代化经济体系上升到"跨越关口的迫切要求和我国发展的战略目标"的认识高度。把握建设现代化经济体系的科学内涵和实践要求，对于推动我国经济转向高质量发展，顺利跨越转变发展方式、优化经济结构、转换增长动力关口，谱写社会主义现代化壮丽新篇章具有重要意义。

所谓现代化经济体系，是由社会经济活动各个环节、各个层面、各个领域的相互关系和内在联系构成的一个有机整体。建设现代化经济体系，必须坚持质量第一、效益优先，推动经济发展质量变革、效率变革、动力变革，提高全要素生产率。具体包括以下六个体系：

第一，要建设创新引领、协同发展的产业体系，实现实体经济、科技创新、现代金融、人力资源协同发展，使科技创新在实体经济发展中的贡献份额不断提高，现代金融服务实体经济的能力不断增强，人力资源支撑实体经济发展的作用不断优化。

第二，要建设统一开放、竞争有序的市场体系，实现市场准入畅通、市场开放有序、市场竞争充分、市场秩序规范，加快形成企业自主经营、公平竞争，消费者自由选择、自主消费，商品和要素自由流动、平等交换的现代市场体系。

第三，要建设体现效率、促进公平的收入分配体系，实现收入分配合理、社会公平正义、全体人民共同富裕，推进基本公共服务均等化，逐步缩小收入分配差距。

第四，要建设彰显优势、协调联动的城乡区域发展体系，实现区域良性互动、城乡融合发展、陆海统筹整体优化，培育和发挥区域比较优势，加强区域优势互补，塑造区域协调发展新格局。

第五，要建设资源节约、环境友好的绿色发展体系，实现绿色循环低碳发展、人与自然和谐共生，牢固树立和践行"绿水青山就是金山银山"理念，形成人与自然和谐发展的现代化建设新格局。

第六，要建设多元平衡、安全高效的全面开放体系，发展更高层次开放型经济，推动开放朝着优化结构、拓展深度、提高效益方向转变。要建设充分发挥市场作用、更好发挥政府作用的经济体制，实现市场机制有效、微观主体有活力、宏观调控有度。

以上六个体系是统一整体，要一体建设、一体推进。

建设现代化经济体系对于推进我国现代化建设具有重大意义。它是党中央从党和国家事业全局出发，着眼于实现"两个一百年"奋斗目标、顺应中国特色社会主义新时代的新要求作出的重大决策部署，既是一个重大理论命题，又是一个重大实践课题。国家强，经济体系必须强。建设现代化经济体系是我国发展的战略目标，也是转变经济发展方式、优化经济结构、转换经济增长动力的迫切要求。只有形成现代化经济体系，才能更好顺应现代化发展潮流、赢得国际竞争主动，才能为其他领域现代化提供有力支撑。我们要按照建设社会主义现代化强国的要求，加快建设现代化经济体系，确保社会主义现代化强国目标如期实现。这是遵循经济发展规律、适应我国社会主要矛盾变化、保持经济持续健康发展的必然要求。

建设现代化经济体系，需要扎实管用的政策举措和行动。当前，我们应突出抓好以下几个方面工作：

第一，大力发展实体经济。实体经济是一国经济的立身之本，是财富创造的根本源泉，是国家强盛的重要支柱，是现代化经济体系的坚实基础。推动资源要素向实体经济集聚、政策措施向实体经济倾斜、工作力量向实体经济加强，营造脚踏实地、勤劳创业、实业致富的发展环境和社会氛围。必须不断推进工业现代化，强化实体经济吸引力和竞争力，加大重要领域改革力度，推动实现经济发展由数量和规模扩张向质量和效益提升转变。

第二，加快实施创新驱动发展战略。深入实施科教兴国战略、人才强国战略、创新驱动发展战略，努力实现到2035年跻身创新型国家前列的目标。加强国家创新体系建设，强化战略科技力量，推动科技创新和经济社会发展深度融合，塑造更多依靠创新驱动、更多发挥先发优势的引领型发展。强化基础研究、应用基础研究和战略科技力量，推动重大科技创新取得新进展。建立以企业为主体、市场为导向、产学研深度融合的技术创新体系，促进科技成果转化。倡导创新文化，强化知识产权保护，提升大众创业、万众创新水平。实行更加积极、更加开放、更加有效的人才政策，培养和造就一大批具有国际水平的人才和高水平创新团队。

第三，激发各类市场主体活力。要推动国有资本做强做优做大，完善国企国资改革方案，围绕管资本为主加快转变国有资产监管机构职能，改革国有资本授权经营体制。加强国有企业党的领导和党的建设，推动国有企业完善现代企业制度，健全公司法人治理结构。要支持民营企业发展，落实保护产权政策，依法甄别纠正社会反映强烈的产权纠纷案件。全面实施并不断完善市场准入负面清单制度，破除歧视性限制和各种隐性障碍，加快构建亲清新型政商关系。

第四，要积极推动城乡区域协调发展。优化现代化经济体系的空间布局，实施好区域协调发展战略，坚持协调发展理念，优化区域发展格局，实现基本公共服务均等化，人民生活水平大体相当。推动京津冀协同发展和长江经济带发展，同时协调推进粤港澳大湾区发展。推进西部大开发，加快东北等老工业基地振兴，推动中部地区崛起，支持东部地区率先推动高质量发展，推进长江经济带绿色发展，科学制定乡村振兴战略规划，建立健全城乡融合发展体制机制和政策体系，加快推进农业农村现代化，深化农业供给侧结构性改革。

第五，着力发展开放型经济。提高现代化经济体系的国际竞争力，更好利用全球资源和市场，继续积极推进"一带一路"框架下的国际交流合作。要在开放的范围和层次上进一步拓展，更要在开放的思想观念、结构布局、体制机制上进一步拓展。有序放宽市场准入，全面实行准入前国民待遇加负面清单管理模式，继续精简负面清单，抓紧完善外资相关法律，加强知识产权保护。促进贸易平衡，更加注重提升出口质量和附加值，积极扩大进口，下调部分产品进口关税。大力发展服务贸易。继续推进自由贸易试验区改革试点。有效引导支持对外投资。

第六，加快完善社会主义市场经济体制。深化经济体制改革，坚决破除各方面体制机制弊端，激发全社会创新创业活力。必须毫不动摇巩固和发展公有制经济，毫不动摇鼓励、支持、引导非公有制经济发展。构建市场经济有效、微观主体有活力、宏观调控有度的经济体制。要创新和完善宏观调控，实施好积极的财政政策和稳健的货币政策，健全经济政策协调机制，加快建立多主体供应、多渠道保障、租购并举的住房制度，推进基础性关键领域改革取得新的突破。

三、释疑解惑

※ 为什么要切实把新发展理念落到实处，不断取得高质量发展新成就？

发展理念是发展行动的先导，是发展思路、发展方向、发展着力点的集中体现。只有贯彻新发展理念、实现高质量发展，才能更好顺应现代化发展潮流和赢得国际竞争主动权，也才能为其他领域现代化提供有力支撑。党的十八大以来，党和国家的事业发生的历史性变革，很重要的一个方面是坚定不移贯彻新发展理念，使发展观念不正确、发展方式粗放的状况得到明显改善。我国经济已由高速增长阶段转向高质量发展阶段，正处在转变发展方式、优化经济结构、转化增长动力的攻关期，以习近平同志为核心的党中央提出的创新、协调、绿色、开放、共享的发展理念，是致力于破解发展难题、增强发展动力、厚植发展优势的治本之策，是满足人们日益增长的对美好生活需要的必由之路。

※ 推动经济高质量发展，为什么要把"看不见的手"和"看得见的手"都用好？

经济体制改革的核心问题是处理好政府和市场的关系。"看不见的手"和"看得见的手"是对市场和政府的形象说法。两只手都要用好是指使市场在资源配置中起决定性作用和更好发挥政府作用。市场决定资源配置是市场经济的一般规律，市场经济本质上就是市场决定资源配置的经济，市场配置资源是最有效率的形式，所以要使市场在资源配置中起决定性作用。强调市场不是不要政府，发展社会主义市场经济，既要发挥市场作用，也要发挥政府作用。政府的职责和作用主要是：保持宏观经济稳定；加强和优化公共服务；保障公平竞争、加强市场监管、维护市场秩序；推动可持续发展，促进共同富裕，弥补市场失灵。实施"证照分离"改革就是更好发挥政府作用的重要举措。总之，用好两只手，有利于进一步厘清政府与市场的关系，创新政府管理方式，营造稳定、公平、透明、可预期的市场准入环境，充分释放市场活力，从而推动经济高质量发展。

四、学习测试

(一) 单项选择题

1. 党的十八大将中国特色社会主义事业总体布局由"四位一体"拓展为"五位一体"。增加的是(　　)

    A. 文化建设　　　　B. 生态文明建设　C. 低碳经济建设　D. 社会建设

2. 抓住牵动经济社会发展全局的"牛鼻子"，就是要(　　)

    A. 坚持创新发展　B. 坚持协调发展　C. 坚持共享发展　D. 坚持绿色发展

3. 党的十八届五中全会坚持以人民为中心的发展思想，鲜明提出了创新、协调、绿色、开放和共享的发展理念。协调是(　　)

    A. 引领发展的第一动力　　　　B. 国家繁荣发展的必由之路

    C. 持续健康发展的内在要求　　D. 中国特色社会主义的本质要求

4. 筑牢现代化经济体系的坚实基础是(　　)

    A. 着力发展开放型经济　　　　B. 大力发展实体经济

    C. 积极推动城乡区域协调发展　D. 加快实施创新驱动发展战略

5. 摆在贯彻新发展理念、建设现代化经济体系这一重要部署第一位的是(　　)

    A. 加快建设创新型国家　　　　B. 实施乡村振兴战略

    C. 实施区域协调发展战略　　　D. 深化供给侧结构性改革

6. 中国特色社会主义进入新时代，我国经济发展也进入了新时代。当前和今后一个时期确定发展思路、制定经济政策、实施宏观调控的根本要求是(　　)

    A. 推动高速度发展   B. 推动高质量发展

    C. 大力发展实体经济   D. 激发各类市场主体活力

7. 我国经济已由高速增长阶段转向高质量发展阶段，正处在转变发展方式、优化经济结构、转换增长动力的攻关期，跨越关口的迫切要求和我国发展的战略目标是（　　）

    A. 建设现代化经济体系   B. 建设信息化经济体系

    C. 建设工业化经济体系   D. 建设城乡一体化经济体系

8. 作为现代化经济体系的战略支撑是（　　）

    A. 大力发展实体经济

    B. 加快实施创新驱动发展战略

    C. 实施乡村振兴战略和积极推动城乡区域协调发展战略

    D. 着力发展开放型经济

（二）多项选择题

1. 高质量发展是（　　）

    A. 保持经济持续健康发展的必然要求

    B. 贯彻全新发展理念的必然要求

    C. 适应我国社会主要矛盾发展的必然要求

    D. 遵循经济发展规律的必然要求

2. 现代化经济体系，是由社会经济活动各个环节、各个层面、各个领域的相互关系和内在联系构成的一个有机整体。其内容包括（　　）

    A. 统一开放、竞争有序的市场体系，体现效率、促进公平的收入分配体系

    B. 彰显优势、协调联动的城乡区域发展体系，资源节约、环境友好的绿色发展体系

    C. 彰显全民、城乡统筹、权责清晰、保障适度、可持续的多层次社会保障体系，扶贫同扶志、扶智相结合的脱贫体系

    D. 多元平衡、安全高效的全面开放体系，充分发挥市场作用、更好发挥政府作用的经济体制

◎ 参考答案

（一）单项选择题

1. B 2. A 3. C 4. B 5. D 6. B 7. A 8. B

（二）多项选择题

1. ABCD   2. ABD

第二节　发展社会主义民主政治

一、教学基本要求

本节主要介绍中国特色社会主义政治发展道路的内涵、我国人民当家作主的制度体系、巩固和发展爱国统一战线、坚持"一国两制"、推进祖国统一等。通过本节内容的学习，使同学们了解中国特色社会主义政治发展道路的内涵，掌握新时代健全人民当家作主制度体系的主要内容和基本要求。明确"一国两制"是解决历史遗留的香港、澳门问题的最佳方案，也是香港、澳门回归后保持长期繁荣稳定的最佳制度，解决台湾问题、实现祖国完全统一，是全体中华儿女共同愿望，是中华民族根本利益所在。知识点框架图如图10-2所示。

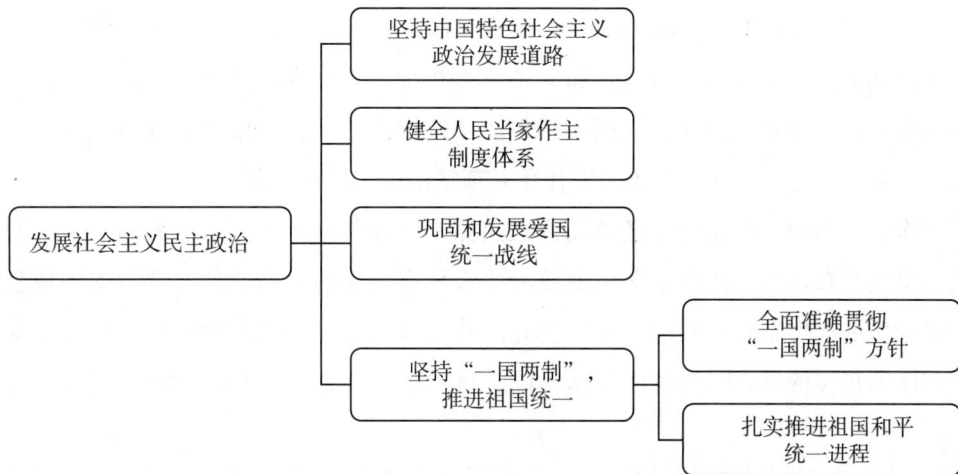

图 10-2　第十章第二节知识点框架图

二、重点讲解

(一)坚持中国特色社会主义政治发展道路

改革开放以来,党总结带领人民在发展社会主义民主政治方面的经验教训,成功开辟和坚持了中国特色社会主义政治发展道路,为实现最广泛的人民民主确立了正确方向。

首先,走中国特色社会主义政治发展道路,必须坚持党的领导、人民当家作主、依法治国的有机统一,以保证人民当家作主为根本,以增强党和国家的活力、调动人民积极性为目标,扩大社会主义民主,发展社会主义政治文明。那么,如何理解这三者的有机统一,它们又有什么内在联系呢?"党的领导是人民当家作主和依法治国的根本保证,人民当家作主是社会主义民主政治的本质特征,依法治国是党领导人民治理国家的基本方式,三者统一于我国社会主义民主政治伟大实践。"[1]党的领导地位是由它在人民革命事业中的历史作用决定的,是中国革命和建设发展的必然结果,是中国共产党工人阶级先锋队的性质决定的。中国共产党是中国最广大人民群众最根本利益的代表,肩负着带领全国各族人民建设社会主义民主政治的重任。社会主义民主政治的本质是人民当家作主,发扬人民民主,又是加强和改善党的领导的有效途径。党只有领导人民创造各种有效的当家作主的民主形式,坚持依法治国,才能充分实现人民当家作主的权利和巩固党的执政地位。依法治国与人民当家作主、党的领导是紧密联系、相辅相成、相互促进的。依法治国从制度上、法律上保证人民当家作主和党的执政地位。我国的宪法和法律是党的主张和人民意志相统一的体现。党领导人民通过国家权力机关制定宪法和各项法律,又在宪法和法律范围内活动,严格依法办事,保证法律的实施,从而使党的领导、人民当家作主和依法治国有机统一起来。

其次,走中国特色社会主义政治发展道路,必须坚持正确的政治方向。中国特色社会主义的总布局中,社会主义民主政治建设具有重要的战略地位。它为中国特色社会主义的发展提供正确的政治方向、良好的政治环境和可靠的制度保障。国情是确立政治制度的现实依据。因为各国国情不同,世界上不存在完全相同的政治制度,也不

---

① 习近平:《决胜全面建成小康社会 夺取新时代中国特色社会主义伟大胜利——在中国共产党第十九次全国代表大会上的报告》,人民出版社 2017 年版,第 36 页。

存在适用于一切国家的政治制度模式。鞋子合不合脚，自己穿了才知道。一个国家的发展道路合不合适，只有这个国家的人民才最有发言权。例如：英国从 1640 年资产阶级革命到 1688 年光荣革命，形成君主立宪制度；美国从 1775 年独立战争到 1865 年南北战争，总统制才大体稳定下来；法国从 1789 年资产阶级革命到 1870 年，期间经历过多次复辟和反复辟的较量，最终选择总统制。古今中外，由于政治发展道路选择错误导致社会动荡、国家分裂的例子比比皆是，教训深刻。国外政治文明中的有益成果我们可以借鉴，但一定要坚守中国政治制度的根本。在近代中国历史上，君主立宪制、议会制、多党制、总统制都尝试过，但无一不以失败告终，照搬苏联模式在中国也是行不通的。这说明走中国特色社会主义政治发展道路，必须坚持正确的政治方向。我们既要把握长期形成的历史传承，又要把握走过的发展道路、积累的政治经验，还要把握现实要求、着眼解决现实问题，不能割断历史，不能想象突然就搬来一座政治制度上的"飞来峰"。习近平指出："中国有 960 多万平方公里土地、56 个民族，我们能照谁的模式办？谁又能指手画脚告诉我们该怎么办？"①只有扎根本国土壤并汲取充沛养分的制度，才最可靠最管用。改革开放是有方向、有立场、有原则的。不断推进改革，不是因为中国特色社会主义制度不好，而是要通过革除体制机制弊端，完善和发展社会主义制度，推动党和人民的事业更好发展。

最后，走中国特色社会主义政治发展道路，必须深化机构和行政体制改革。党的十九届三中全会通过了《中共中央关于深化党和国家机构改革的决定》。机构改革是一场自我革命，是一场国家治理的深刻变革。深化党和国家机构改革，是新时代坚持和发展中国特色社会主义的必然要求；是加强党的长期执政能力建设的必然要求；是社会主义制度自我完善和发展的必然要求；是实现"两个一百年"奋斗目标、建设社会主义现代化国家、实现中华民族伟大复兴中国梦的必然要求。小智治事，大智治制。机构改革注重解决事关长远的体制机制问题，打基础、立支柱、定架构，通过不断构建系统完备、科学规范、运行高效的党和国家机构职能体系，为决胜全面建成小康社会、实现中国梦提供有力的制度保障。深化党和国家机构改革，必须坚持党的全面领导、以人民为中心、优化协同高效、全面依法治国的原则。

这四条原则在具体实施过程中，应该注意些什么呢？加强党的全面领导是核心问题，在改革各方面和全过程中贯穿党对一切工作的领导，提高党把方向、谋大局、定

① 习近平：《在庆祝全国人民代表大会成立六十周年大会上的讲话》，载《求是》2019 年第 18 期。

政策、促改革的能力和定力。把坚持以人民为中心确立为深化党和国家机构改革的基本原则，着眼于满足人民群众对高质量公共服务的新需要，完善公共服务体系。着眼于解决人民群众最盼最急最忧的突出问题，完善国家治理体系。着眼于更好保障人民当家作主，推进社会主义民主政治制度化、规范化、程序化。着眼于激发人民群众创新创造活力，调整优化政府机构职能。在新时代的赶考中，人民才是改革成败的阅卷人。改革范围的全面性是突出特点。这次机构改革是全面的改革，包括党、政府、人大、政协、司法、群团、社会组织、事业单位、跨军地，以及中央和地方各层级机构。除坚持完善党的全面领导的制度外，还包括优化政府机构设置和职能配置、统筹党政军群机构改革和合理设置地方机构。优化协同高效是深化党和国家机构改革的着力点，改革的目标是构建系统完备、科学规范、运行高效的党和国家机构职能体系。优化就是要科学合理、权责一致，协同就是要有统有分、有主有次，高效就是要履职到位、流程通畅。深化党和国家机构改革是一个系统工程，我们要使各项改革相互促进、相得益彰，形成总体效应。

中国特色社会主义进入新时代，我们要以更大的力度、更实的措施发展社会主义民主，确保人民享有更加广泛、更加充分、更加真实的民主权利，让社会主义民主的优越性更加充分地展示出来。

（二）健全人民当家作主的制度体系

我国是工人阶级领导的、以工农联盟为基础的人民民主专政的社会主义国家，国家一切权力属于人民。中国特色社会主义民主是人民民主专政的国体和中国特色社会主义基本政治制度的统一，"是维护人民根本利益的最广泛、最真实、最管用的民主。发展社会主义民主政治就是要体现人民意志、保障人民权益、激发人民创造活力"①，那么如何用制度体系来保证人民当家作主呢？

第一，人民代表大会制度是我国根本政治制度。60多年的实践充分证明，人民代表大会制度是符合中国国情和实际、体现社会主义国家性质、保证人民当家作主、保障实现中华民族伟大复兴的好制度，也是坚持党的领导、人民当家作主、依法治国有机统一的根本政治制度安排，必须长期坚持、不断完善。在中国实行人民代表大会制度，是中国人民在人类政治制度史上的伟大创造，是中国人民翻身作主、掌握自己命

① 习近平：《决胜全面建成小康社会 夺取新时代中国特色社会主义伟大胜利——在中国共产党第十九次全国代表大会上的报告》，人民出版社2017年版，第35~36页。

运的必然选择。在新的奋斗征程中，必须充分发挥人民代表大会制度的根本政治制度作用，要"支持和保证人民通过人民代表大会行使国家权力。发挥人大及其常委会在立法工作中的主导作用，健全人大组织制度和工作制度，支持和保证人大依法行使立法权、监督权、决定权、任免权，更好发挥人大代表作用"①，使各级人大及其常委会成为同人民群众保持密切联系的代表机关。有人形象地将人大代表的工作比喻成一个"聪"字。即人大代表要用心装着人民，用耳倾听民声，用眼观察民情，用口表达民意。人大及其常委会要发挥社会主义协商民主的重要作用。习近平强调："涉及人民群众利益的大量决策和工作，主要发生在基层。要按照协商于民、协商为民的要求，大力发展基层协商民主。"②古语云："众人拾柴火焰高。"党的十九大报告指出："有事好商量，众人的事情由众人商量，是人民民主的真谛。协商民主是实现党的领导的重要方式，是我国社会主义民主政治的特有形式和独特优势。要推动协商民主广泛、多层、制度化发展，统筹推进政党协商、人大协商、政府协商、政协协商、人民团体协商、基层协商以及社会组织协商。加强协商民主制度建设，形成完整的制度程序和参与实践，保证人民在日常政治生活中有广泛持续深入参与的权利。"③

第二，中国共产党领导的多党合作和政治协商制度是我国的一项基本政治制度，是马克思主义政党理论和统一战线学说与我国具体实际相结合的产物，是中国特色社会主义民主政治制度的重要组成部分。这一制度中，中国共产党的领导是首要前提和根本保证，多党合作是核心内容。"人民政协是具有中国特色的制度安排，是社会主义协商民主的重要渠道和专门协商机构。"④人民政协是国家治理体系的重要组成部分，是统一战线的组织，是多党合作和政治协商的机构，是人民民主的重要实现形式，体现了中国特色社会主义制度的鲜明特点。"人民政协工作要聚焦党和国家中心任务，围绕团结和民主两大主题，把协商民主贯穿政治协商、民主监督、参政议政全过程。"⑤加强人民政协民主监督，重点监督党和国家重大方针政策和重要决策部署的贯彻落实。有

① 习近平：《决胜全面建成小康社会　夺取新时代中国特色社会主义伟大胜利——在中国共产党第十九次全国代表大会上的报告》，人民出版社 2017 年版，第 37 页。
② 《习近平谈治国理政》第 2 卷，外文出版社 2017 年版，第 297 页。
③ 习近平：《决胜全面建成小康社会　夺取新时代中国特色社会主义伟大胜利——在中国共产党第十九次全国代表大会上的报告》，人民出版社 2017 年版，第 37~38 页。
④ 习近平：《决胜全面建成小康社会　夺取新时代中国特色社会主义伟大胜利——在中国共产党第十九次全国代表大会上的报告》，人民出版社 2017 年版，第 38 页。
⑤ 习近平：《决胜全面建成小康社会　夺取新时代中国特色社会主义伟大胜利——在中国共产党第十九次全国代表大会上的报告》，人民出版社 2017 年版，第 38 页。

位全国政协委员说过，"不做喜鹊，不做乌鸦，只做啄木鸟"。啄木鸟以治病救树为己任，委员们肩负民主监督、参政议政的职责，确实不应当像"喜鹊"那样报喜不报忧，也不应当像"乌鸦"那样一味抹黑，而应当像啄木鸟那样，啄去害虫，保护树木更好的生长。这里的"啄"，不只是要指出问题的所在，而且要提出可行性建议。

第三，民族区域自治制度是我国的一项基本政治制度。民族区域自治制度是党解决民族问题的基本政策，是适合国情的正确选择，经过 60 多年的实践，民族区域自治制度经受了实践的检验，取得了巨大的成就，被证明是符合国情民情的好制度，显示出旺盛的生命力。如，广西壮族自治区每年的农历三月初三不仅是壮族人民的重要节日，也是广西汉、瑶、苗、侗、仫佬、毛南等世居民族的重要节日。在"三月三"期间，区内全体公民放假两天，欢度节日。"三月三"开创了广西壮族自治区地方政府确定自己的法定民族传统节日的先河，将有力地促进广西民族团结局面的巩固和发展。进一步完善民族区域自治制度，需要在新的历史条件下发挥其维护祖国统一、加强民族平等团结、促进民族地区发展、增强中华民族凝聚力等方面的重要作用。党的十九大报告明确提出，要铸牢中华民族共同体意识，促进各民族像石榴籽一样紧紧抱在一起。

第四，基层群众自治制度是我国的一项基本政治制度。完善基层群众自治制度，发展基层民主，是社会主义民主政治建设的基础，是实现人民当家作主的重要途径。在我国城乡基层实行群众自治，完善基层民主制度，畅通民主渠道，健全基层选举、议事、公开、述职、问责等机制，促进群众在城乡社区治理、基层公共事务和公益事业中依法自我管理、自我服务、自我教育、自我监督，是亿万城乡人民群众参与社会主义民主政治建设的重要内容。如：有的社区建立了居民代表大会和协商议事委员会，每年召开一次以上代表会议，"有事要商量、有事好商量"已经在城乡社区蔚然成风。还有业主协商、居民决策听证等协商形式，群众有序参与的形式很丰富。人民民主是社会主义的生命。社会主义民主政治的本质是人民当家作主，没有民主就没有社会主义，就没有社会主义的现代化，就没有中华民族的伟大复兴。在新征程上，要坚定不移走中国特色社会主义政治发展道路，健全人民当家作主制度体系，继续推进社会主义民主政治建设、发展社会主义政治文明。

(三)巩固和发展爱国统一战线

社会主义的建设事业必须依靠工人、农民和知识分子，团结一切可以团结的力量，巩固和发展由中国共产党领导的，有各民主党派和各人民团体参加的，包括全体社会主义劳动者、社会主义事业的建设者、拥护社会主义的爱国者、拥护祖国统一和致力于中华民族伟大复兴的爱国者的广泛的联盟。在新的历史时期，党的领导问题是统一战线中的核心问题，中国共产党对统一战线的领导绝不能动摇。统一战线作为党的一个重要法宝，绝不能丢掉；作为党的一个政治优势，绝不能削弱；作为党的一项长期方针，绝不能动摇。巩固和发展爱国统一战线需要注意以下四点：

首先，坚持长期共存、互相监督、肝胆相照、荣辱与共，支持民主党派按照中国特色社会主义参政党要求更好履行职能。面对新目标新征程，中国共产党和各民主党派要加强合作共事，支持民主党派更好履行参政议政、民主监督、参加中国共产党领导的政治协商职能。最大限度地把各阶层各方面的智慧和力量凝聚起来，最大限度地把全社会全民族的积极性、主动性、创造性发挥出来，共同为实现中华民族伟大复兴的中国梦而奋斗。在谈到民主党派与中国共产党的关系时，著名的经济学家、曾任中国民主建国会中央主席的成思危用了一个很特别的比喻。他说，西方的政党制度是"打橄榄球"，一定要把对方压倒。我们的政党制度是"唱大合唱"，民主党派和中国共产党的合作共事是为了一个共同的目标，为了保持社会的和谐。要大合唱，就要有指挥，这个指挥无论从历史还是现实来看，都只有中国共产党才能胜任。唱大合唱，要有主旋律，这个主旋律就是建设中国特色社会主义。

其次，还要深化民族团结进步教育，铸牢中华民族共同体意识。习近平指出，"实现中国梦必须凝聚中国力量。这就是中国各族人民大团结的力量"[1]。"加强各民族交往交流交融，促进各民族像石榴籽一样紧紧抱在一起，共同团结奋斗、共同繁荣发展。"[2]中华民族是一个命运共同体，一荣俱荣、一损俱损。各民族只有把自己的命运同中华民族的命运紧紧连接在一起，才有前途和希望。所以，我们要处理好民族问题、做好民族工作。在政治方向上，坚持在中国共产党领导下，走中国特色社会主义道路；在制度设计上，坚持和完善民族区域自治制度；在工作主题上，坚持各民族共同团结奋斗、共同繁荣发展；在精神纽带上，坚持打牢中华民族共同体的思想基础，要增强各族干部群众识别大是大非、抵御国内外敌对势力思想渗透的能力；在民族关系上，坚持各民族一律平等，巩固和发展平等团结互助和谐的社会主义民族关系。这是做好民族工作必须遵循的基本原则。

---

[1] 《习近平谈治国理政》第1卷，外文出版社2018年版，第40页。

[2] 习近平：《决胜全面建成小康社会 夺取新时代中国特色社会主义伟大胜利——在中国共产党第十九次全国代表大会上的报告》，人民出版社2017年版，第40页。

再次，要全面贯彻党的宗教工作基本方针，坚持我国宗教的中国化方向，积极引导宗教与社会主义社会相适应。习近平总书记强调："做好宗教工作，必须坚持党的宗教工作基本方针，要全面贯彻党的宗教信仰自由政策，依法管理宗教事务，坚持独立自主自办原则，积极引导宗教与社会主义社会相适应。"①宗教工作本质上是群众工作，必须坚持中国化方向，必须提高宗教工作法治化水平，必须辩证看待宗教的社会作用，引导宗教人士诚实劳动，勤劳致富，通过在本职岗位上干出优异业绩来践行信仰，支持国家经济建设。

"各级人民代表大会、政治协商会议中约有 2 万名宗教界人士担任了各级人民代表大会和政治协商会议的代表、委员"②，他们积极参政议政、建言献策，为推进社会主义协商民主发挥了积极作用。近年来，宗教界、学术界积极开展宗教文化研究，整理出版了《中华大藏经》《中华道藏》《老子集成》等大型宗教古籍文献，在弘扬中华优秀传统文化、助力国家文化软实力建设等方面贡献了积极力量。宗教界发挥自身优势，组织佛指、佛牙、佛顶骨舍利赴港澳台供奉，增强了港澳台同胞对祖国的民族和文化认同；组织佛牙、佛指舍利应邀赴缅甸、泰国、韩国等国家供奉，进一步巩固了我国与周边国家人民之间的友好关系。这些也是宗教与社会主义社会相适应的具体体现。

最后，还要牢牢把握大团结大联合的主题，做好统战工作。随着经济社会结构深刻变动，越来越多的人从"单位人"转变为"社会人"，新的社会阶层人士不断涌现，影响不断扩大。加强党外知识分子工作，做好新的社会阶层人士工作，发挥他们在中国特色社会主义事业中的重要作用。构建亲清新型政商关系，团结各方面力量、扩大党的群众基础，促进非公有制经济健康发展和非公有制经济人士健康成长。新的社会阶层人士包括：私营企业和外资企业的管理技术人员、中介组织和社会组织从业人员、自由职业人员和新媒体从业人员四大类。21 世纪初新的社会阶层大约使用全国半数以上的技术专利，直接间接地贡献了全国 1/3 的税收，新的社会阶层人士在中国特色社会主义事业中发挥着很重要的作用。

我们还要广泛团结联系海外侨胞和归侨侨眷，共同致力于中华民族伟大复兴。习近平谈统战工作本质要求是大团结大联合。一个篱笆三个桩，一个好汉三个帮。"统一战线是一致性和多样性的统一体，只有一致性、没有多样性，或者只有多样性、没有

---

① 《习近平谈治国理政》第 2 卷，外文出版社 2017 年版，第 301 页。
② 中华人民共和国国务院新闻办公室：《中国保障宗教信仰自由的政策和实践》，《人民日报·海外版》2018 年 4 月 4 日。

一致性，都不能建立和发展统一战线。"①正所谓非一则不能成两，非两则不能致一。只要把政治底线这个圆心固守住，包容的多样性半径就越长，画出的同心圆就越大。要加强各党派、各团体、各民族、各阶层的团结。努力把统一战线建设成为坚持以人为本、具有强大凝聚力，具有空前广泛性和巨大包容性的统一战线，共创我们的幸福生活和美好未来。

（四）全面准确贯彻"一国两制"方针

"一国两制"是我国的一项基本国策。"一国两制"指的是以"一个中国"为原则，强调中华人民共和国是代表中国的唯一合法政府。在中华人民共和国境内，国家的主体实行社会主义制度，香港、澳门和台湾实行资本主义制度。特别行政区可以享有除国防和外交以外其他事务高度自治的权利。要全面准确贯彻"一国两制"方针，需要注意以下四点：

第一，必须始终准确把握"一国"和"两制"的关系。"一国两制"是一个完整的概念。"一国"是实行"两制"的前提和基础，"两制"从属和派生于"一国"，并统一于"一国"之内。"一国两制"包含了中华文化中"和"的理念，体现出一种重要精神就是求大同、存小异。"一国"与"两制"是本与末、源与流的辩证关系，没有"一国"就没有"两制"，"一国"是根，根深才能叶茂；"一国"是本，本固才能枝荣。因此，必须把坚持'一国'原则和尊重"两制"差异、维护中央权力和保障特别行政区高度自治权有机结合起来，把依靠祖国坚强后盾与提高香港、澳门和台湾的自身竞争力有机结合起来，这是"一国两制"的根本。从理论上讲，"一国两制"整合了"一国"之本与"两制"之便，反映了理论上的包容性，符合国家和民族的根本利益、整体利益，也符合香港、澳门、台湾的当前利益、长远利益。"事实证明，'一国两制'是解决历史遗留的香港、澳门问题的最佳方案，也是香港和澳门回归后保持长期繁荣稳定的最佳制度。"②

第二，必须始终依照宪法和基本法办事。香港、澳门回归后，宪法和特别行政区基本法共同构成特别行政区的宪制基础。在庆祝香港回归祖国20周年大会上，习近平

---

① 《正确处理一致性和多样性的关系——二论学习贯彻习近平中央统战工作会议重要讲话精神》，《人民日报》2015年5月22日。
② 习近平：《决胜全面建成小康社会 夺取新时代中国特色社会主义伟大胜利——在中国共产党第十九次全国代表大会上的报告》，人民出版社2017年版，第55页。

指出："要加强香港社会特别是公职人员和青少年的宪法和基本法宣传教育。"①维护香港、澳门的法治，不仅仅要坚决依靠香港、澳门本地的法律，还要严格依照宪法、基本法办事。宪法作为中国的根本法，适用范围包括港澳，作为港澳宪制性法律的基本法也是依照宪法制定的。宪法和基本法构成了香港、澳门法律的一部分，且处于整个法律体系的最上端。依法治港、治澳，首先要依照宪法和基本法治理，只有这样才能保证全面准确地实施"一国两制"，提升人们对于法治的信心。

第三，必须始终聚焦发展这个第一要务。发展是香港和澳门的立身之本，也是解决目前各种问题的关键点。香港、澳门背靠祖国，面向世界，有着许多有利的发展条件和独特的竞争优势，特别是这些年我国持续、快速的发展为香港、澳门提供了难得的机遇和不竭的动力。香港特别行政区首任行政长官董建华指出：香港好，国家好；国家好，香港更好。香港回归20多年来，经历1998年亚洲金融危机、世纪之交互联网泡沫破灭、2003年非典疫情爆发、2008年全球金融危机等风雨洗礼，香港经济在振荡中显示出特有的韧性。2017年7月1日，粤、港、澳三地政府共同签署协议，迈开了打造国际一流湾区的步伐，全面推进了内地同香港、澳门的互利合作，拓宽了港澳发展的路径和渠道。

第四，我们还必须始终维护和谐稳定的社会环境。"保持香港、澳门长期繁荣稳定，实现祖国完全统一，是实现中华民族伟大复兴的必然要求。"②我们坚持爱国者为主体的"港人治港""澳人治澳"，发展壮大爱国爱港爱澳力量，增强香港、澳门同胞的国家意识和爱国精神。始终维护和谐稳定的社会环境，让香港、澳门同胞同祖国人民共担民族复兴的历史责任、共享祖国繁荣富强的伟大荣光。反之，社会动乱则会付出沉重代价。

作为"一国两制"的先行实践者，港澳地区发展良好与否，不仅表明"一国两制"伟大构想的现实可行性，还向台湾人民展示了这个构想的活力与生命力。新世纪台海局势风云变幻。"解决台湾问题、实现祖国完全统一，是全体中华儿女共同愿望，是中华民族根本利益所在"③，是新时代中国共产党、中国政府的三大历史任务之一。首先，我们要坚持"和平统一、一国两制"，这是解决台湾问题的基本方针，也是实现国家统

---

① 《习近平谈治国理政》第2卷，外文出版社2017年版，第436页。
② 习近平：《决胜全面建成小康社会　夺取新时代中国特色社会主义伟大胜利——在中国共产党第十九次全国代表大会上的报告》，人民出版社2017年版，第25页。
③ 习近平：《决胜全面建成小康社会　夺取新时代中国特色社会主义伟大胜利——在中国共产党第十九次全国代表大会上的报告》，人民出版社2017年版，第56页。

一的最佳方式。其次，要推动两岸关系和平发展。我们将以最大的诚意、尽最大的努力争取和平统一的前景。温家宝在谈到两岸关系时，引用鲁迅的诗句"度尽劫波兄弟在，相逢一笑泯恩仇"。两岸关系和平发展是一条维护两岸和平、促进共同发展、造福两岸同胞的正确道路，也是通向和平统一的光明大道。实现"两个一百年"奋斗目标和中华民族伟大复兴中国梦，需要有利的台海环境，要求我们推动两岸关系和平发展。再次，要维护和平发展，就要坚持一个中国原则和"九二共识"。"一个中国原则是两岸关系的政治基础，体现一个中国原则的'九二共识'，明确界定了两岸关系的根本性质，是确保两岸关系和平发展的关键。"①确保国家主权和领土完整是国家核心利益，是一条不可逾越的红线，所以中央对台大政方针不会因台湾政局变化而改变，坚决遏制任何形式的"台独"分裂行径。大陆和台湾同属一个中国，是确保两岸关系和平发展的关键。在这个大是大非问题上，我们的立场不可能有丝毫模糊和松动。"九二共识"这个政治基础是两岸关系之锚，锚定了，才能任凭风浪起，稳坐钓鱼台。坚持"一个中国"，这是我们的基本共识与基本原则。最后，我们坚决反对和遏制任何形式的"台独"。习近平谈"台独"，连续用了六个"任何"。他说："我们坚决维护国家主权和领土完整，绝不容忍国家分裂的历史悲剧重演。一切分裂祖国的活动都必将遭到全体中国人坚决反对。我们有坚定的意志、充分的信心、足够的能力挫败任何形式的'台独'分裂图谋。我们绝不允许任何人、任何组织、任何政党、在任何时候、以任何形式、把任何一块中国领土从中国分裂出去！"②在反"台独"这个问题上，中共中央立场坚定，这也是当前最紧迫、最重要的任务。

诚然，国家统一是实现中华民族伟大复兴的必然要求，这不仅是形式上的统一，更重要的是两岸同胞的心灵契合。所以我们秉持和践行"两岸一家亲"的理念。加强中国历史和现实国情的宣介，加深对中华民族命运共同体的认知，两岸同胞"同根同源、同文同宗，心之相系、情之相融"，是血脉相连的一家人，这是推动我们相互理解、携手同心、一起前进的重要力量。正如习近平所说："民族强盛，是同胞共同之福；民族弱乱，是同胞共同之祸。"③习近平曾引用古语"兄弟同心，其利断金"勉励海峡两岸同胞，在民族复兴的进程中，真正从两岸同胞和中华民族的现实与未来发展考虑，不分

① 习近平：《决胜全面建成小康社会 夺取新时代中国特色社会主义伟大胜利——在中国共产党第十九次全国代表大会上的报告》，人民出版社 2017 年版，第 56 页。
② 习近平：《决胜全面建成小康社会 夺取新时代中国特色社会主义伟大胜利——在中国共产党第十九次全国代表大会上的报告》，人民出版社 2017 年版，第 57 页。
③ 习近平：《在庆祝中国共产党成立 95 周年大会上的讲话》，人民出版社 2016 年版，第 26 页。

党派阶层宗教地域，相互扶持，携手同心共圆民族复兴中国梦。

三、释疑解惑

※ 如何从"打橄榄球"和"唱大合唱"的形象比较中，说明我国政党制度的特点和优点？

中国共产党领导的多党合作和政治协商制度，是适合中国国情的社会主义政党制度，与多党竞争、轮流执政的"打橄榄球"式的西方政党制度有着本质区别。"唱大合唱"形象地反映了我国政党制度的鲜明特色：即共产党领导，多党派合作；共产党执政，多党派参政；中国共产党和各民主党派有着共同的根本利益和共同的目标。这充分体现了中国共产党和各民主党派团结一致、合作共事的优点和特点。

※ 我国各民主党派在社会主义建设中如何发挥参政议政的作用？

各民主党派参加国家政权、参与国家事务管理、参与国家大政方针和国家领导人选的协商，参与国家方针、政策、法律、法规的制定执行。民主党派成员通过多渠道、多形式广泛开展重大问题的调查研究，对执政党的工作实行民主监督，积极参与改革开放和现代化建设事业，为推动祖国统一大业和社会全面进步不断建言献策。

四、学习测试

(一)单项选择题

1. 社会主义民主政治的本质和核心要求是(   )

    A. 依法治国   B. 人民当家作主

    C. 民主集中制   D. 中国共产党的领导

2. 民族区域自治制度是中国共产党解决民族问题的基本政策，是国家的一项基本政治制度。其核心是(   )

    A. 保障少数民族独自立法的权力

    B. 保障少数民族享有使用和发展本民族文化，按照本民族风俗习惯生活的权力

    C. 保障少数民族享有宗教信仰自由的权力

    D. 保障少数民族当家作主，管理本民族、本地方事务的权力

3. 既是我国社会主义民主政治的特有形式和独特优势，也是实现党的领导的重要民主形式是(　　)

A. 人民当家作主　B. 协商民主　　　C. 多党合作制　　D. 基层民主

4. 发展社会主义民主政治，建设社会主义政治文明，是社会主义现代化建设的重要目标。中国特色社会主义政治文明最为重要的制度载体是(　　)

A. 民主集中制

B. 基层群众自治制度

C. 人民代表大会制度

D. 中国共产党领导的多党合作和政治协商制度

5. 解决台湾问题、实现祖国完全统一，是全体中华儿女的共同愿望，是中华民族根本利益所在。两岸关系和平发展的政治基础是(　　)

A. 秉持两岸一家亲理念　　　　　B. 坚持"九二共识"，反对"台独"

C. 携手同心共圆复兴中国梦　　　D. 互相尊重，求同存异

6. 发展社会主义民主政治的首要战略任务是(　　)

A. 坚持党的领导、人民当家作主、依法治国有机统一

B. 必须深化机构和行政体制改革

C. 坚持依法治国与以德治国相统一

D. 坚持正确政治方向

7. 解决我国民族问题的基本原则是(　　)

A. 坚持民族平等、民族团结和各民族共同繁荣

B. 反对民族压迫，消除各民族之间的不平等

C. 反对大汉族主义和地方民族主义

D. 大力发展民族地区特色优势产业

8. 中国共产党领导的多党合作和政治协商制度是一种社会主义的新型政党制度。这一制度的首要提前和根本保证是(　　)

A. 多党合作　　　　　　　　　　B. 中国共产党领导

C. 长期共存　　　　　　　　　　D. 互相监督

(二) 多项选择题

1. 中国特色社会主义政治发展道路(　　)

A. 是近代以来中国人民长期奋斗历史逻辑、理论逻辑、实践逻辑的必然结果

B. 是中国共产党和中国人民的伟大创造

C. 不能生搬硬套外国政治制度模式

D. 是坚持党的本质属性、践行党的根本宗旨的必然要求

2. "和平统一、一国两制"的构想是充分尊重历史和现实、照顾各方利益、维护民族团结、实现祖国完全统一的科学构想。其具体含义是( )

A. 以祖国统一为前提

B. 国家的主体坚持社会主义制度

C. "九二共识"是台海两岸的选项之一

D. 香港、澳门、台湾保持原有的资本主义制度长期不变

◎ 参考答案

(一)单项选择题

1. B 2. D 3. B 4. C 5. B 6. A 7. A 8. B

(二)多项选择题

1. ABCD 2. ABD

第三节 推动社会主义文化繁荣兴盛

一、教学基本要求

本节主要讲授新时代加强社会主义文化建设的关键点和主要任务，即牢牢掌握意识形态工作领导权，培育和践行社会主义核心价值观，坚定文化自信，建设社会主义文化强国。通过本节内容的学习，使同学们了解建设中国特色社会主义文化，必须建设具有强大凝聚力、引领力的社会主义意识形态，掌握当前建设社会主义文化强国的方法与路径。知识点框架图如图 10-3 所示。

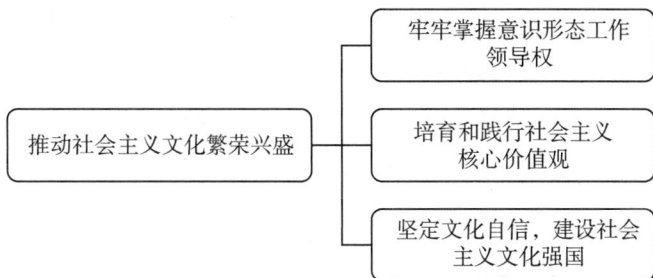

图 10-3　第十章第三节知识点框架图

二、重点讲解

(一)牢牢掌握意识形态工作领导权

意识形态是指反映社会的经济关系、阶级关系的社会意识,主要包括政治法律思想、道德、艺术、宗教、哲学,等等,它们往往具有社会经济形态和政治制度的性质,反映特定社会集团的利益和要求,服务于特定经济政治制度和特定阶级。比如,资本主义意识形态是在资本主义国家中占统治地位、反映了作为统治阶级的资产阶级利益和要求的各种思想理论和观念的总和。其中一以贯之的核心思想,主要是私有制神圣不可侵犯观念和个人主义价值观,以及与之相适应的自由、民主、平等、人权等观念。而中国作为以公有制为经济基础、人民民主专政的社会主义国家,则坚持不同于资本主义意识形态的社会主义意识形态。

意识形态关乎旗帜、关乎道路、关乎国家政治安全,决定文化前进方向和发展道路。习近平指出,"意识形态工作是党的一项极端重要的工作","能否做好意识形态工作,事关党的前途命运,事关国家长治久安,事关民族凝聚力和向心力"。我们建设中国特色社会主义文化,必须建设具有强大凝聚力、引领力的社会主义意识形态,使全体人民在理想信念、价值理念、道德观念上紧紧团结在一起,巩固马克思主义在意识形态领域的指导地位,牢牢掌握意识形态工作领导权。

当前意识形态领域斗争依然复杂,面临的风险挑战依然严峻。一是社会思想意识复杂多样、相互交织,引领社会思潮、凝聚思想共识的任务艰巨繁重;二是社会主流价值遭遇市场逐利性的挑战,拜金主义、享乐主义、极端个人主义等对弘扬社会主流思想道德和价值观念产生消极影响;三是媒体格局和舆论生态发生深刻变化,主流媒体主导作用受到巨大冲击,网络往往成为负面舆情发酵、错误思想传播的策源地和放大器，大大增加了舆论引导和内容管理的难度；四是各种敌对势力加紧对我国渗透遏制，维护我国意识形态安全和政治安全任务十分繁重。面对意识形态领域错综复杂的形势，需要我们在"乱花渐欲迷人眼"的干扰面前，保持"乱云飞渡仍从容"的政治定力，牢牢掌握住意识形态工作领导权。

牢牢掌握意识形态工作领导权，需要从五个方面具体发力。

其一，旗帜鲜明坚持马克思主义指导地位。牢牢掌握意识形态工作领导权，要不断巩固马克思主义在意识形态领域的指导地位，巩固全党全国各族人民团结奋斗的共同思想基础。要深刻认识马克思主义是我们立党立国的根本指导思想，是中国共产党人的"真经"，在这一根本问题上，必须坚定不移，不能有丝毫动摇，切不可马克思主义的"真经"没念好，总想着"西天取经"。要推进马克思主义中国化时代化大众化，用习近平新时代中国特色社会主义思想这一马克思主义中国化最新成果武装头脑，让党的创新理论"飞入寻常百姓家"，切不可脱离当代中国实际，抽象空洞地谈论马克思主义。

其二，加快构建中国特色哲学社会科学。坚持以马克思主义为指导，是当代中国哲学社会科学区别于其他哲学社会科学的根本标志。要深化马克思主义理论研究和建设，确保我国哲学社会科学不失去灵魂、不迷失方向。要按照立足中国、借鉴国外，挖掘历史、把握当代，关怀人类、面向未来的思路，着力构建中国特色哲学社会科学，在指导思想、学科体系、学术体系、话语体系等方面充分体现中国特色、中国风格、中国气派，体现继承性、民族性、原创性、时代性、系统性、专业性。要加强中国特色新型智库建设，重点围绕国家重大战略需求开展前瞻性、针对性、储备性政策研究，充分发挥哲学社会科学在治国理政中的重要作用。

其三，坚持正确的舆论导向。习近平强调，党的新闻舆论工作是党的一项重要工作。做好党的新闻舆论工作，营造良好舆论环境，是治国理政、定国安邦的大事。好的舆论可以成为发展的"推进器"、民意的"晴雨表"、社会的"黏合剂"、道德的"风向标"，不好的舆论可以成为民众的"迷魂汤"、社会的"分离器"、杀人的"软刀子"、动乱的"催化剂"。要坚持正确舆论导向，以正确舆论引导人，切实提高党的新闻舆论传播力、引导力、影响力、公信力，唱响主旋律，传播正能量。

其四，建设好网络空间。截至 2018 年 6 月 30 日，我国网民规模达 8.02 亿，互联网普及率达 57.7%。网络空间是亿万民众共同的精神家园，也是意识形态工作的主战场、最前沿。意识形态领域许多新情况新问题往往因网而生、因网而增，许多错误思潮也都以网络为温床生成发酵。在这个舆论斗争的主战场上，能否顶得住、打得赢，直接关系我国意识形态安全和政权安全。习近平总书记强调，我们必须科学认识网络传播规律，提高用网治网水平，使互联网这个最大变量变成事业发展的最大增量。做好意识形态工作，必须坚持正能量是总要求、管得住是硬道理，加强互联网内容建设，建立网络综合治理体系，营造清朗的网络空间。

其五，落实好意识形态工作责任制。要压紧压实做好意识形态工作的政治责任、领导责任，全面落实意识形态工作责任制。要加强阵地建设和管理，认真贯彻主管主办和属地管理原则，切实做到守土有责、守土负责、守土尽责，绝不给错误思想观点提供传播渠道。要发扬斗争精神，始终站在意识形态斗争第一线，敢抓敢管、敢于亮剑，与错误言行作不懈斗争。要注意区分政治原则问题、思想认识问题、学术观点问题，旗帜鲜明地反对和抵制各种错误观点。

总之，旗帜鲜明地坚持马克思主义指导地位、加快构建中国特色哲学社会科学、坚持正确的舆论导向、建设好网络空间、落实好意识形态工作责任制，这些就是我们打好意识形态领域斗争主动仗、掌握意识形态工作领导权的制胜法宝。

（二）培育和践行社会主义核心价值观

我们对"核心价值观"这个名词并不陌生。每个人的思想行动都遵循着个人的核心价值观，比如有些人崇尚自由，有些人注重孝道，还有些人以诚信为立身之本，等等；"90后""00后"等不同的代际群体有其共有的核心价值观，比如中国青少年研究中心发布的《中国少年儿童发展状况研究报告》显示，"00后"群体最崇高和认同的价值观是善良、诚实、谦虚、勇敢、守信；一些世界级企业也都有核心价值观作为组织的信条、准则或主张，比如沃尔玛的核心价值观是"服务顾客、尊重个人、追求卓越、诚信行事"，华为的核心价值观是"以客户为中心，以奋斗者为本"。而我们所要阐述的核心价值观不仅仅是个人的，也不仅仅是某个群体或企业的，而是一个民族赖以维系的精神纽带，是一个国家共同的思想道德基础。习近平强调："我国是一个有着13亿多人口、56个民族的大国，确立反映全国各族人民共同认同的价值观'最大公约数'，使全体人民同心同德、团结奋进，关乎国家前途命运，关乎人民幸福安康。"[1]"如果没有共同的核心价值观，一个民族、一个国家就会魂无定所、行无依归。"[2]

一个民族、一个国家的核心价值观必须同自身的历史文化相契合，同自身正在进

---

[1] 《习近平谈治国理政》第1卷，外文出版社2018年版，第168页。

[2] 《十八大以来重要文献选编》中，中央文献出版社2016年版，第133页。

行的奋斗实践相结合，同自身需要解决的时代问题相适应。党的十八大明确回答了在当代中国，我们的民族、我们的国家应该坚守的核心价值观，提出"倡导富强、民主、文明、和谐，倡导自由、平等、公正、法治，倡导爱国、敬业、诚信、友善，积极培育社会主义核心价值观"。这三个倡导、十二个词把涉及国家、社会、公民三个层面的价值要求融为一体，深入回答了我们要建设什么样的国家、建设什么样的社会、培育什么样的公民的重大问题。党的十九大指出："社会主义核心价值观是当代中国精神的集中体现，凝结着全体人民共同的价值追求。"

"社会主义核心价值体系"是同"社会主义核心价值观"名称相近的一个概念。党的十六届六中全会明确指出："马克思主义指导思想，中国特色社会主义共同理想，以爱国主义为核心的民族精神和以改革创新为核心的时代精神，社会主义荣辱观，构成社会主义核心价值体系的基本内容。"社会主义核心价值观正是在社会主义核心价值体系基础上提出来的，是社会主义核心价值体系的内核凝练和集中表达，体现着社会主义核心价值体系的根本性质和基本特征，反映着社会主义核心价值体系的丰富内涵和实践要求。二者之间既有内在一致性又各有侧重。一方面，二者方向一致，都体现了社会主义意识形态的本质要求，体现了社会主义制度在思想和精神层面的质的规定性，凝结着社会主义先进文化的精髓，是中国特色社会主义道路、理论、制度和文化的价值表达，是实现中华民族伟大复兴的中国梦的价值引领。另一方面，二者各有侧重，相比于社会主义核心价值体系，社会主义核心价值观更加突出核心要素、更加注重凝练表达、更加强化实践导向。

明确社会主义核心价值观的基本内容和重要意义还远远不够，还要通过培育和践行社会主义核心价值观，让它真正内化于心、外化于行。

一要把社会主义核心价值观融入社会生活各个方面，让思想教育与社会孕育相互促进，内化与外化相辅相成。把社会主义核心价值观更好地贯穿国民教育之中，融入教育教学、校风学风，引领师德建设。把培育和践行社会主义核心价值观作为精神文明创建的根本任务，体现到文明城市、文明村镇、文明单位、文明家庭、文明校园创建活动各个方面。把社会主义核心价值观渗透到精神文化产品创作生产传播各环节，潜移默化地增进人们对它的认同和践行。充分发挥法律和政策的保障作用，坚持依法治国和以德治国相结合，把社会主义核心价值观融入法治国家、法治政府、法治社会建设全过程，贯穿立法、执法、司法、守法各方面。总之，就是要利用各种时机和场合，形成有利于培育和践行社会主义核心价值观的生活情景和社会氛围。

二要使社会主义核心价值观的影响像空气一样无所不在、无时不有。这就要把大家都动员起来，坚持全民行动、干部带头，从家庭做起、从娃娃抓起。人民有信仰，国家有力量，民族有希望。培育和践行社会主义核心价值观，要在落细、落小、落实上下功夫，动员全社会共同参与、共同行动，使之与人们的日常生产生活深度融合，成为全体人民日用而不觉的行为准则。党员干部要发挥示范带动作用，用自己的模范行为和高尚人格感召群众、带动群众。把家风建设作为重要抓手，运用生活化的场景、日常化的活动、具体化的载体，推动社会主义核心价值观在家庭中生根。"少成若天性，习惯之为常。"习近平常常教导青少年要"扣好人生第一粒扣子"，勤学、修德、明辨、笃实，身体力行社会主义核心价值观。这就要深化青少年思想道德建设，努力让社会主义核心价值观在青少年心田中生根发芽。

三要立足中华优秀传统文化和革命文化。社会主义核心价值观不是无源之水、无本之木，而是深深根植于中华优秀传统文化和革命文化之中的。习近平强调："要认真汲取中华优秀传统文化的思想精华和道德精髓，大力弘扬以爱国主义为核心的民族精神和以改革创新为核心的时代精神，深入挖掘和阐发中华优秀传统文化讲仁爱、重民本、守诚信、崇正义、尚和合、求大同的时代价值，使中华优秀传统文化成为涵养社会主义核心价值观的重要源泉。"革命文化是中国革命和建设光荣历史的见证，红船精神、井冈山精神、长征精神、延安精神、西柏坡精神、雷锋精神、大庆精神、"两弹一星"精神，等等，无不渗透着中国共产党人的崇高理想，凝聚着广大人民群众的高尚道德和优良品质，包含了体现社会主义、共产主义价值目标的精神形态，要大力予以传承和弘扬。

四要发扬中国人民在长期奋斗中培育、继承、发展起来的伟大民族精神。中华民族的伟大创造精神、伟大奋斗精神、伟大团结精神和伟大梦想精神，是社会主义核心价值观的重要源泉。只要中国人民始终发扬这种伟大精神，我们就一定能够创造出一个又一个人间奇迹，达到创造人民更加美好生活的宏伟目标，形成勇往直前、无坚不摧的强大力量，实现中华民族伟大复兴。

总之，培育和践行社会主义核心价值观，就要把社会主义核心价值观融入社会生活各个方面；要坚持全民行动、干部带头，从家庭做起、从娃娃抓起；必须立足中华优秀传统文化和革命文化；必须发扬中国人民在长期奋斗中培育、继承、发展起来的伟大民族精神。

(三)坚定中国特色社会主义文化自信

中国特色社会主义文化积淀着中华民族最深层的精神追求,代表着中华民族独特的精神标识,是中国人民胜利前行的强大精神力量。发展中国特色社会主义文化,就是以马克思主义为指导,坚守中华文化立场,立足当代中国现实,结合当今时代条件,发展面向现代化、面向世界、面向未来的,民族的科学的大众的社会主义文化,推动社会主义精神文明和物质文明协调发展。党的十九大将中国特色社会主义文化同中国特色社会主义道路、理论、制度一道,作为中国特色社会主义的重要组成部分,作为改革开放以来我们取得一切成绩和进步的根本原因,强调要增强道路自信、理论自信、制度自信、文化自信这"四个自信"。这反映了我们党对文化地位和作用认识的极大深化,充分体现了我们党高度的文化自觉和文化担当。

我们在道路自信、理论自信、制度自信之外还需要文化自信,一是因为我们需要富涵千年智慧的治理经验。"中国优秀传统文化,可以为治国理政提供有益启示,也可以为道德建设提供有益启发。""一个国家的治理体系和治理能力是与这个国家的历史传承和文化传统密切相关的。解决中国的问题只能在中国大地上探寻适合自己的道路和办法。"二是因为我们需要吸引世界眼光的大国实力。"文明特别是思想文化是一个国家、一个民族的灵魂。无论哪一个国家、哪一个民族,如果不珍惜自己的思想文化,丢掉了思想文化这个灵魂,这个国家、这个民族是立不起来的。"三是因为我们需要容纳传统精华的新价值观。需要"讲清楚中华优秀传统文化的历史渊源、发展脉络、基本走向,讲清楚中华文化的独特创造、价值理念、鲜明特色,增强文化自信和价值观自信"。四是因为我们需要延续华夏文脉的民族梦想。"一个国家、一个民族的强盛,总是以文化兴盛为支撑的,中华民族伟大复兴需要以中华文化发展繁荣为条件。""没有文明的继承和发展,没有文化的弘扬和繁荣,就没有中国梦的实现。"总之,中国特色社会主义是实现中华民族伟大复兴的必由之路,不但要有坚定的道路、理论、制度自信,而且要有坚定的文化自信。

坚定中国特色社会主义道路自信、理论自信、制度自信,说到底是要坚定文化自信。习近平用六个"更"和三个"事关"来强调文化自信的重要地位和深远意义。文化自信,是更基础、更广泛、更深厚的自信,是更基本、更深沉、更持久的力量。坚定文化自信,是事关国运兴衰、事关文化安全、事关民族精神独立性的大问题。文化自信,是对自身文化价值的充分肯定,是对自身文化生命力的坚定信念。在几千年的历史流变中,世世代代的中华儿女培育和发展了独具特色、博大精深的中华文化，为中华民族克服困难、生生不息提供了强大精神支撑。历史和现实反复表明，一个国家、一个民族只有对自身文化理想、文化价值充满信心，对自身文化生命力、创造力充满信心，才能有坚持坚守的定力、奋起奋发的勇气、创新创造的活力；而一个抛弃或者背叛了自己历史文化的民族，不仅不可能发展起来，而且很可能上演一幕幕历史悲剧。

我们对自己的道路、理论、制度有自信，是因为我们的发展取得了巨大成功，证明我们的道路走对了，我们的理论经过实践检验是正确的，我们的制度充满生机活力。讲文化自信，我们同样有充分理由和充足底气。党的十九大报告指出："中国特色社会主义文化，源自于中华民族五千多年文明历史所孕育的中华优秀传统文化，熔铸于党领导人民在革命、建设、改革中创造的革命文化和社会主义先进文化，植根于中国特色社会主义伟大实践。"博大精深、灿烂辉煌的中华优秀传统文化积淀着中华民族最深层的精神追求，包含着中华民族最根本的精神基因，代表着中华民族独特的精神标识，不仅为中华民族发展壮大提供了丰厚滋养，也为人类文明进步作出了卓越贡献。这是我们坚定文化自信的深厚基础。激昂向上的革命文化和生机勃勃的社会主义先进文化是中华优秀传统文化的凝聚升华，是中国共产党人和中国人民伟大创造精神的生动体现，是激励全党全国各族人民奋勇前进的强大精神力量。这是我们坚定文化自信的坚强基石。改革开放以来，我们党团结带领全国各族人民坚持不懈地进行中国特色社会主义伟大实践，推动我国经济实力、科技实力、国防实力、综合国力进入世界前列，使科学社会主义在 21 世纪显示出强大生命力，使中华民族以崭新姿态屹立于世界的东方。这是我们坚定文化自信的强大支撑。

在中国特色社会主义进入新时代的今天，在中华民族伟大复兴迎来光明前景的今天，坚定文化自信，发展中国特色社会主义文化，必须坚持马克思主义，牢固树立共产主义远大理想和中国特色社会主义共同理想，培育和践行社会主义核心价值观，不断增强意识形态领域主导权和话语权，推动中华优秀传统文化创造性转化、创新性发展，继承革命文化，发展社会主义先进文化，不忘本来、吸收外来、面向未来，更好构筑中国精神、中国价值、中国力量，为人民提供精神指引。

当今世界，要说哪个政党、哪个国家、哪个民族能够自信的话，那中国共产党、中华人民共和国、中华民族是最有理由自信的。站立在 960 多万平方公里的广袤土地上，吸吮着 5000 多年中华民族漫长奋斗积累的文化养分，拥有 13 亿多中国人民聚合的磅礴之力，我们走中国特色社会主义道路，具有无比广阔的时代舞台，具有无比深厚的历史底蕴，具有无比强大的前进定力。中国人民应该有这个信心，每一个中国人都应该有这个信心。

(四)建设社会主义文化强国

一个民族的复兴需要强大的物质力量，也需要强大的精神力量。历史和现实表明，人类社会的每一次跃进，人类文明的每一次升华，无不伴随着文化的历史性进步。没有先进文化的积极引领，没有人民精神世界的极大丰富，没有民族精神力量的不断增强，一个国家、一个民族不可能屹立于世界民族之林。党的十九大提出"实现社会主义现代化和中华民族伟大复兴，在全面建成小康社会的基础上，分两步走在本世纪中叶建成富强民主文明和谐美丽的社会主义现代化强国"的总任务，其中在"两步走"的第一个阶段，即从 2020 年到 2035 年，提出把"社会文明程度达到新的高度，国家文化软实力显著增强，中华文化影响更加广泛深入"作为基本实现社会主义现代化的奋斗目标之一；"两步走"的第二阶段，即从 2035 年到本世纪中叶，提出把精神文明的全面提升同物质文明、政治文明、社会文明、生态文明的全面提升一道，作为建成社会主义现代化强国的奋斗目标。可见，建设社会主义文化强国是建设社会主义现代化强国必不可少的重要方面。

现在我们离中华民族伟大复兴的目标越来越近，文化的作用、精神的力量愈加凸显。中国是绵延五千年从未中断的文明古国，有着漫长的历史和丰富的文化资源，是一个典型的文化大国，有着先天的文化优势，但这还不够。我们要想在当今激烈的国际竞争中掌握主动权，就要占据文化发展的制高点，成为文化强国。文化强国是指一个国家具有强大的文化力量。这种力量既表现为具有高度文化素养的国民，也表现为发达的文化产业，还表现为强大的文化软实力。实现中华民族伟大复兴，迫切要求我国由一个文化大国转变成一个文化强国，这是中华民族几千年文化积淀赋予我们的历史使命。

如何建设社会主义文化强国？

首先，建设社会主义文化强国，必须培养高度的文化自信。

我国有着悠久的历史传统和深厚的文化资源，已经具备了相对雄厚的物质基础，人民群众对文化的需求快速增长，我国的文化发展面临着难得的机遇。同时，也要清醒认识我国文化发展的历史和现状，增强文化自觉，坚定文化自信，更好地把握文化发展的规律，以主动担当的精神加快文化发展步伐，在传承中华优秀传统文化的基础上发展社会主义先进文化，加快建设社会主义文化强国。

其次，建设社会主义文化强国，必须大力发展文化事业和文化产业。

推动文化事业繁荣发展，要以完善公共文化服务体系为重点，创新公共文化服务方式，深入实施文化惠民工程，丰富群众性文化活动，提高基本公共文化服务标准化均等化水平。推动文化产业加快发展，要以健全现代文化产业体系和市场体系为重点，促进文化产品和要素在全国范围内合理流动；创新生产经营机制，完善文化经济政策，运用云计算、人工智能、物联网等科技成果，培育新型文化业态。为人民提供丰富的精神食粮、推动文化繁荣发展，动力在改革，出路在改革。要把握文化创作生产传播特点，进一步发挥市场在文化资源配置中的积极作用，推进文化体制机制创新，完善文化管理体制，加快构建把社会效益放在首位、社会效益和经济效益相统一的体制机制，形成有利于创新创造的文化发展环境，调动全社会参与文化发展改革的积极性、主动性、创造性。

最后，建设社会主义文化强国，必须提高国家文化软实力。

"软实力"这一概念最早由美国哈佛大学教授约瑟夫·奈于1990年提出。他将综合国力分为硬实力与软实力两种形态：硬实力包括土地面积、人口、自然资源这类基本资源，以及军事、经济和科技力量等；软实力则分为国家的凝聚力、文化被普遍认同的程度和参与国际机构的程度等。我们所说的文化软实力集中体现在一个国家基于文化而具有的凝聚力和生命力，以及由此产生的吸引力和影响力。习近平指出，提高国家文化软实力，不仅关系我国在世界文化格局中的定位，而且关系我国国际地位和国际影响力，关系"两个一百年"奋斗目标和中华民族伟大复兴中国梦的实现。提高国家文化软实力，是一项"形于中"而"发于外"的重大战略任务。我们既要深化文化体制改革，大力弘扬中国精神，传播中国价值，凝聚中国力量，夯实国家文化软实力的根基，也要不忘本来、吸收外来、面向未来，着眼扩大中华文化影响，推进国际传播能力建设，讲好中国故事，向世界展现真实、立体、全面的中国。

提高国家文化软实力，一方面要努力展示中华文化独特魅力。在5000多年文明发展进程中，中华民族创造了博大精深的灿烂文化，要使中华民族最基本的文化基因与当代文化相适应、与现代社会相协调，以人们喜闻乐见、具有广泛参与性的方式推广开来，把跨越时空、超越国度、富有永恒魅力、具有当代价值的文化精神弘扬起来，把继承传统优秀文化又弘扬时代精神、立足本国又面向世界的当代中国文化创新成果传播出去。让收藏在博物馆里的文物、陈列在广阔大地上的遗产、书写在古籍里的文字都活起来，让中华文明同世界各国人民创造的丰富多彩的文明一道，为人类提供正确的精神指引和强大的精神动力。

另一方面，要努力提高国际话语权。落后就要挨打，贫穷就要挨饿，失语就要挨骂。经过几代人的不懈奋斗，前两个问题基本得到解决，但"挨骂"问题还没有得到根本解决。争取国际话语权是我们必须解决好的一个重大问题。要着力推进国际传播能力建设，创新对外宣传方式，用中国理论阐释中国实践，用中国实践升华中国理论，更加鲜明地展现中国思想、提出中国主张。要加强对外话语体系建设，把我们想讲的和国外受众想听的结合起来，把"陈情"和"说理"结合起来，把"自己讲"和"别人讲"结合起来，增强对外话语的创造力、感召力、公信力。要提高讲好故事的能力，着重讲好中国的故事、中国共产党的故事、中国特色社会主义的故事、中国人民的故事，展示文明大国、东方大国、负责任大国、社会主义大国形象，让当代中国形象在世界上不断树立和闪亮起来。

培养高度的文化自信、大力发展文化事业和文化产业、提高国家文化软实力，这就是建设社会主义文化强国之道。

三、释疑解惑

※ 为什么要坚定中国特色社会主义文化自信？

坚定中国特色社会主义道路自信、理论自信、制度自信，说到底是要坚定文化自信。文化自信，是更基础、更广泛、更深厚的自信，是更基本、更深沉、更持久的力量。坚定文化自信，是事关国运兴衰、事关文化安全、事关民族精神独立性的大问题。文化自信，是对自身文化价值的充分肯定，是对自身文化生命力的坚定信念。在几千年的历史流变中，世世代代的中华儿女培育和发展了独具特色、博大精深的中华文化，为中华民族克服困难、生生不息提供了强大精神支撑。历史和现实反复表明，一个国家、一个民族只有对自身文化理想、文化价值充满信心，对自身文化生命力、创造力充满信心，才能有坚持坚守的定力、奋起奋发的勇气、创新创造的活力；而一个抛弃或者背叛了自己历史文化的民族，不仅不可能发展起来，而且很可能上演一幕幕历史悲剧。

讲文化自信，有充分理由和充足底气。党的十九大指出："中国特色社会主义文化，源自于中华民族五千多年文明历史所孕育的中华优秀传统文化，熔铸于党领导人民在革命、建设、改革中创造的革命文化和社会主义先进文化，植根于中国特色社会主义伟大实践。"博大精深、灿烂辉煌的中华优秀传统文化积淀着中华民族最深层的精神追求，包含着中华民族最根本的精神基因，代表着中华民族独特的精神标识，不仅为中华民族发展壮大提供了丰厚滋养，也为人类文明进步作出了卓越贡献。这是我们坚定文化自信的深厚基础。激昂向上的革命文化和生机勃勃的社会主义先进文化是中华优秀传统文化的凝聚升华，是中国共产党人和中国人民伟大创造精神的生动体现，是激励全党全国各族人民奋勇前进的强大精神力量。这是我们坚定文化自信的坚强基石。改革开放以来，我们党团结带领全国各族人民坚持地不懈进行中国特色社会主义伟大实践，推动我国经济实力、科技实力、国防实力、综合国力进入世界前列，使科学社会主义在 21 世纪显示出强大生命力，使中华民族以崭新姿态屹立于世界的东方。这是我们坚定文化自信的强大支撑。

四、学习测试

(一)单项选择题

1. ( )是党的一项极端重要的工作，关乎旗帜、关乎道路、关乎国家政治安全，决定文化前进方向和发展道路

    A. 经济建设工作　B. 科学教育工作　C. 意识形态工作　D. 国家安全工作

2. ( )是我们立党立国的根本指导思想

    A. 马克思主义　　　　　　　　B. 列宁主义

    C. 毛泽东思想　　　　　　　　D. 中国特色社会主义理论

3. 落实意识形态责任制，根本在于( )

    A. 加强组织领导，强化责任担当

    B. 及时掌握意识形态形势和动态

    C. 加强阵地建设和管理

    D. 旗帜鲜明反对和抵制各种错误观点

4. ( )是一个民族赖以维系的精神纽带，是一个国家共同的思想道德基础

    A. 民族精神　　B. 共同理想　　C. 指导思想　　D. 核心价值观

5. 社会主义核心价值观和社会主义核心价值体系之间的关系是( )

A. 社会主义核心价值体系体现着社会主义核心价值观的根本性质和基本特征

B. 社会主义核心价值体系反映着社会主义核心价值观的丰富内涵和实践要求

C. 社会主义核心价值体系和社会主义核心价值观都体现了社会主义意识形态的本质要求

D. 社会主义核心价值体系相比于社会主义核心价值观更加突出核心要素、更加注重凝练表达、更加强化实践导向

6. 坚定"四个自信"，说到底是要坚定（　　　）

  A. 道路自信   B. 理论自信   C. 制度自信   D. 文化自信

7. 发展具有公益性、基本性、均等性、便利性的文化事业的主导力量是（　　　）

  A. 党   B. 政府   C. 公益组织   D. 文化企业

8. 夯实国家文化软实力的根基，就要（　　　）

  A. 努力弘扬中华文化，推进中华文化创新发展，展示中华文化魅力

  B. 讲好中国故事，传播好中国声音，阐释好中国特色

  C. 加强当代中国价值观念的提炼与阐释，提高其国际知晓率和认同度

  D. 增强对外话语的创造力、感召力和公信力，提高国际话语权

（二）多项选择题

1. 掌握意识形态工作领导权，要加快构建中国特色哲学社会科学，总的要求是（　　　）

  A. 按照立足中国、借鉴国外，挖掘历史、把握当代，关怀人类、面向未来的思路

  B. 体现继承性、民族性，原创性、时代性，系统性、专业性

  C. 立时代之潮头、通古今之变化、发思想之先声，为党和人民述学立论、建言献策

  D. 努力构建全方位、全领域、全要素的哲学社会科学体系，在学科体系、学术体系、话语体系等方面体现中国特色、中国风格、中国气派

2. 培育和践行社会主义核心价值观，必须立足（　　　）

  A. 世界各国优秀文化   B. 中华优秀传统文化

  C. 革命文化   D. 大众文化

◎ **参考答案**

(一)单项选择题

1. C   2. A   3. A   4. D   5. C   6. D   7. B   8. A

(二)多项选择题

1. ABD   2. BC

第四节　坚持在发展中保障和改善民生

一、教学基本要求

本节主要讲授新时代中国特色社会主义社会建设的三个方面主要内容：一是提高保障和改善民生水平；二是加强和创新社会治理；三是坚持总体国家安全观。通过本节内容的学习，使同学们了解当前保障和改善民生的主要内容，掌握加强和创新社会治理的必要性与具体措施。知识点框架图如图 10-4 所示。

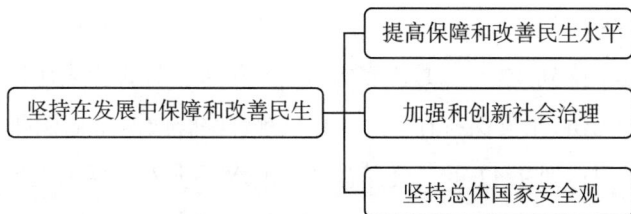

图 10-4　第十章第四节知识点框架图

二、重点讲解

(一)关注民生、重视民生

民生话题历来是两会关注的热点话题：2018 年两会调查热点关键词前十名，"社会保障老有所养"成网民最大期待，热度排名仅次于"反腐败"，"教育改革"时隔13年，再度位列热词榜第三。

1. 增进民生福祉是发展的根本目的

"民为邦本，本固邦宁"（《尚书》）、"天地之大，黎元为先"（唐太宗李世民《晋宣帝总论》），是中国古代思想家、政治家从国家的存在与发展的经验中总结出来的具有传世价值的结论。我们党历来高度重视民生工作，毛泽东同志早在1934年就说过："一切群众的实际生活问题，都是我们应当注意的问题。假如我们对这些问题注意了，解决了，满足了群众的需要，我们就真正成了群众生活的组织者，群众就会真正围绕在我们的周围，热烈地拥护我们。"①2012年11月15日，习近平在十八届中央政治局常委同中外记者见面时曾饱含深情地谈道："人民对美好生活的向往，就是我们的奋斗目标。"②"让老百姓过上好日子"，普普通通的一句话业已成为习近平新时代中国特色社会主义社会建设思想的核心理念和根本宗旨。

2. 党的十八大以来的五年民生领域取得重大成就

党的十九大报告在第一部分"过去五年的工作和历史性变革"中，提到"五年来的成就是全方位的、开创性的，五年来的变革是深层次的、根本性的"，并用6句话对过去5年"人民生活不断改善"作了总结，除第一句为引领性的话，突出"以人民为中心""惠民举措""人民获得感"3个关键词外，涉及脱贫攻坚、教育、就业、居民收入、社会保障（含健康和医疗卫生、住房保障）、社会治理六大方面。系统梳理这六个方面，相比5年前，取得的成绩相当显著。一是脱贫攻坚方面。6000多万贫困人口稳定脱贫，贫困发生率从10.2%下降到4%。二是教育方面。5年来，教育投入不断增长，国家财政性教育经费支出占GDP比例保持在4%以上。教育综合改革全面深化，15岁以上人口国民平均受教育年限达到9.42年，教育总体发展水平进入世界中上行列。三是就业方面。五年来，就业形势总体稳定，累计城镇新增就业人数6524万人，年均1300万人以上，特别是高校毕业、农村富余劳动力等重点群体就业稳中向好。四是居民收入方面。城乡居民收入增速超过经济增速，中等收入群体持续扩大。5年来，人均可支配收入从16510元增长到23821元，增长44.3%。五是社会保障方面。覆盖城乡居民的社会保障体系基本建立，基本养老参保人数达到8.88亿，基本医疗保险覆盖人数超过13亿，人均预期寿命达到76.34岁。5年来，8000多万困难群众圆了安居梦。其中，2600多万

① 《毛泽东选集》第1卷，人民出版社1991年版，第137页。
② 《十八大以来重要文献选编》上，中央文献出版社2014年版，第70页。

人住上了公租房；6000多万棚户区居民"出棚进楼"，住上了宽敞明亮的楼房。六是社会治理方面。社会大局保持稳定，国家安全全面加强，群众安全感和对社会治安的满意度提高到91.99%。

3. 民生领域仍然存在不少短板和弱项

在充分肯定过去五年成绩的同时，党的十九大报告也提出，"必须清醒看到，我们的工作还存在许多不足，也面临不少困难和挑战"，具体到与民生相关领域的表述是，脱贫攻坚任务艰巨，城乡区域发展和收入分配差距依然较大，群众在就业、教育、医疗、居住、养老等方面面临不少难题。关于民生领域困难和挑战的表述，既点出了城乡区域发展不平衡的问题，也涉及了与人民生活息息相关的5个具体领域，概述起来就是发展不平衡不充分。一是不平衡。贫困地区和农村公共服务水平偏低，城乡之间、区域之间差距较大，流动人口和贫困人口等群体保障不充分等，成为影响人民群众获得感的重要障碍。2016年，上海市普通初中生均公共预算教育事业费3万余元，河南省为7800元左右。医疗卫生方面，2015年每千人口执业（助理）医师数城市是农村的2.44倍，浙江省（最高）是云南省（最低）的2.18倍。二是不充分。随着我国居民收入持续增加，恩格尔系数下降到30%左右，群众对美好生活的需要由基本生存型为主向中高端发展享受型延伸，但教育、医疗、养老等诸多领域公共服务供给还停留在兜底线和保基本为主，优质资源总体不足，供需结构性失衡矛盾凸显。以养老服务为例，有资料显示，我国合格养老护理人员仅为市场需求10%，78%的老人希望养老机构提供医疗服务，但即使在北京也仅有25%的养老机构内设医疗机构。

（二）保障民生、改善民生

习近平指出："以人民为中心的发展思想，不是一个抽象的、玄奥的概念，不能只停留在口头上、止步于思想环节，而要体现在经济社会发展各个环节。"①也就是说，我们要做到知行合一，重于实践，不仅仅是要明白保障民生的重要性，更重要的是要将它落到实处，抓住人民最关心最直接最现实的利益问题。

1. 我们要了解，人民群众最期盼、最关心的问题是什么

"我们的人民热爱生活，期盼有更好的教育、更稳定的工作、更满意的收入、更可靠的社会保障、更高水平的医疗卫生服务、更舒适的居住条件、更优美的环境，期盼

---

① 《习近平谈治国理政》第2卷，外文出版社2017年版，第213~214页。

孩子们能成长得更好、工作得更好、生活得更好。人民对美好生活的向往，就是我们的奋斗目标。"①2012年11月15日，刚刚当选的中共中央总书记习近平和中共中央政治局常委同采访十八大的中外记者亲切见面时的这段讲话，就道出了人民群众最期盼、最关心的利益问题。

其实早在2000多年前，我国古人就提出了"大同"的理想。《礼记》中是这样写的："故人不独亲其亲，不独子其子，使老有所终，壮有所用，幼有所长，鳏寡孤独废疾者，皆有所养。"这体现了古代人对这种大同社会的向往。党的"十七大"报告提出民生建设目标为"五有"，即学有所教、劳有所得、病有所医、老有所养、住有所居，党的"十九大"报告在此基础上又增加了"幼有所育"和"弱有所扶"两个目标，将"五有"拓展到了"七有"，这也意味着补齐"民生短板"，推进社会建设。

"一有"是学有所教，就是要优先发展教育事业，努力办好人民满意的教育。党的十九大报告中提出"努力让每个孩子都能享有公平而有质量的教育"，为我国教育改革明确了新时代的新目标。2017年末牵动亿万国人之心的云南"冰花"男孩就反映了我国农村偏远地区的教育问题，近年来，我国实施乡村教师支持计划，实现连片特困地区乡村教师生活补助全覆盖，乡村教师"下得去、留得住、教得好"的局面正在形成。教育是民族振兴和社会进步的基石，事关国家未来。良好的教育让我们更好地为建设服务，像马克思指出的，投入为人民福利而劳动的事业中。

"二有"是劳有所得。首先是要实现更高质量和更充分就业。就业是最大的民生工程、民心工程、根基工程。要坚持就业优先战略和积极就业政策，大规模开展职业技能培训，注重解决结构性就业矛盾，鼓励创业带动就业。提供全方位公共就业服务，促进高校毕业生等青年群体、农民工多渠道就业创业。破除妨碍劳动力、人才社会性流动的体制机制弊端，使人人都有通过辛勤劳动实现自身发展的机会。完善政府、工会、企业共同参与的协商协调机制，构建和谐劳动关系，努力让劳动者实现体面劳动、全面发展。只有努力实现更充分、更高质量的就业，才能使广大劳动者生活得更加体面、更有尊严。其次是要促进收入分配更合理、更有序。收入分配是民生之源，是改善民生、实现发展成果由人民共享最重要最直接的方式。要坚持按劳分配原则，完善按要素分配的体制机制，促进收入分配更合理、更有序。鼓励勤劳守法致富，扩大中等收入群体，增加低收入者收入，调节过高收入，取缔非法收入。坚持在经济增长的同时实现居民收入同步增长、在劳动生产率提高的同时实现劳动报酬同步提高。拓宽

---

① 《习近平谈治国理政》第1卷，外文出版社2018年版，第4页。

居民劳动收入和财产性收入渠道。履行好政府再分配调节职能，加快推进基本公共服务均等化，缩小收入分配差距。

"三有"是病有所医。2018 年有一部叫《我不是药神》的电影火了。该片讲述了患病群体"生不起病、吃不起药"的用药难题，反映了"因病致穷、因病返贫"的现实情况。在影片引发舆论广泛关注讨论后，李克强总理特别批示有关部门，要"急群众所急"，推动相关措施加快落到实处。2018 年 4 月和 6 月，李克强两次主持召开国务院常务会议，决定对进口抗癌药实施零关税并鼓励创新药进口，加快已在境外上市新药审批、落实抗癌药降价措施、强化短缺药供应保障。其实，我国一直都在致力于深化医药卫生体制改革，探索医改这一世界性难题的中国式解决办法，着力解决人民群众看病难、看病贵、基本医疗卫生资源均衡配置等问题。

"四有"是老有所养。联合国人口数据预测，2030 年，中国老年人口数量将达到3.58 亿，占人口总数的 25% 左右，2050 年将进一步上升至 36.5%。老龄化趋势下，老年人的居住、医疗、陪伴乃至娱乐等基础设施和情感关怀都备受关注。2017 年 6 月，国务院办公厅印发《关于制定和实施老年人照顾服务项目的意见》，该意见指出，要让老年人享受到更多看得见、摸得着的实惠，共享改革发展成果，推动实现老有所养、老有所医、老有所为、老有所学、老有所乐。下一步，民政部的工作重点将集中在以下几个方面：加快健全养老服务体系，推动取消养老机构设立许可，完善事中事后监管机制，深化居家和社区养老服务改革，制定"互联网+养老"政策措施，推进智慧养老、医养结合试点工作。

"五有"是住有所居。这是每个家庭的奋斗梦想，但房地产市场的炒作却使很多人买不起房或者背负沉重的房贷，党的十九大报告中关于住房问题有一句很有名的话："房子是用来住的，不是用来炒的。"但是面对这样狂热的炒房现象，党要怎样解决呢？党的十九大报告指出，"加快建立多主体供给、多渠道保障、租购并举的住房制度，让全体人民住有所居"。对于外来务工人员、新就业大学生等城市"夹心层"和弱势群体来说，如何让他们居者有其屋，更是着力的重点。

"六有"是幼有所育。对家庭来说，孩子茁壮成长是家庭幸福的基础。对国家来说，孩子的教育，关乎国家的未来。所以，幼儿教育对家庭幸福，国家发展的重要性不言而喻。随着我国义务教育的普及，我国超过 1 个亿的 0~6 岁的幼托教育面临的供需矛盾相对更为突出。尽管 2016 年全国共有幼儿园 24 万所，全国学前三年毛入园率达到77.4%，比 2012 年提高了 12.9%，但距离到 2020 年完成 85% 的目标还有不小差距。十九大报告提出必须取得"新进展"的 7 项民生要求,"幼有所育"排在首位,主要目标是让孩子好入园、入好园,并不断改善教学条件、提高办学质量、丰富幼儿活动,满足家长对良好学前教育的期盼。

"七有"是弱有所扶。毫无疑问,我国 8500 万残疾人等群体,都将从中获益,而贫困残疾人等"锅底人群",将率先体会到政策的温暖。

从幼有所育、学有所教、劳有所得、住有所居,到弱有所扶、病有所医、老有所养,这几乎覆盖了每一个人生命周期的全部方面。民生无小事,枝叶总关情。老百姓关心什么、期盼什么,我们的党就要抓住什么、推进什么,从老百姓反映最强烈的利益问题做起,一件事情接着一件事情办,一年接着一年干,不断满足人民日益增长的美好生活需要。

2. 改善民生既要尽力而为又要量力而行

改革愈是深化,愈要重视增进人民福祉;发展愈是向前,愈要体现到民生改善上。习近平总书记指出:"民生工作直接同老百姓见面、对账,来不得半点虚假,既要积极而为,又要量力而行,承诺了的就要兑现。"①这为我们做好民生工作提供了科学的方法论指导。

改善民生既是党和政府工作的方向,也是人民群众自身的奋斗目标。做好民生工作,必须坚持人人尽责、人人享有,让所有劳动者在推动发展中分享发展成果。对美好生活的向往,只有通过诚实劳动才能实现;发展中的各种难题,只有通过诚实劳动才能破解。所以,要引导广大群众树立勤劳致富理念,通过辛勤劳动、诚实劳动、创造性劳动,实现自身发展、共创美好未来。

(三)构建共建共治共享的社会治理格局

社会治理是社会建设的重大任务,是国家治理的重要内容。在现代社会中,社会治理地位日益重要。解决我国在社会管理领域存在的问题,必须深入认识新时代社会治理规律,创新社会治理理念思路、体制机制、方法手段,从创新社会治理体制、改进社会治理方式、加强预防和化解社会矛盾机制建设、加强社会心理服务体系建设、加强社区治理体系建设等方面提高社会管理能力,建设平安中国,维护社会和谐稳定,确保国家长治久安、人民安居乐业。

---

① 《习近平关于全面建成小康社会论述摘编》,中央文献出版社 2016 年版,第 152 页。

1. 创新社会治理体制

创新社会治理体制，要求坚持完善党委领导、政府负责、社会协同、公众参与、法治保障的社会治理体制，不断提高社会治理社会化、法治化、智能化、专业化水平，推进社会治理精细化，打造共建共治共享的社会治理格局。要加强和改善各级党委对社会治理的领导，提高党对社会治理的领导能力，加强党委对社会治理的统筹谋划和组织领导。要积极发挥各级政府负责社会治理的职能，采取多种措施和途径，切实搞好公共服务、公共管理、公共安全，健全利益表达、利益协调、利益保护机制。要全面落实各级党委和政府社会治理主体责任，把加强和创新社会治理纳入各级党委和政府重要议事日程，纳入地方党政领导班子和领导干部政绩考核指标体系，规范党政各部门社会治理职能，形成权责明晰、奖惩分明分工负责、齐抓共管的社会治理责任链条。

完善政府治理和社会调节、居民自治良性互动的体制机制。习近平总书记指出，注重动员组织社会力量共同参与，发动全社会一起来做好维护社会稳定工作，努力形成社会治理人人参与、人人尽力、人人共享的良好局面。扩大开放公共服务市场，通过政府购买服务、健全激励补偿机制等办法，鼓励和引导企事业单位、社会组织、人民群众积极参与社会治理。深化基层组织和部门、行业依法治理，支持各类社会主体自我约束、自我管理，发挥市民公约、乡规民约、行业规章、团体章程等社会规范在社会治理中的积极作用。注重社会组织培育和引导，改革社会组织管理制度，推动社会组织明确权责、规范自律、依法自治，积极参与社会治理全过程。

2. 改进社会治理方式

不断提高社会治理社会化、法治化、智能化、专业化水平。激发全社会活力，坚持群众观点和群众路线，群众的事多同群众商量，群众的事多依靠群众，提高社会治理社会化水平。充分发挥法治对社会治理的引领、规范和保障作用，运用法治思维和法治方式化解矛盾，引导群众依法行使权利、表达诉求、解决纠纷，更好引导和规范社会生活，努力实现法安天下，提高社会治理法治化水平。加强社会治理基础制度建设，建立国家人口基础信息库，统一社会信用代码制度和相关实名登记制度，完善社会信用体系，更多运用互联网、大数据等信息技术手段，持续推进社会治理的科学化、精细化，在观念、标准、手段、目标等方面下一番功夫，提高社会治理智能化水平。建设高素质专业化干部队伍和社会治理各类人才队伍，善于运用先进的理念和专业的方法提升社会治理效能，增强社会治理整体性和协同性，提高预测预警预防各类风险能力，增强社会治理预见性、精准性、高效性，提高社会治理专业化水平。

3. 加强预防和化解社会矛盾机制建设

正确处理人民内部矛盾尤其是涉及广大人民群众切身利益的矛盾，是保持社会安定团结良好局面的关键。习近平认为，对人民内部矛盾，要善于运用法治、民主、协商的办法进行处理。积极推动解决广大人民群众最关心最直接最现实的利益问题，不断打牢和巩固社会和谐稳定的物质基础。完善社会矛盾排查预警机制，善于运用大数据技术、信息化手段，努力做到早发现、早预防、早处置。完善重大决策社会稳定风险评估机制，从源头上预防和减少矛盾。完善矛盾纠纷多元化解机制，积极推动人民调解、行政调解、司法调解衔接联动，推进诉讼与非诉讼方式有机衔接，建立规范完善的公众参与规则程序，提高矛盾纠纷多元化解的整体效果和效力。善于引导群众运用法律手段解决问题，推动形成办事依法、遇事找法、解决问题用法、化解矛盾靠法的良好环境。

4. 加强社会心理服务体系建设

人是社会的主体。历史和现实反复表明，一个社会是否文明进步、安定和谐，很大程度上取决于公民的思想道德素质。党的十九大提出，要加强社会心理服务体系建设，培育自尊自信、理性平和、积极向上的社会心态。加强和改进思想政治工作，更加注重人文关怀和心理疏导。把社会主义核心价值观融入社会发展各方面，加强社会公德、职业道德、家庭美德、个人品德建设，激励人们向上向善、孝老爱亲，忠于祖国、忠于人民。弘扬科学精神，普及科学知识，开展移风易俗、弘扬时代新风行动，抵制腐朽落后文化侵蚀。推进诚信建设和志愿服务制度化，强化社会责任意识、规则意识、奉献意识。

5. 加强社区治理体系建设

社区是党和政府联系、服务居民群众的"最后一公里"。习近平指出，"社会治理的重心必须落到城乡社区"①。基层是一切工作的落脚点，要加强社区建设，推动社会治理重心向基层下移。完善以基层党组织为核心、全社会共同参与的基层社会治理新格局，尽可能把资源、服务、管理放到基层，使基层有职有权有物，更好地为群众提供精准有效的服务和管理。加强城市常态化管理，创新流动人口服务管理，更多运用市场化、法治化手段，促进人口有序流动。加强农村社会治理，主动从源头化解农村社

---

① 《习近平关于全面深化改革论述摘编》，中央文献出版社2014年版，第101页。

会矛盾，学习推广"枫桥经验"，争取做到"小事不出村，大事不出镇，矛盾不上交"。中华优秀传统文化是这样描述友善和谐的邻里关系的，"乡田同井，出入相友，守望相助，疾病相扶持"，习近平在北京大学师生座谈会上的讲话中就曾提到这一中华民族的传统美德。过去有"枫桥经验"，现在有"邻里自理"。

（四）坚持总体国家安全观

党的十九大明确将安全作为人民美好生活需要的重要内容。因为有了安全感，获得感才有保障，幸福感才会持久。国家安全工作，归根结底是为保障人民利益、为群众安居乐业提供坚强保障的。

1. 总体国家安全观的提出与内涵

中华人民共和国成立至今，国家安全观一共经过了四个阶段的演变，保持着比较强的延续性，同时在不同时期又有不同的特点，因而有较大的变化。第一阶段，从中华人民共和国成立之初到 20 世纪 70 年代末，这一阶段是以军事安全为核心的国家安全观；第二阶段，从 20 世纪 70 年代末开始到 80 年代末，这一阶段是以综合安全为核心的国家安全观；第三阶段，从 20 世纪 90 年代初开始到 2012 年党的十八大之前，这一阶段形成了以互信、互利、平等、协作为核心内容的新国家安全观；第四阶段，党的十八大以来，习近平创造性地提出总体国家安全观的系统思想，标志着中国国家安全观日臻成熟和完善。

那总体国家安全观又是在什么样的背景下提出来的呢？"安而不忘危，存而不忘亡，治而不忘乱。"进入新时代，我国面临复杂多变的安全和发展环境，各种可以预见和难以预见的风险因素明显增多，各方面风险可能不断积累甚至集中显露，国家安全内涵和外延比历史上任何时候都要丰富，时空领域比历史上任何时候都要宽广，内外因素比历史上任何时候都要复杂，维护国家安全的任务更加繁重艰巨。2014 年 4 月 15 日，习近平在中央国家安全委员会第一次全体会议上首次正式提出"总体国家安全观"，强调"必须坚持总体国家安全观，以人民安全为宗旨，以政治安全为根本，以经济安全为基础，以军事、文化、社会安全为保障，以促进国际安全为依托，走出一条中国特色国家安全道路"[①]。由此可见，总体国家安全观以一系列紧密联系、相互贯通的基本观点，科学回答了中国这样一个发展中的社会主义大国如何维护和塑造国家安全的一系列基本问题。总体国家安全观的提出，还顺应了世界发展变化的新趋势，回应了人

---

① 《习近平谈治国理政》第 1 卷，外文出版社 2018 年版，第 200~201 页。

民对国家安全的新期待，适应了进行具有许多新的历史特点的伟大斗争的新要求。

2. 如何贯彻落实总体国家安全观

总体国家安全观涉及的范围非常之广，既包括政治安全、经济安全，还包括军事安全、文化安全、社会安全，等等，那在贯彻落实总体国家安全观的过程中，有什么根本方法是我们需要把握和坚持的吗？

这要求我们始终把国家安全置于中国特色社会主义事业全局中来把握，坚持科学统筹的根本方法，充分调动各方面积极性，形成国家安全合力，概括起来就是下面五个层次、十个重视。

一是总体国家安全观既重视外部安全，又重视内部安全，对内求发展、求变革、求稳定、建设平安中国，对外求和平、求合作、求共赢、建设和谐世界。在全球化时代，内部安全与外部安全已经紧密联系在一起了，中国要维护内部安全，就必须重视外部安全，在引导国际社会共同塑造国际新秩序、共同维护国际安全方面发挥作用。2017年2月17日，习近平在国家安全工作座谈会上强调："要引导国际社会共同塑造更加公正合理的国际新秩序。"他同时强调："要积极塑造外部安全环境，加强安全领域合作，引导国际社会共同维护国际安全。"①

二是总体国家安全观既重视国土安全，又重视国民安全。以往中国的安全观比较重视国土安全，而对国民安全重视不够。总体国家安全观在这一点上有很大改变。习近平多次强调，维护国家安全的根本目的，就是为了实现人民安全。2016年4月15日，习近平在首个全民国家安全教育日到来之际指出，要坚持国家安全一切为了人民、一切依靠人民，动员全党全社会共同努力，汇聚起维护国家安全的强大力量，夯实国家安全的社会基础，防范化解各类安全风险，不断提高人民群众的安全感、幸福感。

三是总体国家安全观既重视传统安全，又重视非传统安全。传统安全主要涉及政治和军事领域内的安全威胁，最突出的是涉及国家主权和领土完整范畴内的安全威胁。自从有国家以来，传统安全威胁就成为国家安全威胁的核心问题。非传统安全威胁是相对传统安全威胁而言的，主要涉及社会经济和生态环境等领域内的安全威胁，当前，非传统安全威胁已经严重影响着社会稳定和经济发展，并严重威胁着人类的生存环境和身体健康。习近平指出，"构建集政治安全、国土安全、军事安全、经济安全、文化安全、社会安全、科技安全、信息安全、生态安全、资源安全、核安全等于一体的国

---

① 《习近平谈治国理政》第1卷，外文出版社2018年版，第382页。

家安全体系"①。

四是总体国家安全观既重视发展问题,又重视安全问题。安全和发展是一体之两翼、驱动之双轮。发展是安全的基础。建立在发展基础上的安全才更可靠、更可持续。一方面,要从国情出发,坚持发展是解决中国一切问题的关键,坚持在改革发展中促进国家安全,增强发展的全面性、协调性、可持续性,从源头上预防和减少安全问题的产生。另一方面,安全是发展的保障。一个国家选择什么样的国家安全战略,决定了这个国家生存、发展与兴盛之路。实施发展和安全并重的国家安全战略,既要善于运用发展成果夯实国家安全的实力基础,又要善于塑造有利于经济社会发展的安全环境,做到坚持发展不停步、维护安全不懈怠。

五是总体国家安全观既重视自身安全,又重视共同安全。也就是既重视中国的国家安全,又重视国际社会的共同安全。近年来,中国提出了建设和谐世界,实现共同安全,以及打造人类命运共同体的新安全目标。习近平指出:"我们要摒弃一切形式的冷战思维,树立共同、综合、合作、可持续安全的新观念。"②总体国家安全观对推动世界安全理念升级、维护世界和平发展、构建人类命运共同体具有重要意义。

3. 自提出总体国家安全观以来,中国国家安全体系建设取得的一系列新进展

自党的十八大以来,习近平创造性地提出总体国家安全观的系统思想,中国国家安全体系进行了一系列的调整和重构,加强了顶层设计、战略谋划和制度建设,取得了一系列成就,对于维护国家安全起到了重要作用。

首先是成立了中央国家安全委员会,强化总体国家安全工作的领导体制。成立中央国家安全委员会可以说是构建总体安全战略和总体安全体系的第一步。"总体国家安全观"就是在中央国家安全委员会第一次全体会议上首次正式提出的。

其次是制定了新的《中华人民共和国国家安全法》,加强总体国家安全体系的法制建设。2015 年 7 月 1 日,第十二届全国人民代表大会常务委员会第十五次会议通过新的《中华人民共和国国家安全法》,对政治安全、国土安全、军事安全、文化安全、科技安全等 11 个领域的国家安全任务进行了明确界定,共 7 章 84 条,标志着中国的国家安全工作步入了法治轨道,为统领国家安全各领域工作提供了法律依据。

再次是加强了对涉及国家安全重点领域的防护能力。自党的十八大以来,中国国家安全工作取得显著成效,从"完善立体化社会治安防控体系"到"落实网络安全责任

---

① 《习近平谈治国理政》第 1 卷,外文出版社 2018 年版,第 201 页。
② 《习近平谈治国理政》第 2 卷,外文出版社 2017 年版,第 523 页。

制";从"加快推进国防和军队现代化建设"到"打造核安全命运共同体",构建国家安全体系工作正从各领域全面展开,总体国家安全观在实践层次得到了具体落实。特别是在一些安全问题尖锐和突出的领域,近年来的力度明显加强,显示出中国维护国家安全的坚强决心。以维护国土安全为例。当前,我国国土安全面临复杂严峻挑战,维护国土安全是维护国家安全重大而紧迫的战略任务,通过提升维护国土安全能力,加强边防、海防、空防建设,周密组织边境管控和海上维权行动,坚决捍卫领土主权和海洋权益,有效遏制侵害我国国土安全的各种图谋和行为,筑牢国土安全的铜墙铁壁。

再以维护网络安全为例。网络安全已经成为我国面临的最复杂、最现实、最严峻的非传统安全问题之一。习近平指出,没有网络安全就没有国家安全,就没有经济社会稳定运行,广大人民群众利益也难以得到保障。这就要求我们贯彻落实好《中华人民共和国网络安全法》,依法加强网络空间治理,净化网络环境,使网络空间清朗起来。切实维护国家网络空间主权安全,共同构建网络空间命运共同体。习近平还特别重视网络意识形态工作,他指出,互联网已经成为今天意识形态斗争的主战场,西方反华势力妄图以这个"最大变量"来"扳倒中国",我们在这个战场上能否顶得住、打得赢,直接关系到我国的意识形态安全和政权安全。

总结起来就是,自总体国家安全观提出以来,中国国家安全体系建设在顶层设计、制度建设和重点领域等方面取得了一系列新进展。

建设社会主义和谐社会,是一项复杂的系统工程,需要全党全社会长期坚持不懈的努力,让全体人民在共建共治共享发展中有更多的获得感、幸福感和安全感!

三、释疑解惑

※ 如何看待民生领域取得巨大成就的同时,仍然存在不少短板和弱项这个问题?

民生领域仍然存在不少短板和弱项,这并不能成为否认我们已经取得的重大成就的理由,这恰恰反映的是民生发展的新变化,从十九大报告首次阐述获得感、幸福感、安全感这"民生三感",我们就可以了解到这些新变化。这些变化概括起来就是"四个深刻变化"。一是主体视角的深刻变化,也就是从给予到感受的转换。二是领域范畴的深刻变化,也就是从重点问题到全面覆盖的拓展。三是需求层次的深刻变化,也就是从物质、精神层面到心理、情感层面的升华。四是检验标准的深刻变化,也就是从有没有到好不好的深化。这也符合马斯洛需求层次理论。马斯洛需求层次理论将人的需求分为生理需求、安全需求、情感需求、尊重需求、自我实现需求五类,依次由较低层次到较高层次逐级递升。然而,马斯洛和其他行为心理学家都认为,一个国家多数人的需求层次结构,是同这个国家的经济发展水平、科技发展水平、文化和人民受教育的程度直接相关的。

※ 为什么做好民生工作既要尽力而为又要量力而行?

保障和改善民生必须尽力而为。当前,中国特色社会主义进入新时代,伴随着社会主要矛盾发生变化,民生工作面临的宏观环境和内在条件也发生变化,人民对美好生活的需要日益广泛,对收入稳步提升、优质医疗服务、教育公平、住房改善、优美环境和洁净空气等有着更多更高层次的需求。要适应这些新变化,坚持尽力而为,按照守住底线、突出重点、完善制度、引导预期的工作思路,采取针对性更强、覆盖面更大、作用更直接、效果更明显的举措。保障和改善民生没有终点,只有连续不断的新起点。每一个新起点都是一个明确的时间节点,都对应着一个实实在在的民生目标。时间节点正是民生事业积小胜为大成、在谋大势中成大事的重要坐标和里程碑。要拿出实实在在的举措,一个时间节点一个时间节点地往前推进,以钉钉子精神落实好党中央关于民生工作的战略部署。

保障和改善民生必须量力而行。"一口吃不成胖子。"民生改善有一个从低层次到高层次、从不均衡到均衡的过程,要看到,我国仍处于并将长期处于社会主义初级阶段,改善民生不能脱离这个最大实际提出过高目标,只能根据经济发展和财力状况逐步提高人民生活水平,做那些现实条件下可以做到的事情。既不能裹足不前、铢施两较、该花的钱也不花,也不能好高骛远、寅吃卯粮、口惠而实不至。习近平总书记曾以一些国家为例,提醒我们要吸取过度福利化和过度承诺导致效率低下、增长停滞、通货膨胀,收入分配最终反而恶化的教训。要坚持从实际出发,将收入提高建立在劳动生产率提高的基础上,将福利水平提高建立在经济和财力可持续增长的基础上,一件事情接着一件事情办,一年接着一年干,锲而不舍地向前走。

四、学习测试

(一)单项选择题

1. 党的( )报告在"五有"基础上又增加了"幼有所育"和"弱有所扶"两个目标,

将"五有"拓展到了"七有"

    A. 十六大   B. 十七大   C. 十八大   D. 十九大

2. 党的十九大报告提出,(　　)是最大的民生

    A. 就业   B. 提高人民收入

    C. 加强社会保障体系建设   D. 坚决打赢脱贫攻坚战

3. 党的十九大报告中提出(　　),为我国教育改革明确了新时代的新目标

    A. 把教育事业放在优先位置

    B. 深化教育改革,加快教育现代化,办好人民满意的教育

    C. 努力让每个孩子都能享有公平而有质量的教育

    D. 加快教育现代化

4. 党的十八大到十九大期间的五年,民生领域取得重大成就,(　　)贫困人口稳定脱贫

    A. 4000多万   B. 6000多万   C. 5000多万   D. 7000多万

5. 加强预防和化解社会矛盾机制建设,正确处理人民内部矛盾尤其是涉及广大人民群众切身利益的矛盾,是保持社会安定团结良好局面的关键。习近平指出:"对人民内部矛盾,要善于运用法治、民主、协商的办法进行处理。"我们国家独特的(　　)被西方社会誉为"东方一枝花",老百姓对这种便捷高效的解决纠纷方式有很大需求

    A. 仲裁调解   B. 人民调解   C. 行政调解   D. 司法调解

6. 2014年4月15日,习近平在中央国家安全委员会第一次全体会议上首次正式提出"总体国家安全观"。总体国家安全观以(　　)为根本

    A. 人民安全   B. 政治安全   C. 经济安全   D. 军事安全

7. 我国2016年开始实施全民国家安全教育日,全民国家安全教育日是(　　)

    A. 2月15日   B. 3月15日   C. 4月15日   D. 5月15日

8. (　　)年7月1日,第十二届全国人民代表大会常务委员会第十五次会议通过新的《中华人民共和国国家安全法》,对政治安全、国土安全、军事安全、文化安全、科技安全等11个领域的国家安全任务进行了明确界定,共7章84条,标志着中国的国家安全工作步入了法治轨道,为统领国家安全各领域工作提供了法律依据

    A. 2015   B. 2014   C. 2016   D. 2017

(二)多项选择题

1. 建设社会主义和谐社会，是一项复杂的系统工程，党把(　　)作为社会建设的根本任务

    A. 改善民生　　　　　　　　　B. 创新社会治理

    C. 坚持总体国家安全观　　　　D. 坚持人与自然和谐共生

2. 党的十九大报告首次阐述获得感、幸福感、安全感这"民生三感"，反映出民生发展发生了哪些深刻变化？(　　)

    A. 主体视角的深刻变化，从给予到感受的转换

    B. 领域范畴的深刻变化，从重点问题到全面覆盖的拓展

    C. 需求层次的深刻变化，从物质、精神层面到心理、情感层面的升华

    D. 检验标准的深刻变化，从有没有到好不好的深化

◎ 参考答案

(一)单项选择题

1. D　2. A　3. B　4. B　5. B　6. B　7. C　8. A

(二)多项选择题

1. ABC　2. ABCD

第五节　建设美丽中国

一、教学基本要求

本节主要讲授中国特色社会主义生态文明建设的理念和主要内容，即坚持人与自然和谐共生，形成人与自然和谐发展新格局，加快生态文明体制改革。通过本节内容的学习，使同学们了解新时代开展生态文明建设，必须坚持人与自然和谐共生的理念，掌握生态文明体制改革的重要内容和关键环节。知识点框架图如图10-5所示。

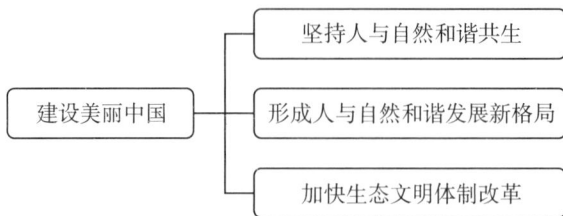

图 10-5　第十章第五节知识点框架图

二、重点讲解

（一）建设生态文明的必要性

党的十八大首次提出经济建设、政治建设、文化建设、社会建设、生态文明建设"五位一体"。其中，首次将"生态文明建设"纳入中国特色社会主义总体布局之中。2015 年 10 月，随着党的十八届五中全会的召开，加强生态文明建设首度被写入国家五年规划。党的十九大，习近平强调指出，生态文明建设功在当代、利在千秋。可见，"生态文明建设"在新的历史时期何其重要，那么，我们为什么要建设生态文明呢？

要弄清楚为什么要建设生态文明，首先应该回答什么是文明。在这里，我们把文明界定为是人类文化发展的成果，是人类改造世界的物质和精神成果的总和，是人类社会进步的标志。

既然是人类社会进步的标志，是不是意味着人类文明存在着不同的发展阶段，是不断发展的呢？是的，人类文明经历了不同的发展阶段，例如农业文明和工业文明都是人类文明发展的不同阶段。具体来说，人类文明经历了三个阶段。

第一阶段是原始文明。约在石器时代，人们必须依赖集体的力量才能生存，物质生产活动主要靠简单的采集渔猎，为时上百万年。

第二阶段是农业文明。铁器的出现使人改变自然的能力产生了质的飞跃，为时一万年。

第三阶段是工业文明。18 世纪英国工业革命开启了人类现代化生活，为时三百年。工业文明以人类征服自然为主要特征。世界工业化的发展使征服自然的文化达到极致；一系列全球性生态危机说明地球再没能力支持工业文明的继续发展，需要开创一种新的文明形态来延续人类的生存，这就是生态文明。生态文明当然也是人类文明的一种形式。生态文明以尊重和维护生态环境为主旨，以可持续发展为根据，以未来人类的继续发展为着眼点。它强调人的自觉与自律，强调人与自然环境的相互依存、相互促进、共处共融。

生态文明和农业文明、工业文明最显著的不同就在于生态文明突出生态的重要，强调尊重和保护环境，强调人类在改造自然的同时必须尊重和爱护自然，而不能随心所欲、盲目蛮干、为所欲为。

同时它们之间也有相同点。那就是不论是农业文明、工业文明还是生态文明，它们都主张在改造自然的过程中发展物质生产力，不断提高人的物质生活水平。只不过生态文明是一种更高阶段的文明形式，是人类遵循人、自然、社会和谐发展这一客观规律而取得的物质与精神成果的总和；是人与自然、人与人、人与社会和谐共生、良性循环、全面发展、持续繁荣为基本宗旨的文明形态，生态文明作为一种世界新潮流，其核心就是坚持人与自然和谐共生。

生态文明作为一种世界新潮流，按理说应该在西方发达国家首先兴起，可是西方国家却首先爆发了生态危机。从1952年伦敦的烟雾事件到1956年日本水俣病事件，这些因为工业污染导致的震惊世界的环境污染事件，似乎都在印证西方没有抓住发展生态文明的机会。西方失去了发展生态文明的机会，这是多种原因导致的。一方面是因为西方强大的技术资金使本国生态危机得以缓解；另一方面是因为西方工业文明的巨大惯性还要持续相当一段时间。其中，还有非常重要的一点就是西方资本主义不断向不发达地区转移生态成本。

既然西方失去了机会，那么我们更应该抓住发展生态文明的机会，实现中华民族跨越式发展。中华民族是工业文明的迟到者，绝不能再做生态文明的迟到者。我们必须牢牢把握生态文明的核心，开展生态文明建设。结合中国具体实践，建设美丽中国，就是要建设生态文明的中国。

一方面，建设生态文明是中华民族永续发展的千年大计。生态文明建设，是指人类在利用和改造自然的过程中，主动保护自然，积极改善和优化人与自然的关系，建设健康有序的生态运行机制和良好的生态环境。建设生态文明关系人民福祉，关乎民族未来，功在当代、利在千秋，是中华民族永续发展的千年大计。另一方面，生态兴则文明兴，生态衰则文明衰。生态兴衰与文明兴衰密不可分。这是从人类社会生态灾难总结出来的血的教训。

最后需要强调的是，生态环境没有替代品，必须立足国情建设美丽中国。生态环境用之不觉，失之难存，生态环境没有替代品。我国的生态文明建设必须立足于当前特殊的自然生态环境现状、经济发展水平、文化建设状况、社会政治条件以及人口素质等，走符合国情的社会主义生态文明建设道路。倡导生态文明建设，不仅对中国自身发展有深远影响，也是中华民族面对全球日益严峻的生态环境问题作出的庄严承诺。

目前我们正处于全面建成小康社会的决胜期，可是真正的小康社会绝不是过着"一手拎着钱袋子、一手提着药罐子"的日子。唯有推进生态文明建设，改善环境质量，才能真正解决人与自然环境的突出矛盾，"守住发展和生态两条底线"。

建设社会主义的生态文明就是要实现和谐发展，就是要建设以资源环境承载力为基础、以自然规律为准则、以可持续发展为目标的资源节约型、环境友好型社会，努力走向社会主义生态文明新时代。

(二)坚持人与自然和谐共生

在全面建设社会主义现代化强国的征程中，要注重处理好发展过程中人与自然的关系，持之以恒地建设人与自然和谐共生的现代化。社会主义现代化建设进行到今天，为什么我们要坚持人与自然和谐共生呢？

作为生态文明建设的核心，坚持人与自然和谐共生，对满足人民日益增长的优美生态环境需要、推动形成绿色发展方式和生活方式等都有重大意义。这首先是现实的客观规律所决定的。换句话说，坚持人与自然和谐共生是客观规律的要求。生活在天地之间，以天地自然为生存之源、发展之本，在与自然的相互作用中，创造和发展了人类文明。在这个历程中，人与自然的关系经历了从依附自然到利用自然，再到人与自然和谐共生的发展历程。今天，人类社会正日益形成这样的普遍共识：人因自然而生，人与自然是一种共生关系，对自然的伤害最终会伤及人类自身，这个客观规律谁也无法抗拒。

生产力的发展使人类实现了从依赖自然向利用自然的转变，但这并不意味着人类可以无限度地改造自然、破坏生态。天育物有时，地生财有限，而人之欲无极，人类对大自然的伤害最终会伤及人类自身，坚持人与自然的和谐共生，是遵循这一客观规律的体现。

从人类文明发展的历史和现实来看，坚持人与自然的和谐共生并不是一件容易的事。西方国家没有抓住发展生态文明的机会，而中国必须抓住这个机会，才能实现中华民族跨越式发展。党的十九大报告把"坚持人与自然和谐共生"作为新时代坚持和发展中国特色社会主义的基本方略之一。基于这一点，我们应该树立怎样的理念指导我们的实践发展呢？

要坚持人与自然和谐共生，就必须牢固树立生态文明新理念。这一理念具体包含三点：

首先，要尊重自然。这是人与自然相处时应秉持的首要态度，要求人对自然怀有敬畏之心、感恩之情、报恩之意，尊重自然界的创造和存在，绝不能凌驾于自然之上，只有尊重自然才是人与自然相处的科学态度。尊重自然，就要深刻认识到人类与自然是平等的，人类不是自然的奴隶，也不是自然的上帝，人因自然而生，人属于自然，而不是自然属于人；就要深刻认识到自然是人类赖以生存发展的基本条件，人类生活所需要的一切均直接或间接来自自然；就要深刻认识到一切物种均有生命，均有其独特价值，均是自然大家族中不可或缺的部分，人与自然不仅是共融共生的生命共同体，更是休戚与共的命运共同体。

其次，要顺应自然。这是人与自然相处时应遵循的基本原则，要求人顺应自然的客观规律，按自然规律办事。包括人类在内的自然界是一个完整有机的生态系统，具有自身运动、变化和发展的内在规律，不以人的意志为转移。人利用和改造自然的实践活动只有适应自然规律，才能做到人与自然和谐相处。顺应自然，就是要使人类的活动符合而不是违背自然界的客观规律，以制度约束人的行为，防止出现因急功近利和个人贪欲而违背自然规律的现象。

最后，要保护自然。这是人与自然相处时应承担的重要责任，要求人发挥主观能动性，在向自然界索取生存发展之需的同时，呵护自然，回报自然，保护自然界的生态系统，对自然界不能只讲索取不讲投入、只讲利用不讲建设。要把人类活动控制在自然能够承载的限度之内，给自然留下恢复元气、休养生息、资源再生的空间，实现人类对自然获取和给予的平衡，多还旧账，不欠新账，防止出现生态赤字和人为造成的不可逆的生态灾难。

生态文明建设是一个长期性、系统性的工程，我们只有真正树立尊重自然、顺应自然和保护自然的生态文明新理念，这个工程才能顺利推进，美丽中国才能真正变成现实。建设社会主义生态文明就是要实现人与自然和谐发展，建设以资源环境承载力为基础、以自然规律为准则、以可持续发展为目标的资源节约型、环境友好型社会，努力走向社会主义生态文明新时代。这一切工作的开展，都必须紧紧围绕着坚持人与自然和谐共生的核心。

(三)形成人与自然和谐发展的新格局

我们已了解为什么要坚持人与自然和谐共生,那么,我们在实践中怎样形成人与自然和谐发展的新格局呢?

在回答这个问题前,我们有必要梳理一下近代以来环境问题的历史由来。从18世纪下半叶至20世纪上半叶,西方国家先后经历和完成了工业革命。在这场革命中,西方国家建立了以纺织、煤炭、能源、化工、冶金为基础的高污染、高耗能、高排放、资源型、即"三高一资"的产业结构和发展模式,迅速提高了西方资本主义国家的生产力并建立了此后几百年主导现代世界体系的物质基础。这种"三高一资"的产业结构和发展模式确实极大地提高了社会生产力。马克思曾经在《共产党宣言》中指出这种工业和发展模式在推动人类生产力方面的巨大历史意义:"资产阶级在它的不到一百年的阶级统治中所创造的生产力,比过去一切世代创造的全部生产力还要多,还要大"①。

这场革命被社会学家普遍称为人类技术史和经济史上的分水岭。但是,我们也要注意到这个生产力的分水岭,同时也是生态环境分水岭。从工业革命开始,由于对自然界大规模的利用、控制、征服,人类生态环境也随之开始恶化。20世纪20年代后,西方国家开始出现了严重的环境公害事件,到了50年代更是进入了"公害泛滥期",曾发生过著名的"八大公害事件"。

从那时起人类就开始对已有发展理念和发展模式进行反思。1972年联合国首次人类环境会议后,可持续发展理念逐渐成为世界共识,可持续发展战略逐渐上升为各国发展战略。西方国家开始把传统的"三高一资"产业转移到广大发展中国家。我们国家的生态环境问题也与此有一定关系。但是我们也要把握住一点,那就是我国生态环境问题的出现有着深刻的历史背景。中华人民共和国成立以来,我们用几十年就走完了西方国家几百年才走完的道路,但生态环境问题也在这几十年的有限历史时间内凸显出来。因此,习近平总书记指出,我国生态环境矛盾有一个历史积累过程,不是一天变坏的,但不能在我们手里变得越来越坏,共产党人应该有这样的胸怀和意志。

中国面对生态环境问题,提出了哪些新的发展理念呢?进入20世纪90年代后,面对生态环境恶化和发展不可持续问题,我国相继形成和提出了可持续发展、循环经济、科学发展、两型社会、低碳经济、生态文明等理念。党的十八届五中全会提出实现绿色发展,在发展问题上实现认识新升华,这是对未来发展理念的最高概括和战略抉择,

---

① 《马克思恩格斯选集》第1卷,人民出版社2012年版,第405页。

更具有现实针对性和长远指导意义。

也就是说，我们今天的发展是一种更全面的发展，说到底是为了社会的全面进步和人民生活水平不断提高，强调经济增长不等于经济发展，经济发展不单纯是速度的发展，经济的发展不代表着全面的发展，更不能以牺牲生态环境为代价。要做到以人为本，其中很重要的一条，就是不能在发展过程中摧残人自身生存的环境，要坚持人与自然的和谐共生。这就是习近平强调的要"守住生态和发展两条底线"，也就是说要形成人与自然和谐发展的新格局。这就要求我们必须坚持节约资源和保护环境的基本国策。在生态环境保护上，一定要树立大局观、长远观、整体观，不能因小失大、顾此失彼、寅吃卯粮、急功近利。具体来说，我们应该怎样形成人与自然和谐发展的新格局呢？

形成人与自然和谐发展的新格局，首先要把节约资源放在首位。必须在全社会、全领域、全过程都加强节约，要大力节约集约利用资源，推动资源利用方式根本转变，加强全过程节约管理，大幅降低能源、水、土地消耗强度，大力发展循环经济，促进生产、流通、消费过程的减量化、再利用、资源化。通过狠抓节能减排降低消耗、狠抓水资源节约利用、狠抓矿产资源节约利用、狠抓土地节约集约利用，实现资源节约。

其次，要坚持保护优先、自然恢复为主。要实行最严格的生态环境保护制度，在环保工作中，把预防为主、源头治理放在首位；在生态系统保护和修复中，要把利用自然力修复生态系统放在首位。这是我国生态文明建设的方向和重点。

再次，在发展模式上，我们要着力推进绿色发展、循环发展、低碳发展。要注重经济发展与生态保护的和谐共进，坚持在保护中发展、在发展中保护，更加自觉地推进绿色发展、循环发展、低碳发展。积极发展节能产业，推广高效节能产品；加快发展资源循环利用产业，推动矿产资源和固体废弃物综合利用；大力发展环保产业，壮大可再生能源规模。绝不能以牺牲生态环境为代价换取经济发展，要坚决摒弃损害甚至破坏生态环境的发展模式和做法，走经济发展和生态环境保护有机统一的绿色发展之路，走生产发展、生活富裕、生态良好的文明发展道路。

最后，也是非常重要的一点，就是要形成节约资源和保护环境的空间格局、产业结构、生产方式、生活方式。在现代化建设中，要整体谋划国土空间开发，尽可能集中、集约利用国土空间，减少对自然生态空间的占用，促进生产空间集约高效、生活空间宜居适度、生态空间山清水秀，给自然留下更多修复空间，给农业留下更多良田，给子孙后代留下天蓝、地绿、水净的美好家园。

据新闻报道，我国载人潜水器"蛟龙号"曾从大洋深处带回海洋生物，通过观察后发现，在4500米深水下生活的海洋生物体内竟检出微塑料。这预警着人类活动的污染已遍布全球。看来实现人与自然和谐发展已经迫在眉睫。

习近平关于人与自然和谐发展有很多重要论断。他认为，环境就是民生，青山就是美丽，蓝天也是幸福；绿水青山就是金山银山；保护环境就是保护生产力，改善环境就是发展生产力；我们要像保护眼睛一样保护生态环境，像对待生命一样对待生态环境。我们只有实现人与自然和谐发展，我们的现代化才是真正全面的、协调的现代化，中华民族才能真正实现伟大复兴。

绿水青山就是金山银山，把祖国建设成经济繁荣、环境优美、生态良好的美丽家园，既是建设美丽中国的根本要求，也是亿万人民的共同愿望，更是每一个公民义不容辞的责任。我们要坚持节约资源和保护环境的基本国策，为人民创造良好生产生活环境，努力形成人与自然和谐发展新格局。

(四) 加快生态文明体制改革

在人类社会发展的不同阶段，有不同的制度来保障、推动文明社会的养成，例如在重视集体力量的原始文明阶段，部落制是最优的制度工具；在物质财富飞速积累的工业文明阶段，相应地则有现代化的企业制度、金融制度、劳工制度等构成工业文明体制。当下，中国已经进入了生态文明的历史阶段，建设美丽中国，形成人与自然和谐发展的新格局，是否也需要有与之相适应的体制机制作保障呢？回答是肯定的。

建设生态文明是一场涉及生产方式、生活方式、思维方式和价值观念的革命性变革。实现这样的根本性变革，必须深化生态文明体制改革，尽快把生态文明制度的"四梁八柱"建立起来，把生态文明建设纳入制度化、法治化轨道，用制度保障生态环境、推进生态文明建设。面向新时代，我们要以更大的力度、更实际的措施推进生态文明建设，加快形成绿色生产方式和生活方式，着力解决突出环境问题，使我们的国家天更蓝、山更绿、水更清、环境更优，让绿水青山就是金山银山的理念在祖国大地上更加充分地展示出来。

生态文明体制改革，既要深化又要全面，更要科学，在推进相应工作的过程中，我们应该具体从哪些方面着手呢？

首先，要推进绿色发展。绿色发展，就其要义来讲，是要解决好人与自然和谐共生问题。加快建立绿色生产和消费的法律制度和政策导向，建立健全绿色低碳循环发展的经济体系。其次，构建市场导向的绿色技术创新体系，发展绿色金融，壮大节能环保产业、清洁生产产业、清洁能源产业。推进能源生产和消费革命，构建清洁低碳、安全高效的能源体系。推进资源全面节约和循环利用，实施国家节水行动，降低能耗、物耗，实现生产系统和生活系统循环链接。最后倡导简约适度、绿色低碳的生活方式，反对奢侈浪费和不合理消费，开展创建节约型机关、绿色家庭、绿色学校、绿色社区和绿色出行等行动。推动绿色发展将会特别关注生产、生活和消费过程中的行为。

我国地大物博，生态系统复杂多样，生态污染的问题还没有得到根本解决。如早年的松花江重大水污染事件、湖南浏阳镉污染事件等还持续地对生态系统产生着影响。在生态文明体制改革的过程中，我们该怎样打好生态保卫战呢？

首先，要着力解决突出环境问题。坚持全民共治、源头防治，持续实施大气污染防治行动，打赢蓝天保卫战。加快水污染防治，实施流域环境和近岸海域综合治理。强化土壤污染管控和修复，加强农业面源污染防治，开展农村人居环境整治行动。加强固体废弃物和垃圾处置。提高污染排放标准，强化排污者责任，健全环保信用评价、信息强制性披露、严惩重罚等制度。构建政府为主导、企业为主体、社会组织和公众共同参与的环境治理体系。积极参与全球环境治理，落实减排承诺。

其次，我们还要加大生态系统保护力度。具体来说，实施重要生态系统保护和修复重大工程，优化生态安全屏障体系，构建生态廊道和生物多样性保护网络，提升生态系统质量和稳定性。完成生态保护红线、永久基本农田、城镇开发边界三条控制线划定工作。开展国土绿化行动，推进荒漠化、石漠化、水土流失综合治理，强化湿地保护和恢复，加强地质灾害防治。完善天然林保护制度，扩大退耕还林还草。严格保护耕地，扩大轮作休耕试点，健全耕地草原森林河流湖泊休养生息制度，建立市场化、多元化生态补偿机制。

最后，要改革生态环境监管体制。要加强对生态文明建设的总体设计和组织领导，设立国有自然资源资产管理和自然生态监管机构，完善生态环境管理制度，统一行使全民所有自然资源资产所有者职责，统一行使所有国土空间用途管制和生态保护修复职责，统一行使监管城乡各类污染排放和行政执法职责。构建国土空间开发保护制度，完善主体功能区配套政策，建立以国家公园为主体的自然保护地体系。坚决制止和惩处破坏生态环境行为。

生态文明体制改革是建设美丽中国的重要任务，自党的十八大以来，全党全国贯彻绿色发展理念的自觉性和主动性显著增强，忽视生态环境保护的状况明显改变。

近年来，我国生态文明建设决心之大、力度之大、成效之大，在我国发展史上是前所未有的，生动诠释了党和国家在发展理念上的历史性变革，也进一步说明了建设生态文明是一场前所未有的革命性变革。要实现这样的根本性变革，必须深化生态文明体制改革，把生态文明建设纳入制度化、法治化轨道，用制度保障生态文明建设。

总之，我们要建设的现代化是人与自然和谐共生的现代化，既要创造更多的物质财富和精神财富以满足人民日益增长的美好生活需要，也要提供更多优质生态产品以满足人民日益增长的优美生态环境需要。我们将按照尊重自然、顺应自然、保护自然的理念，贯彻节约资源和保护环境的基本国策，加快生态文明体制改革，把生态文明建设融入经济建设、政治建设、文化建设、社会建设各方面和全过程，还自然以宁静、和谐、美丽，给子孙后代留下天蓝、地绿、水清的生产生活环境，努力开创社会主义生态文明新时代，建设美丽中国。

三、释疑解惑

※ 为什么说绿色发展是美丽中国的底色？

绿色是生命色、自然色，绿色发展是未来经济的方向、人民群众的期盼。良好生态本身蕴含着无穷的经济价值，能够源源不断地创造综合效益，实现经济社会可持续发展。建设美丽中国，就是要改变传统的生产模式和消费模式，实现经济社会发展和生态环境保护协调统一。一方面，加快形成绿色发展方式，调整经济结构和能源结构，培育壮大新型生态产业体系，提高资源全面节约和循环利用水平；另一方面，倡导简约适度、绿色低碳的生活方式，创建节约型机关、绿色家庭、绿色学校、绿色社区，形成文明健康的生活风尚，让绿色生活成为全社会的自觉行动。

※ 为什么说美丽中国建设离不开制度的保障？

建设美丽中国，最可靠的办法是加快推进生态文明体制改革。为改变"九龙治水"的状况，理顺生态保护上的管理职能，2018年中央整合相关职责组建生态环境部，加强生态环境保护统一监管，切实打通地上和地下、岸上和水里、陆地和海洋、城市和农村、一氧化碳和二氧化碳，形成污染防治和生态保护的整体合力。下一步，在确保已有改革举措落地见效的基础上，围绕解决生态环境领域突出问题，及时制定新的改革方案，重点抓好中央环境保护督察、生态产品价值实现路径试点，健全环保信用评价、信息强制性披露、严惩重罚等制度，用体制改革激发生态文明建设的动力和活力。

四、学习测试

(一) 单项选择题

1. 党的十七大首次将(　　)写进党代会报告中

　　A. 物质文明　　　B. 精神文明　　　C. 生态文明　　　D. 政治文明

2. 党的十八大首次将(　　)列入中国特色社会主义"五位一体"总体布局中

　　A. 生态文明建设　B. 经济建设　　　C. 文化建设　　　D. 社会建设

3. 生态文明的核心是(　　)

　　A. 敬畏自然　　　B. 依附自然　　　C. 利用自然　　　D. 人与自然和谐共生

4. 人与自然相处时应秉持的首要态度是(　　)

　　A. 认识自然　　　B. 尊重自然　　　C. 利用自然　　　D. 改造自然

5. 党的十八届五中全会公报提出，"实行(　　)的环境保护制度"

　　A. 最有效　　　　B. 最全面　　　　C. 最严格　　　　D. 最经济

6. 在生态环境保护问题上，要牢固树立(　　)的观念，就是不能越雷池一步，否则就应该受到惩罚

　　A. 生态红线　　　B. 绿色环保　　　C. 循环经济　　　D. 可持续发展

7. (　　)不属于清洁能源

　　A. 太阳能　　　　B. 风力　　　　　C. 沼气　　　　　D. 煤炭

8. 中国政府坚定不移地贯彻执行节约资源和环境保护这项(　　)

　　A. 基本国策　　　B. 政策　　　　　C. 方法　　　　　D. 工作

(二) 多项选择题

1. 我们应当牢固树立的生态文明新理念是(　　)

　　A. 尊重自然　　　B. 顺应自然　　　C. 保护自然　　　D. 改造自然

2. 建设生态文明是一场涉及(　　)的革命性变革

　　A. 生产方式　　　B. 生活方式　　　C. 思维方式　　　D. 价值观念

◎ 参考答案

(一)单项选择题

1. C 2. A 3. D 4. B 5. C 6. A 7. D 8. A

(二)多项选择题

1. ABC 2. ABCD

第十一章
"四个全面"战略布局

一、教学基本要求

本章主要讲授"四个全面"战略布局的主要内容及其相互关系。通过本章内容的学习，使同学们了解决胜全面建成小康社会的新要求和具体举措、全面深化改革的总目标和主要内容，掌握新时代党的建设总要求，以及推进全面从严治党向纵深发展的举措和路径。知识点框架图如图 11-1 所示。

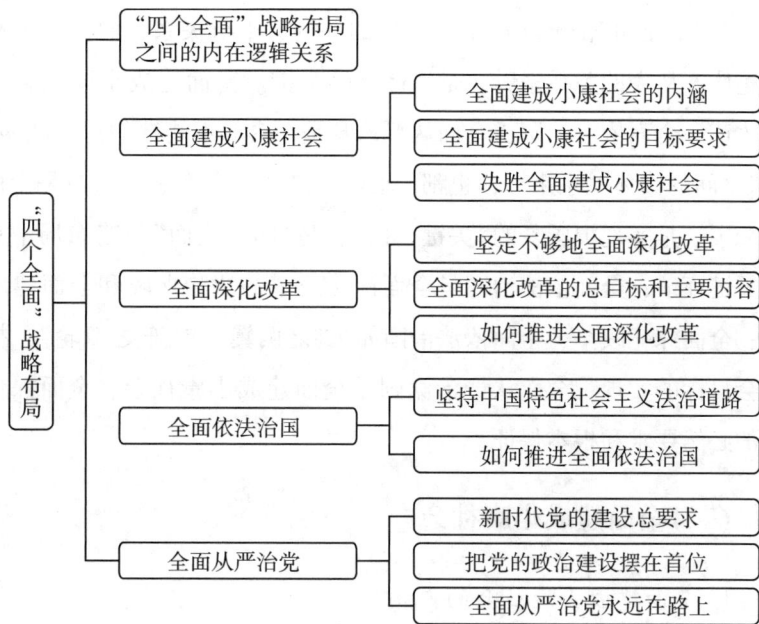

图 11-1　第 11 章知识点框架图

二、重点讲解

(一)"四个全面"战略布局之间的内在逻辑关系

习近平提出的全面建成小康社会、全面深化改革、全面依法治国、全面从严治党这"四个全面"的重要论述,体现了党在新的历史条件下对社会主义建设规律的新认识,展现了以习近平同志为核心的党中央对加快发展中国特色社会主义整体布局和建设重点的新思路。从党的十八大提出全面建成小康社会的新要求,到党的十八届三中全会作出全面深化改革、党的十八届四中全会作出全面推进依法治国重大决策,再到习近平在党的群众路线教育实践活动总结大会上提出"全面推进从严治党"战略部署,这是一个环环相扣、步步深入的全局谋划和战略部署。

"四个全面"战略布局,言简意赅、精辟深刻,既有战略目标又有战略举措,既统揽全局又突出重点,每一个"全面"都有其重大战略意义,相互之间密切联系、有机统一。

"四个全面"战略布局不是简单的并列、平行关系,而是一个有机联系、环环相扣的整体。从大的关系来看,是目标引领举措。全面建成小康社会是战略目标,全面深化改革、全面依法治国、全面从严治党是一个都不能缺的三大战略举措,从每一个"全面"之间的具体关系来看,也都是彼此联系的。全面深化改革是全面建成小康社会的动力源泉,是实现中国梦的"关键一招",是"四个全面"战略布局中具有突破性和先导性的关键环节;全面依法治国是全面深化改革的法治保障和全面建成小康社会的重要基石;全面深化改革、全面依法治国如"鸟之两翼"或"车之双轮",推动着全面建成小康社会目标的实现;全面从严治党则是全面建成小康社会、全面深化改革、全面依法治国的必然要求和根本保证。

(二)全面建成小康社会

1. 全面建成小康社会的内涵

党的十八大以来,以习近平同志为核心的党中央准确把握国内外经济社会发展大势,系统总结小康社会建设的经验与教训,立足于解决群众最关心、最直接、最现实的主要矛盾与问题,对全面建成小康社会的科学内涵做出了一系列重要论述,描绘了一幅幅美好愿景。

全面建成小康社会的核心是小康社会。党的十六大以前，党和国家为了实现 20 世纪末人民生活水平总体达到小康水平的目标，主要贯彻执行"三步走"战略布局。通过党和人民的不懈努力，虽然总体上已达到小康水平，但要正视现在达到的小康还是低水平、不全面、发展很不平衡的小康。要解决这些问题，需要我们提出更高的目标，这一目标就是全面建成小康社会，这是"实现现代化建设第三步战略目标必经的承上启下的发展阶段"。

全面建成小康社会的重点在于"全面"。"小康"讲的是发展水平，"全面"讲的是发展的平衡性、协调性、可持续性。全面小康，覆盖的人口要全面，是惠及全体人民的小康。坚持发展为了人民、发展依靠人民、发展成果由人民共享，全面小康才能真正造福全体人民。"没有全民小康，就没有全面小康"；"小康不小康，关键看老乡"，全面建成小康社会，是没有人掉队的小康。全面小康，覆盖的区域要全面，是城乡区域共同发展的小康。全面建成小康社会是涵盖沿海和内地、东部地区和西部地区、城市和乡村、贫困地区和非贫困地区在内的小康社会。"没有农村的全面小康和欠发达地区的全面小康，就没有全国的全面小康"。① 加大统筹城乡发展、统筹区域发展的力度，推进城乡发展一体化，缩小城乡区域发展差距，是全面建成小康社会的一项重要任务。缩小城乡区域发展差距，不仅是缩小国内生产总值总量和增长速度的差距，而且是缩小居民收入水平、基础设施通达水平、基本公共服务均等化水平、人民生活水平等方面的差距。

全面建成小康社会的关键是"建成"。党的宗旨是全心全意为人民服务，党成立以来 90 多年的不懈奋斗是为了让普通老百姓过上幸福的生活，2020 年实现全面建成小康社会的目标，是根据党的宗旨做出的主动选择，顺应了全国人民对更好生活的期盼。从全面建设小康社会到全面建成小康社会，从字面来看虽然只有一字之差，但表明了党中央在新的历史时期带领全国各族人民不畏困难、迎难而上，确保 2020 年如期建成全面小康的决心。

全面建成小康社会，要实事求是、因地制宜。我国幅员辽阔，各地发展差距较大，生产力发展水平多层次，不可能是"同一水平小康"，完全没有差距是不可能的。全面建成小康社会是针对全国讲的，不是每个地区、每个民族、每个人都达到同一个水平，

① 《习近平关于协调推进"四个全面"战略布局论述摘编》，中央文献出版社 2015 年版，第 24 页。

不能把相关指标简单套用到各省区市，那样不科学，也不现实。如期全面建成小康社会，既要坚持一定标准，又要防止好高骛远；既要考虑到 2020 年这个时间节点，又要立足于打基础、谋长远、见成效。

2. 全面建成小康社会的目标要求

党的十八届五中全会顺应我国经济社会新发展和广大人民群众新期待，赋予"小康"更高的标准、更丰富的内涵，对全面建成小康社会进行了总体部署，规划和设计了未来美好生活的宏伟蓝图，体现了目标导向与问题导向相统一，体现了坚持战略性和操作性相结合。

经济保持中高速增长。在提高发展平衡性、包容性、可持续性基础上，到 2020 年国内生产总值和城乡居民人均收入比 2010 年翻一番，主要经济指标平衡协调，发展质量和效益明显提高。产业迈向中高端水平，农业现代化进展明显，工业化和信息化融合发展水平进一步提高，先进制造业和战略性新兴产业加快发展，新产业新业态不断成长，服务业比重进一步提高。

创新驱动成效显著。创新驱动发展战略深入实施，创业创新蓬勃发展，全要素生产率明显提高。科技与经济深度融合，创新要素配置更加高效，重点领域和关键环节核心技术取得重大突破，自主创新能力全面增强，迈进创新型国家和人才强国行列。

发展协调性明显增强。消费对经济增长贡献继续加大，投资效率和企业效率明显上升。城镇化质量明显改善，户籍人口城镇化率加快提高。区域协调发展新格局基本形成，发展空间布局得到优化。对外开放深度广度不断提高，全球配置资源能力进一步增强，进出口结构不断优化，国际收支基本平衡。

人民生活水平和质量普遍提高。就业、教育、文化体育、社保、医疗、住房等公共服务体系更加健全，基本公共服务均等化水平稳步提高。教育现代化取得重要进展，劳动年龄人口受教育年限明显增加。就业比较充分，收入差距缩小，中等收入人口比重上升。我国现行标准下农村贫困人口实现脱贫，贫困县全部摘帽，解决区域性整体贫困。

国民素质和社会文明程度显著提高。中国梦和社会主义核心价值观更加深入人心，爱国主义、集体主义、社会主义思想广泛弘扬，向上向善、诚信互助的社会风尚更加浓厚，国民思想道德素质、科学文化素质、健康素质明显提高，全社会法治意识不断增强。公共文化服务体系基本建成，文化产业成为国民经济支柱性产业。中华文化影响持续扩大。

生态环境质量总体改善。生产方式和生活方式绿色、低碳水平上升。能源资源开发利用效率大幅提高,能源和水资源消耗、建设用地、碳排放总量得到有效控制,主要污染物排放总量大幅减少。主体功能区布局和生态安全屏障基本形成。

各方面制度更加成熟更加定型。国家治理体系和治理能力现代化取得重大进展,各领域基础性制度体系基本形成。人民民主更加健全,法治政府基本建成,司法公信力明显提高。人权得到切实保障,产权得到有效保护。开放型经济新体制基本形成,中国特色现代军事体系更加完善,党的建设制度化水平显著提高。

3. 决胜全面建成小康社会

党的十九大进一步明确了决胜全面建成小康社会的战略安排。我们要深入贯彻习近平新时代中国特色社会主义思想,紧扣社会主要矛盾的变化,综合施策、精准发力,突出抓重点、补短板、强弱项,赢得全面建成小康社会的最后胜利。

第一,坚决打好防范化解重大风险攻坚战。"安而不忘危,存而不忘亡,治而不忘乱。"当前和今后一个时期,可能是我国发展面临的各方面风险不断积累,甚至集中显露的时期。我们面临的重大风险是多方面的,既包括国内的经济、政治、意识形态、社会风险以及来自自然界的风险,也包括国际经济、政治、战略、主权、军事等方面的风险。各种风险往往不是孤立出现的,很可能相互交织并形成一个风险综合体。如果发生重大风险又扛不住,国家安全就可能面临重大风险,全面建成小康社会进程就可能被迫中断。党的十九大把防范化解重大风险作为决胜全面建成小康社会三大攻坚战的首要战役,要切实增强忧患意识和底线思维,坚决打好这场攻坚战。要加强风险隐患排查,摸清风险底数,坚持标本兼治,注重以完善体制机制来防范化解风险。要加强对各种风险源的调查研判,提高动态监测、实时预警、应急处置能力,有效防范"黑天鹅"事件、"灰犀牛"事件冲击,防止小风险演化成大风险、防止外部风险演化为内部风险、防止经济金融风险演化为社会政治风险、防止个别风险演化为系统性风险,为全面建成小康社会创造良好环境。

第二,坚决打好精准脱贫攻坚战。到 2017 年年底,全国贫困人口还有约 3000 万人,其中相当一部分居住在艰苦边远地区,处于深度贫困状态,属于脱贫攻坚"最重的担子""最硬的骨头"。要坚持精准扶贫、精准脱贫基本方略,坚持专项扶贫、行业扶贫、社会扶贫"三位一体"大扶贫格局。要发挥集中力量办大事的制度优势,重点解决好深度贫困问题,加强东西部扶贫协作和对口支援,做好中央单位定点帮扶。结合实际实施好"五个一批"工程,即发展生产脱贫一批、易地搬迁脱贫一批、生态补偿脱贫一批、发展教育脱贫一批、社会保障兜底一批。坚持中央统筹、省负总责、市县抓落实的工作机制，强化党政一把手负总责的责任制。注重把扶贫同扶志、扶智结合起来，提高贫困地区和贫困群众的自我发展能力和脱贫致富内在动力。坚持"两不愁三保障"脱贫标准，即不愁吃、不愁穿，保障义务教育、基本医疗、住房安全，既不能降低标准，也不能盲目抬高标准。实行最严格的考核评估，确保到2020年我国现行标准下农村贫困人口实现脱贫，贫困县全部摘帽，做到脱真贫、真脱贫，补齐农村这块全面建成小康社会的最大短板。

第三，坚决打好污染防治攻坚战。目前，我国环境形势依然严峻，大气、水、土壤等污染问题仍较突出。要贯彻绿色发展理念，坚持节约优先、保护优先、自然恢复为主，加快形成节约资源和保护环境的空间格局、产业结构、生产和生活方式。要加快产业结构优化升级，推动能源生产和消费革命，推进绿色低碳循环发展，总体改善生态环境质量，重点要打赢蓝天保卫战。强化大气、水、土壤等污染防治，着力解决损害群众健康、社会反映强烈的突出环境问题。加强环保督察，落实环保主体责任，健全环境损害赔偿和责任追究制度，形成全社会齐抓共管的生态环境保护格局和氛围，使生态环境改善与全面建成小康社会相适应。①

第四，确保经济社会持续健康发展。坚持深化供给侧结构性改革，促进"三去一降一补"重点任务取得更大成效，强化创新驱动，加快经济发展方式转变，提高发展质量和效益。保持宏观政策的连续性、稳定性，推动经济保持中高速增长、产业迈向中高端水平，在发展平衡性、协调性、可持续性明显增强的基础上，实现国内生产总值和城乡居民人均收入比2010年翻一番等目标要求。

我们已经进入全面建成小康社会决胜阶段，到了一鼓作气向终点线冲刺的历史时刻。下大气力破解制约如期全面建成小康社会的重点难点问题，这既是必须完成的任务，也是必须迈过的一道坎。我们要紧扣社会主要矛盾变化，统筹推进"五位一体"总体布局，坚定实施科教兴国、人才强国、创新驱动发展、乡村振兴、区域协调、可持续发展、军民融合发展战略，突出抓重点、补短板、强弱项，使全面建成小康社会得到人民认可，经得起历史检验，在此基础上开启全面建设社会主义现代化国家新的伟大征程。

---

① 《习近平新时代中国特色社会主义思想三十讲》，学习出版社2018年版，第121~123页。

（三）全面深化改革

1. 坚定不移地全面深化改革

党的十八届三中全会审议通过的《中共中央关于全面深化改革若干重大问题的决定》，提出了全面深化改革的指导思想、目标任务、重大原则，描绘了全面深化改革的新蓝图、新愿景、新目标，合理布局了深化改革的战略重点、优先顺序、主攻方向、工作机制、推进方式和时间表、路线图，汇集了全面深化改革的新思想、新论断、新举措，是我们党在新的历史起点上全面深化改革的科学指南和行动纲领。

当前我们提出全面深化改革，是顺应当今世界发展大势的必然选择。纵观世界，变革是大势所趋、人心所向。现在世界各国正在加快推进变革，新一轮科技革命和产业变革正在孕育兴起。在这样的形势下，要如期全面建成小康社会，实现中华民族伟大复兴，必须认清形势、居安思危、奋起直追。

全面深化改革是解决中国现实问题的根本途径。我国改革开放历经40多年的伟大实践，走到了一个新的历史关头。随着改革不断向纵深推进，可以说容易的、皆大欢喜的改革已经完成了，好吃的肉都吃掉了，剩下的都是难啃的硬骨头。矛盾越大、问题越多，越要攻坚克难、勇往直前。改革只有进行时，没有完成时。

全面深化改革，关系党和人民事业前途命运，关系党的执政基础和执政地位。中国特色社会主义进入新时代，要站在更高的起点谋划和推进改革；改革要有方向、有立场、有原则，要确保改革沿着有利于党和人民事业发展的正确方向前进。

2. 全面深化改革的总目标和主要内容

第一，全面深化改革的总目标。党的十八届三中全会通过了《中共中央关于全面深化改革若干重大问题的决定》，提出全面深化改革的总目标是完善和发展中国特色社会主义制度，推进国家治理体系和治理能力现代化。这两句话是一个整体，前一句规定了根本方向，后一句规定了实现路径，我们是在中国特色社会主义道路这个方向上推进国家治理体系和治理能力现代化。推进国家治理体系和治理能力现代化，是完善和发展中国特色社会主义制度的必然要求，是实现社会主义现代化的应有之义。推进国家治理体系和治理能力现代化，就是要使各方面制度更加科学、更加完善，为党和国家事业发展、为人民幸福安康、为社会和谐稳定、为国家长治久安提供一整套更完备、更稳定、更管用的制度体系，实现党、国家、社会各项事务治理制度化、规范化、程序化，善于运用制度和法律治理国家，提高党科学执政、民主执政、依法执政水平，提高运用中国特色社会主义制度有效治理国家的能力，充分发挥我国社会主义制度的优越性。

第二，全面深化改革的主要内容。党的十八届三中全会既提出了全面深化改革的总目标，也在总目标统领下明确了经济体制、政治体制、文化体制、社会体制、生态文明体制和党的建设制度等方面深化改革的具体目标和任务。经济体制改革要紧紧围绕使市场在资源配置中起决定性作用和更好发挥政府作用开展；政治体制改革要紧紧围绕坚持党的领导、人民当家作主、依法治国有机统一开展；文化体制改革要紧紧围绕建设社会主义核心价值体系、社会主义文化强国开展；社会体制改革要紧紧围绕更好保障和改善民生、促进社会公平正义开展；生态文明体制改革要紧紧围绕更好保障和改善民生、促进社会公平正义开展。

3. 如何推进全面深化改革

第一，必须坚持党对改革的集中统一领导。党是改革的倡导者、推动者、领导者，改革能否顺利推进，关键取决于党，取决于党的领导。坚持党对一切工作的领导，是习近平新时代中国特色社会主义思想的重要内容。党的十九大报告"八个明确"指出，中国特色社会主义最本质的特征是中国共产党领导；"十四个坚持"第一条就是坚持党对一切工作的领导。党是最高政治领导力量。新时代推进全面深化改革，最重要的是必须毫不动摇地坚持党对改革的集中统一领导。实践证明，坚持和加强党对改革的集中统一领导，提升党中央对改革的领导力和权威性，有利于全党全国在改革上统一思想、坚定信心，有利于稳步推进各项改革，为全面深化改革提供坚强政治保障。

第二，必须坚持改革沿着中国特色社会主义方向前进。方向决定道路，道路决定命运。我国改革开放之所以能取得巨大成功，关键是我们把党的基本路线作为党和国家的生命线，始终坚持把以经济建设为中心同四项基本原则、改革开放这两个基本点统一于中国特色社会主义伟大实践，既不走封闭僵化的老路，也不走改旗易帜的邪路，坚定不移走中国特色社会主义道路。改革是社会主义制度自我完善和发展，不是对社会主义制度改弦易张，不论怎么改革、怎么开放，都要始终坚持中国特色社会主义道路、中国特色社会主义理论体系、中国特色社会主义制度。

第三，必须坚持改革往有利于维护社会公平正义、增进人民福祉方向前进。促进社会公平正义、增进人民福祉是全面深化改革的出发点和落脚点，是坚持党全心全意为人民服务根本宗旨的必然要求。在不同发展水平上、在不同历史时期，不同的人对社会公平正义的认识和诉求不同。我们讲促进社会公平正义，是从最广大人民根本利益出发，从社会发展水平、从社会大局、从全体人民的角度出发，通过创新制度安排，创造更加公平正义的社会环境，让改革发展成果更多、更公平地惠及全体人民，保证人民平等参与、平等发展的权利，实现好、维护好、发展好最广大人民根本利益，给人民群众带来更多的获得感。

第四，必须坚持社会主义市场经济改革方向。提出建立社会主义市场经济体制的改革目标，是我们党在建设中国特色社会主义进程中的重大理论和实践创新，坚持社会主义市场经济改革方向，是建立完善的社会主义市场经济体制的必然要求。我国社会主义市场经济体制已经初步建立，要继续朝着加快完善社会主义市场经济体制的目标努力，着力健全使市场在资源配置中起决定性作用和更好发挥政府作用的制度体系。坚持社会主义市场经济改革方向，是加快推进社会主义现代化的必然要求，实现现代化目标，其实都离不开市场经济这个最根本的社会基础。坚持社会主义市场经济改革方向，不仅是经济体制改革的基本遵循，也是全面深化改革的重要依托。要使各方面体制改革朝着这一方向协同推进，同时也使各方面自身相关环节更好适应社会主义市场经济发展提出的新要求。

除此之外，我们还应当正确处理全面深化改革中的重大关系：一是处理好解放思想和实事求是的关系；二是处理好顶层设计和摸着石头过河的关系；三是处理好整体推进和重点突破的关系；四是处理好胆子要大、步子要稳的关系；五是处理好改革、发展、稳定的关系。

（四）全面依法治国

1. 坚持中国特色社会主义法治道路

法律是治国之重器，良法是善治之前提。全面依法治国是关系我们党执政兴国、人民幸福安康、党和国家长治久安的重大战略问题，是"四个全面"战略布局的重要组成部分。党的十九大明确提出，全面依法治国是中国特色社会主义的本质要求和重要保障。必须把党的领导贯彻落实到依法治国全过程和各方面，坚定不移走中国特色社会主义法治道路。全面依法治国，必须走对路。如果路走错了，南辕北辙了，那再提什么要求和举措也都没有意义了。在坚持和拓展中国特色社会主义法治道路这个根本问题上，我们要树立自信、保持定力，要坚持中国共产党的领导，坚持人民在全面依法治国中的主体地位，坚持法律面前人人平等，坚持依法治国和以德治国相结合，坚持从中国实际出发。

2. 如何推进全面依法治国

首先，推进中国特色社会主义法治体系建设。

第一，完善以宪法为核心的中国特色社会主义法律体系，形成完备的法律规范体系。良法是善治的前提。"立善法于天下，则天下治；立善法于一国，则一国治。"目前，我国有法律 260 多部、行政法规 700 多部、地方性法规 9000 多部，行政规章 11000 多部，中国特色社会主义法律体系已经形成，但还需要进一步完善。要紧紧围绕提高立法质量和立法效率，继续加强和改进立法工作，坚持科学立法、民主立法、依法立法，坚持立、改、废、释并举，增强法律法规的及时性、系统性、针对性、有效性，提高法律法规的可执行性、可操作性。

第二，建立高效的法治实施体系。"天下之事，不难于立法，而难于法之必行。"法律的有效实施，是全面依法治国的重点和难点。要坚持依宪治国、依宪执政，加强宪法实施，坚决纠正一切违反宪法的行为。按照有法必依、执法必严、违法必究的要求，加快完善执法、司法、守法等方面的体制机制，坚持严格执法、公正司法、全民守法，切实维护法律尊严和权威，确保法律全面有效实施。

第三，建立严密的法治监督体系。权力不论大小，只要不受制约和监督，都可能被滥用。没有监督的权力必然导致腐败，这是一条铁律。我们要以规范和约束公权力为重点，加大监督力度，加强党内监督、人大监督、民主监督、行政监督、司法监督、审计监督、社会监督、舆论监督，努力形成科学有效的权力运行制约和监督体系，增强监督合力和实效，做到有权必有责、用权受监督、违法必追究。

第四，建立有力的法治保障体系。"徒善不足以为政，徒法不足以自行。"如果没有一系列的保障条件，法治就难以实现。要切实加强党对全面依法治国的领导，提高依法执政能力和水平，为全面依法治国提供有力的政治和组织保障。加强法治队伍建设，为全面依法治国提供有力的队伍保障。改革和完善不符合法治规律、不利于依法治国的体制机制，为全面依法治国提供完备的制度保障。

第五，治国必先治党。建设中国特色社会主义法治体系，就要形成完善的党内法规体系。党内法规既是全面从严治党的重要依据，也是全面依法治国的有力保障。要坚持依法治国与制度治党、依规治党统筹推进、一体建设，完善党内法规制定体制机制，注重党内法规同国家法律的衔接和协调，构建以党章为根本，以民主集中制为核心，以准则、条例等中央党内法规为主干，由各领域各层级党内法规制度组成的党内法规制度体系，切实提高党内法规执行能力和水平。

在中国特色社会主义法治体系中，"完备的法律规范体系"是静态意义上的法律规范体系，该体系是以宪法为核心的"中国特色社会主义法律体系"，包含了在中华人民共和国主权管辖范围内以宪法作为根本法的一切法律规范体系，例如在香港和澳门特别行政区适用的法律规范体系，等等。"高效的法治实施体系""严密的法治监督体系"及"有力的法治保障体系"是动态意义上的法律运行体系，体现了法治的价值重在宪法和法律的实施，关注的是实际生活中法律规范的实施状况和实现程度，强调的是现实生活中人们的行为真正受到法律规范的约束。"完善的党内法规体系"是从准法律规范的角度对我党管党治党的党内法规提出的体系化要求，将党内法规体系纳入"中国特色社会主义法治体系"范畴，正是体现了"中国特色社会主义法治体系"的"中国特色"。

其次，深化依法治国实践。

法律的生命力在于实施，法律的权威也在于实施。深化依法治国实践，必须坚持以中国特色社会主义法治理论为指导，在全面依法治国总目标统领下明确重点任务，并在工作布局中推进重点任务。加强宪法实施和监督，推进合宪性审查工作，维护宪法权威。全面推进科学立法、严格执法、公正司法、全民守法，坚持依法治国、依法执政、依法行政共同推进，坚持法治国家、法治政府、法治社会一体建设，不断开创依法治国新局面。

法治是大国崛起的必由之路。先秦法家韩非子曾有总结："国无常强，无常弱。奉法者强，则国强；奉法者弱，则国弱。"如今，"推进法治中国建设"的强国之策正在新的历史时期熠熠生辉。坚持法治，是我们实现强国之梦、大国崛起之梦的重要保障。法治，将恒久地照亮中国这个伟大国家的未来！

（五）全面从严治党

1. 新时代党的建设总要求

党的十九大明确提出了新时代党的建设总要求：坚持和加强党的全面领导，坚持党要管党、全面从严治党，以加强党的长期执政能力建设、先进性和纯洁性建设为主线，以党的政治建设为统领，以坚定理想信念宗旨为根基，以调动全党积极性、主动性、创造性为着力点，全面推进党的政治建设、思想建设、组织建设、作风建设、纪律建设，把制度建设贯穿其中，深入推进反腐败斗争，不断提高党的建设质量，把党建设成为始终走在时代前列、人民衷心拥护、勇于自我革命、经得起各种风浪考验、朝气蓬勃的马克思主义执政党。

党的十九大提出的新时代党的建设总要求，从全局和战略的高度，对推进党的建设新的伟大工程作出了整体谋划和顶层设计，是指导新时代党的建设的总纲领和总遵循。

第一，明确了新时代党的建设的目的：坚持和加强党的全面领导。这也是新时代党的建设的根本原则。党的领导是战胜一切困难和风险的"定海神针"，党的领导必须是全面的、整体的，哪个领域、哪个方面、哪个环节缺失了弱化了，都会削弱党的力量，损害党和人民的事业。

第二，明确了新时代党的建设的根本方针：坚持党要管党、全面从严治党。"全面"是基础。"全面"体现为管党治党对象全覆盖、领域全范围、责任全担负，人人、处处、时时纳入其中，无一例外。"严"是关键。就是要坚持严字当头，把严的要求贯穿全过程，做到真管真严、敢管敢严、长管长严。"治"是要害。坚持标本兼治，以猛药去疴、重典治乱的决心，以刮骨疗毒、壮士断腕的勇气，拔"烂树"、治"病树"、正"歪树"。

第三，明确了新时代党的建设的工作思路。新时代党的建设必须紧紧围绕"四个以"来进行，即"以加强党的长期执政能力建设、先进性和纯洁性建设为主线"，"以党的政治建设为统领"，"以坚定理想信念宗旨为根基"，"以调动全党积极性、主动性、创造性为着力点"。这"四个以"涵盖了新的历史条件下推进党的建设新的伟大工程的基本内容，抓住了关键环节和重点部位。

第四，明确了新时代党的建设的总体布局。全面推进党的政治建设、思想建设、组织建设、作风建设、纪律建设，把制度建设贯穿其中，深入推进反腐败斗争，不断提高党的建设质量。

第五，明确了新时代党的建设的目标，即：把党建设成为始终走在时代前列、人民衷心拥护、勇于自我革命、经得起各种风浪考验、朝气蓬勃的马克思主义执政党。这一目标集中体现了党的性质、宗旨、纲领，体现了新时代共产党人的价值取向、政治定力、使命担当。

新时代党的建设总要求，对推进党的建设新的伟大工程作出顶层设计、战略部署，丰富和发展了马克思主义建党学说，标志着对执政党建设规律的认识达到新的高度。

2. 把党的政治建设摆在首位

全面从严治党，就是要抓好党的建设，在党的建设中，我们要把党的政治建设摆在首位。旗帜鲜明讲政治是中国共产党作为马克思主义政党的根本要求。中国共产党作为马克思主义执政党，讲政治是一以贯之的要求。政治建设是党的根本性建设，决定党的建设方向和效果。党的十九大把党的政治建设纳入党的建设总体布局并摆在首位，明确了政治建设在新时代党的建设中的战略定位，抓住了全面从严治党的根本性问题。注重抓党的政治建设也是党的十八大以来全面从严治党的成功经验。

加强党的政治建设，重点要围绕以下四个方面：

第一，保证全党服从中央，坚持党中央权威和集中统一领导。这是党的政治建设的首要任务。全党同志要牢固树立政治意识、大局意识、核心意识、看齐意识，坚定执行党的政治路线，严格遵守政治纪律和政治规矩，在政治立场、政治方向、政治原则、政治道路上同党中央保持高度一致。

第二，严肃党内政治生活。这既是党的政治建设的重要任务，又是加强党的政治建设的基本途径。各级党组织和全体党员要牢固树立党章意识，自觉用党章规范自己的一言一行。严格执行《关于新形势下党内政治生活的若干准则》，增强党内政治生活的政治性、时代性、原则性、战斗性，自觉抵制商品交换原则对党内生活的侵蚀，营造风清气正的良好政治生态。

第三，发展积极健康的党内政治文化。这是党的政治建设的重大任务和崭新课题。要弘扬以忠诚老实、公道正派、实事求是、清正廉洁等为主要内容的共产党人价值观；坚决抵制和反对各种腐朽、庸俗文化的侵蚀，坚决防止和反对个人主义、分散主义、自由主义、本位主义、好人主义，坚决防止和反对宗派主义、圈子文化、码头文化，坚决反对搞两面派、做两面人。

第四，动员全党同志自觉加强党性锻炼。全党同志特别是高级干部要加强党性锻炼，不断提高政治觉悟和政治能力，把对党忠诚、为党分忧、为党尽职、为民造福作为根本政治担当。

3. 全面从严治党永远在路上

面对党执政环境的新变化，我们必须坚持问题导向，保持战略定力，以"越是艰险越向前"的英雄气概、"狭路相逢勇者胜"的斗争精神，把全面从严治党引向深入。在全面从严治党这个问题上，不能有"差不多了，该松口气、歇歇脚"的想法，不能有初见成效就见好就收的想法。全面从严治党永远在路上，除了加强党的政治建设，还应做到以下几点：

第一，加强党的思想建设。思想建设是党的基础性建设，坚定理想信念是党的思想建设的首要任务。共产主义远大理想和中国特色社会主义共同理想，是中国共产党人的精神支柱和政治灵魂，也是保持党的团结统一的思想基础。加强党的思想建设，必须坚定党员干部的理想信念。

当前大多数党员干部理想信念是坚定的，政治上是可靠的。同时也要看到，在党员干部队伍中，信仰缺失是一个需要引起高度重视的问题。有的对共产主义心存怀疑，认为那是虚无缥缈难以企及的幻想；有的不信马列信鬼神，从封建迷信中寻找精神寄托，热衷于算命看相、烧香拜佛；有的是非观念淡薄、原则性不强、正义感退化；有的甚至向往西方社会制度和价值观念，对社会主义前途命运丧失信心；有的在涉及党的领导和中国特色社会主义道路等原则性问题的政治挑衅面前态度暧昧、消极躲避、不敢亮剑，等等。一些党员干部出现这样或那样的问题，说到底是信仰迷茫、精神迷失。

崇高信仰、坚定信念不会自发产生。我们要认真学习马克思主义基本理论特别是习近平新时代中国特色社会主义思想，学会运用马克思主义立场观点方法观察和解决问题，把理想信念建立在对科学理论的理性认同上，建立在对历史规律的正确认识上。解决好世界观、人生观、价值观这个"总开关"问题，自觉做共产主义远大理想和中国特色社会主义共同理想的坚定信仰者和忠实实践者。

第二，加强党的组织建设。党的组织建设主要包括民主集中制建设、党的基层组织建设、干部队伍建设和党员队伍建设等内容。一是坚持"信念坚定、为民服务、勤政务实、敢于担当、清正廉洁"的新时代好干部标准。二是坚持正确选人用人导向。严格执行《党政领导干部选拔任用工作条例》，匡正选人用人风气，以用人环境的风清气正促进政治生态的山清水秀。三是坚持党管干部的原则。把从严管理干部贯彻落实到干部队伍建设全过程。坚持党管人才的原则，聚天下英才而用之，加快建设人才强国。四是加强基层组织建设，真正把基层党组织建设成为宣传党的主张、贯彻党的决定、领导基层治理、团结动员群众、推动改革发展的坚强战斗堡垒。

第三，持之以恒、正风肃纪。党的作风就是党的形象，关系人心向背，关系党的生死存亡。作风建设的核心是保持党同人民群众的血肉联系。党的最大政治优势是密切联系群众。党的作风建设关键在于解决问题、务求实效。党的十八大以来，以习近平同志为核心的党中央把加强党的作风建设紧紧抓在手上，制定和落实中央八项规定，开展了党的群众路线教育实践活动以及"三严三实"专题教育活动，推进"两学一做"学习教育常态化制度化，进一步解决党员队伍在思想、组织、作风、纪律等方面存在的问题。党中央以踏石留印、抓铁有痕的劲头狠抓作风建设，推动党风政风为之一新，党心民心为之大振。

正风必先肃纪。中国共产党是靠铁的纪律组织起来的马克思主义政党,纪律严明是党的光荣传统和独特优势。中国共产党有9000多万党员,在一个幅员辽阔、人口众多的发展中大国长期执政,如果没有铁的纪律,就没有党的团结统一,党的凝聚力和战斗力就会大大削弱,党的领导能力和执政能力就会大大削弱。严明党的纪律,首要的是严明政治纪律。我们要在重点强化政治纪律和组织纪律的同时,带动廉洁纪律、群众纪律、工作纪律、生活纪律严起来。要加强纪律教育,使铁的纪律转化为党员、干部的日常习惯和自觉遵循。不断完善纪律规章,实现制度与时俱进。

第四,将制度建设贯穿党的各项建设之中。制度问题带有根本性、全局性、稳定性、长期性,加强制度建设是全面从严治党的长远之策、根本之策。要让权力在阳光下运行,把权力关进制度的笼子。将制度建设贯穿于党的各项建设之中,就是指抓政治建设、思想建设、组织建设、作风建设、纪律建设,深入推进反腐败斗争,都需要制度保障,而且要贯穿始终。

第五,深化标本兼治,夺取反腐败斗争压倒性胜利。廉政建设和反腐败斗争,是从严治党的重中之重。只有以反腐败斗争永远在路上的坚韧和执着,深化标本兼治,保证干部清正、政府清廉、政治清明,才能跳出历史周期率,确保党和国家长治久安。标本兼治,既要夯实治本的基础,又要敢于用治标的利器。要坚持无禁区、全覆盖、零容忍,坚持重遏制、强高压、长震慑,坚持受贿行贿一起查,坚决减存量,重点遏增量。"老虎"露头就要打,"苍蝇"乱飞也要拍。

此外,监督也是全面从严治党的重要途径:十三届全国人大一次会议通过的《中华人民共和国宪法修正案》,组建国家、省、市、县监察委员会,同党的纪律检查机关合署办公,加强了党对反腐败工作的统一领导。设立"监察委员会"是国家监察体制的重大改革;是全面从严治党向纵深发展的重大举措;体现了依规治党与依法治国、纪检与监察的有机统一。

习近平强调,领导14亿多人的社会主义大国,我们党既要政治过硬,也要本领高强。要适应党和国家工作的新进展,以时不我待的精神,一刻不停地增强本领。只有全面增强执政本领,把我们党自身建设好、建设强,才能赢得主动、赢得优势、赢得未来,才能不负人民重托,无愧历史选择。

三、释疑解惑

※ 如何理解"小康不小康，关键看老乡"？

之所以说"小康不小康，关键看老乡"，是因为到 2020 年我们要建成的全面小康社会，覆盖的领域要全面，是"五位一体"、全面进步的小康；覆盖的人口要全面，是惠及全体人民的小康；覆盖的区域要全面，是城乡区域共同发展的小康。目前我国农村还有几千万贫困人口没有解决，几百个贫困县没有摘帽，这是全面建成小康社会的重点和难点。我们不能一边宣布全面建成了小康社会，另一边还有几千万人口的生活水平处在扶贫标准线以下，这既影响人民群众对全面建成小康社会的满意度，也影响国际社会对我国全面建成小康社会的认可度。消除贫困、改善民生、逐步实现共同富裕，是社会主义的本质要求，是党的重要使命。扶贫开发事关全面建成小康社会，事关增进人民福祉，事关巩固党的执政基础，事关国家长治久安，事关我国国际形象。

※ 党的十八大以来全面深化改革取得哪些重大突破？

第一，确立了全面深化改革的顶层设计。遵照党的十八届三中全会《中共中央关于全面深化改革若干重大问题的决定》提出的完善和发展中国特色社会主义制度、推进国家治理体系和治理能力现代化这一全面深化改革的总目标，统筹推进经济体制、政治体制、文化体制、社会体制、生态文明体制和党的建设制度改革。紧紧围绕使市场在资源配置中起决定性作用深化经济体制改革，紧紧围绕坚持党的领导、人民当家作主、依法治国有机统一深化政治体制改革，紧紧围绕建设社会主义核心价值体系、社会主义文化强国深化文化体制改革，紧紧围绕更好保障和改善民生、促进社会公平正义深化社会体制改革，紧紧围绕建设美丽中国深化生态文明体制改革，紧紧围绕建设一支听党指挥、能打胜仗、作风优良的人民军队这一党在新时代的强军目标深化国防和军队改革，紧紧围绕提高科学执政、民主执政、依法执政水平深化党的建设制度改革。2013 年 12 月，党中央成立中央全面深化改革领导小组，负责改革的总体设计、统筹协调、整体推进、督促落实，习近平亲自担任组长，运筹帷幄，总揽全局，亲力亲为地谋划指导改革，亲自主持中央全面深化改革领导小组工作。

第二，出台了一系列全面深化改革的方案举措。以党的十八届三中全会和中央全面深化改革领导小组成立为标志，我国全面深化改革的恢宏大幕壮丽开启。截至 2017 年 10 月，习近平亲自主持召开了 38 次中央全面深化改革领导小组会议，共审议、通过

350多个重大改革方案，中央和国家有关部门共出台1500多项改革举措。2014年，中央全面深化改革领导小组确定的80个重点改革任务基本完成，各方面共出台370个改革方案；2015年，中央全面深化改革领导小组确定的101个重点改革任务基本完成，各方面共出台415个改革方案；2016年，中央全面深化改革领导小组确定的97个重点改革任务基本完成，各方面共出台419个改革方案；2017年上半年，中央全面深化改革领导小组已审议60多个重点改革文件。党的十八届三中全会提出的60条、336项改革举措，党的十八届四中、五中、六中全会分别推出的改革任务和举措，得以贯彻落实和逐步落地。重要领域和关键环节改革取得突破性进展，主要领域改革主体框架基本确立，中国特色社会主义制度更加完善，国家治理体系和治理能力现代化水平明显提高。

第三，全面深化改革取得了显著成效。全面深化改革的重大工作和重大成就，有力推动了全社会思想的进一步解放，有效破解了许多阻碍社会生产力解放和发展、阻碍人民群众创造活力充分发挥的体制机制障碍，有效激发了全社会发展活力和创造活力，有效增强了社会公平正义，有效调动了广大人民群众的积极性和创造性，极大解放和发展了社会生产力，显著增强了人民群众的获得感，为经济社会持续健康发展提供了强大动力。

四、学习测试

(一)单项选择题

1. 2014年习近平在江苏调研时，首次并提"四个全面"，"四个全面"是指(　　　)

　　A. 全面建成小康社会、全面改革开放、全面依法治国、全面从严治党

　　B. 全面实现中国梦、全面深化改革、全面依法治国、全面从严治党

　　C. 全面建成小康社会、全面深化改革、全面依法治国、全面从严治党

　　D. 全面建成小康社会、全面深化改革、全面依法治国、全面反腐倡廉

2. 中国特色社会主义的本质要求和重要保障是(　　　)

　　A. 全面深化改革　　　　　　　　B. 全面从严治党

　　C. 全面依法治国　　　　　　　　D. 全面建成小康社会

3. "四个全面"战略布局是我们党站在新的历史起点上，总结我国发展实践，适应

新的发展要求，坚持和发展中国特色社会主义新探索新实践的重要成果。在"四个全面"战略布局中，具有突破性和先导性的关键环节是(　　)

    A. 全面建成小康社会　　　　　　B. 全面深化改革

    C. 全面依法治国　　　　　　　　D. 全面从严治党

4."四个全面"战略布局中关系到实现中华民族伟大复兴的中国梦的重要基础和关键一步是(　　)

    A. 全面建成小康社会　　　　　　B. 全面深化改革

    C. 全面依法治国　　　　　　　　D. 全面从严治党

5. 全面深化改革的出发点和落脚点是(　　)

    A. 进一步完善社会主义制度

    B. 进一步解放和发展社会生产力

    C. 进一步解放和增强社会活力

    D. 促进社会公平正义，增进人民福祉

6. 全面深化改革的总目标是(　　)

    A. 完善和发展中国特色社会主义制度，推进国家治理体系和治理能力现代化

    B. 积极创造社会财富，提高人民物质生活水平

    C. 提高综合国力，增强国际竞争力

    D. 加大改革开放的深度和广度，推进社会全面进步

7. 党的十八届三中全会既提出了全面深化改革的总目标，也在总目标统领下明确了经济体制、政治体制、文化体制、社会体制、生态文明体制和党的建设制度等方面深化改革的具体目标和任务。经济体制改革要紧紧围绕(　　)

    A. 使市场在资源配置中起决定性作用和更好发挥政府作用深化改革

    B. 坚持党的领导，人民当家作主，依法治国有机统一深化改革

    C. 提高科学执政、民主执政、依法执政水平深化改革

    D. 更好保障和改善民生、促进社会公平正义深化改革

8. 我国社会主义现代化建设有若干重要支点，其中解决一切经济社会问题的关键是(　　)

    A. 改革　　　　　B. 发展　　　　　C. 稳定　　　　　D. 民主

9. 社会主义法治最根本的保证是(　　)

    A. 党的领导　　　　　　　　　　B. 坚持人民主体地位

C. 坚持法律面前人人平等　　　　　　D. 坚持从中国实际出发

10. 明确提出全面推进依法治国，加快建设法治国家，开启中国特色社会主义法治道路的新征程的会议是(　　)

A. 党的十五大　　　　　　　　　　　B. 党的十六大

C. 党的十七大　　　　　　　　　　　D. 党的十八届四中全会

11. 推进中国特色社会主义法治体系建设，要建立严密的法治监督体系。建立严密的法治监督体系的重点是(　　)

A. 加强党内监督　　　　　　　　　　B. 加强人大监督

C. 加强行政监督和司法监督　　　　　D. 规范和约束公权力

12. 党的十九大明确了新时代党的建设的总体布局，在这个总体布局中，贯穿其中所有建设的是(　　)

A. 政治建设　　　B. 制度建设　　　C. 思想建设　　　D. 组织建设

13. 新时代党的建设的主线的是(　　)

A. 调动全党积极性、主动性、创造性

B. 党的政治建设

C. 加强党的长期执政能力建设、先进性和纯洁性建设

D. 坚定理想信念宗旨

14. 新时代党的政治建设的首要任务是(　　)

A. 保证全党服从中央，坚持党中央权威和集中统一领导

B. 严肃党内政治生活

C. 坚定理想信念

D. 夺取反腐败斗争压倒性胜利

15. 全面从严治党，要害是(　　)

A. "全面"　　　　　B. "严"　　　　　C. "治"　　　　　D. "党要管党"

(二)多项选择题

1. "四个全面"战略布局是一个整体，既包括战略目标，又包括战略举措。其中，作为推动实现战略目标、被比喻为"鸟之两翼"或"车之双轮"的是(　　)

A. 全面建成小康社会　　　　　　　　B. 全面深化改革

C. 全面依法治国　　　　　　　　　　D. 全面从严治党

2. 全面建成小康社会，强调的不仅是"小康"，而且更重要的也是更难做到的是"全面"。"全面"讲的是(   )

　　A. 发展水平　　　　　　　　B. 发展的平衡性

　　C. 发展的协调性　　　　　　D. 发展的可持续性

3. 党的十八大以来，以习近平同志为核心的党中央大力推进全面深化改革，是因为全面深化改革(   )

　　A. 是具有新的历史特点的伟大斗争的重要方面

　　B. 是顺应当今世界发展大势的必然选择

　　C. 是解决中国现实问题的根本途径

　　D. 关系党和人民事业前途命运，关系党的执政基础和执政地位

4. 全面推进依法治国，总目标是(   )

　　A. 完善和发展中国特色社会主义制度

　　B. 建设中国特色社会主义法治体系

　　C. 推进国家治理体系和治理能力现代化

　　D. 建设社会主义法治国家

5. 党的十九大报告把党的政治建设摆在首位，作为第一项重要任务予以部署，这是因为党的政治建设(   )

　　A. 是党的根本性建设　　　　B. 决定党的建设方向和效果

　　C. 是党的基础性建设　　　　D. 是党最鲜明的品格

◎ 参考答案

(一)单项选择题

1. C　2. C　3. B　4. A　5. D　6. A　7. A　8. B　9. A　10. D
11. D　12. B　13. C　14. A　15. C

(二)多项选择题

1. BC　2. BCD　3. ABCD　4. BD　5. AB

第十二章
全面推进国防和军队现代化

一、教学基本要求

本章主要讲授新时代国防和军队现代化建设理论，主要包括：坚持走中国特色强军之路、推动军民融合深度发展。通过本章内容的学习，使同学们了解新时代加强国防和军队现代化建设，必须坚持党对军队的绝对领导，掌握习近平强军思想的主要内容，明确当前推动军民融合深度发展的必要性和具体措施。知识点框架图如图12-1所示。

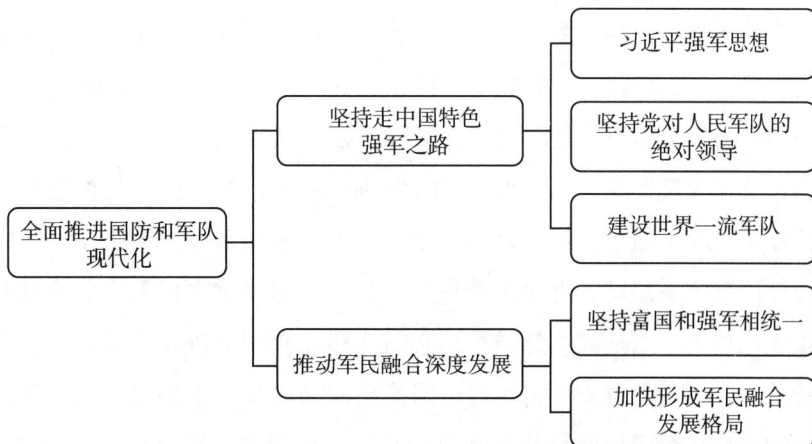

图 12-1 第十二章知识点框架图

二、重点讲解

(一)习近平强军思想

党的十八大以来,习近平着眼坚持和发展中国特色社会主义、实现中华民族伟大复兴,立足国家安全和发展战略全局,围绕强军兴军作出一系列重要论述,提出一系列重大战略思想、重大理论观点、重大决策部署,形成了习近平强军思想。

习近平强军思想深刻回答了"新时代建设一支什么样的强大人民军队、怎样建设强大人民军队"的时代课题,其主要内容有:一是强国必须强军,巩固国防和强大人民军队是新时代坚持和发展中国特色社会主义、实现中华民族伟大复兴的战略支撑;二是党在新时代的强军目标是建设一支听党指挥、能打胜仗、作风优良的人民军队,必须同国家现代化进程相一致,力争到 2035 年基本实现国防和军队现代化,到本世纪中叶把人民军队全面建成世界一流军队;三是党对军队绝对领导是人民军队建军之本、强军之魂,必须全面贯彻党领导军队的一系列根本原则和制度,确保部队绝对忠诚、绝对纯洁、绝对可靠;四是军队是要准备打仗的,必须聚焦能打仗、打胜仗,创新发展军事战略指导,构建中国特色现代作战体系,全面提高新时代备战打仗能力,有效塑造态势、管控危机、遏制战争、打赢战争;五是作风优良是我军鲜明特色和政治优势,必须加强作风建设、纪律建设,坚定不移正风肃纪、反腐惩恶,大力弘扬我党我军光荣传统和优良作风,永葆人民军队性质、宗旨、本色;六是推进强军事业必须坚持政治建军、改革强军、科技兴军、依法治军,更加注重聚焦实战、更加注重创新驱动、更加注重体系建设、更加注重集约高效、更加注重军民融合,全面提高革命化现代化正规化水平;七是改革是强军的必由之路,必须推进军队组织形态现代化,构建中国特色现代军事力量体系,完善中国特色社会主义军事制度;八是创新是引领发展的第一动力,必须坚持向科技创新要战斗力,统筹推进军事理论、技术、组织、管理、文化等各方面创新,建设创新型人民军队;九是现代化军队必须构建中国特色军事法治体系,推进治军方式根本性转变,提高国防和军队建设法治化水平;十是军民融合发展是兴国之举、强军之策,必须坚持发展和安全兼顾、富国和强军统一,形成全要素、多领域、高效益军民融合深度发展格局,构建一体化的国家战略体系和能力。

习近平强军思想,是习近平新时代中国特色社会主义思想的重要组成部分,开拓了马克思主义军事理论和当代中国军事实践发展新境界，标志着党的军事指导理论的与时俱进。党的十八大以来，人民军队重振政治纲纪、重塑组织形态、重整斗争格局、重构建设布局、重树作风形象，在中国特色强军之路上迈出了坚定步伐，强军事业取得了历史性成就，发生了历史性变革。这一切成就和变革，最根本的就在于有习近平强军思想的科学指引。

(二)坚持党对人民军队的绝对领导

党对军队的绝对领导是中国特色社会主义的本质特征，是党和国家的重要政治优势。推进强军事业，必须毫不动摇坚持党对军队的绝对领导，确保人民军队永远听党话、跟党走。

党的领导是人民军队战无不胜的根本保证。人民军队从诞生之日起，就始终在党的绝对领导下行动和战斗。毛泽东曾经指出："我们的原则是党指挥枪，而决不容许枪指挥党。"①党对军队绝对领导的根本原则和制度，发端于南昌起义，奠基于三湾改编，定型于古田会议，是人民军队完全区别于一切旧军队的政治特质和根本优势。历史告诉我们，党指挥枪是保持人民军队本质和宗旨的根本保障，这是我们党在血与火的斗争中得出的颠扑不破的真理。有了中国共产党，有了中国共产党的坚强领导，人民军队前进就有方向、有力量。在前进的道路上，人民军队必须牢牢坚持党对军队的绝对领导，把这一条当作人民军队永远不能变的军魂、永远不能丢的命根子，任何时候任何情况下都以党的旗帜为旗帜、以党的方向为方向、以党的意志为意志。

党对军队的绝对领导，其基本内容是：军队必须完全地无条件地置于中国共产党的领导之下，在思想上政治上行动上始终与党中央、中央军委保持高度一致，坚决维护党中央、中央军委权威，任何时候任何情况下都坚决听从党中央、中央军委指挥。这深刻地反映了中国共产党对军队的绝对领导，是唯一的独立的领导，是直接领导、直接指挥，是包括政治领导、思想领导、组织领导在内的全面领导，涵盖军事、政治、后勤、装备建设各个领域，贯穿于完成各项任务的全过程。

坚持党对军队绝对领导的制度主要包括：军队最高领导权和指挥权属于党中央和中央军委，中央军委实行主席负责制；实行党委制、政治委员制、政治机关制；实行党委统一的集体领导下的首长分工负责制；实行支部建在连上。军委主席负责制是党对军队绝对领导的最高实现形式，党委、政治委员和政治机关是党从思想上政治上组

---

① 《毛泽东选集》第2卷，人民出版社1991年版，第547页。

织上建设和掌握部队的重要组织支撑，党委统一的集体领导下的首长分工负责制是党领导军队的根本制度，支部建在连上是党指挥枪原则落地生根的坚实基础。这一整套制度，是我们党在领导人民军队进行革命、建设和改革的实践中探索总结出来的，构成了一个严密科学完整的组织领导体系，为党对军队绝对领导提供了坚如磐石的根本保证。党对军队的绝对领导是我国的基本军事制度，与中国特色社会主义政治制度相配套相吻合，是我们党运用马克思主义国家学说建设新型人民军队的伟大创造。

坚持党对军队的绝对领导，把党指挥枪的原则落到实处。第一，不折不扣落实好党领导军队的一整套制度。坚持军队的最高领导权和指挥权属于党中央和中央军委，坚决维护和贯彻军委主席负责制；坚持党委统一的集体领导下的首长分工负责制，增强贯彻民主集中制实效性；大力加强党委班子和党员队伍建设，把各级党组织建设成为实现党对军队绝对领导、团结巩固部队和完成各项任务的坚强领导核心和战斗堡垒。第二，坚持五湖四海、任人唯贤，坚持德才兼备、以德为先，坚持对党忠诚、善谋打仗、敢于担当、实绩突出、清正廉洁的军队好干部标准，完善干部选拔任用机制，增强选人用人的科学性、准确性、公信度，确保枪杆子始终掌握在忠于党的可靠的人手中。第三，严守政治纪律和政治规矩，加大从严治党、从严治军力度，强化政治意识、大局意识、核心意识、看齐意识，防止和反对政治上的自由主义，确保全军官兵始终在政治立场、政治方向、政治原则、政治道路上与党中央、中央军委保持高度一致，一切行动听从党中央、中央军委指挥。

(三)建设世界一流军队

习近平指出："中华民族实现伟大复兴，中国人民实现更加美好生活，必须加快把人民军队建设成为世界一流军队。"[①]这是实现中华民族伟大复兴中国梦在国防和军队建设领域的具体化，进一步明确了国防和军队建设的目标引领，体现了新时代对强军的战略要求。党的十九大对全面推进国防和军队现代化作出新的战略安排：到2020年，国防和军队建设要基本实现机械化，信息化建设取得重大进展，战略能力有大的提升；到2035年，基本实现国防和军队现代化；到本世纪中叶，把人民军队全面建成世界一流军队。这一部署，绘就了建设强大人民军队的路线图、时间表。

1. 牢固树立战斗力这个唯一的根本的标准

军队强不强，关键看打仗；战场打不赢，一切等于零。把战斗力作为唯一的根本

① 《习近平谈治国理政》第2卷，外文出版社2017年版，第415页。

的标准，是有效履行我军根本职能的内在要求，也是提高军队建设质量效益的客观需要，无论过去、现在和将来，战斗力标准始终是军事领域衡量利弊得失的重要标准。当前，国防和军队建设正站在新的起点上。面对国家安全环境的深刻变化，面对强国强军的时代要求，必须紧紧扭住能打仗、打胜仗这个强军之要，把提高战斗力作为各项建设的出发点和落脚点，把战斗力标准贯彻到部队建设的全过程各领域，真正使战斗力标准这个硬杠杠立起来、落下去。

2. 坚持政治建军、改革强军、科技兴军、依法治军

政治建军是人民军队的立军之本。我军政治工作萌芽于大革命时期，创立于建军之初，奠基于古田会议，在长期革命、建设、改革实践中不断丰富和发展。政治工作是我军的看家本领，是我军的最大特色、最大优势，是我军同一切其他性质军队的最大区别。面对新的形势和任务，我们要更加坚定自觉地贯彻政治建军要求，充分发挥政治工作生命线作用，确保部队建设坚定正确的政治方向。

改革是我军发展壮大、制胜未来的关键一招。人民军队发展史，就是一部改革创新史。我军之所以始终充满蓬勃朝气，同我军与时俱进地不断推进自身改革是紧密联系在一起的。党的十八大以来，为了设计和塑造军队未来，习近平发出全面实施改革强军的伟大号召，开启了我军历史上一场整体性、革命性变革。通过大变革大重塑，人民军队体制一新、结构一新、格局一新、面貌一新。当前，我们正在进行具有许多新的历史特点的伟大斗争，深化国防和军队改革就是这场斗争的重要方面。

科技是现代战争的核心战斗力。一流军队必须有一流军事科技。习近平强调："谁牵住了科技创新这个'牛鼻子'，谁走好了科技创新这步先手棋，谁就能占领先机、赢得优势。"[①]当前，新一轮产业和科技革命蓄势待发，世界新军事革命加速发展。我军在高新技术方面同世界军事强国相比仍有较大差距。要坚持向科技创新要战斗力，依靠科技进步和创新把我军建设模式和战斗力生成模式转到创新驱动发展的轨道上来。

依法治军、从严治军是我们党建军治军的基本方略。军队越是现代化，越是信息化，越是要法治化。必须紧紧围绕党在新时代的强军目标，着眼全面加强革命化现代化正规化建设，坚持党对军队绝对领导，坚持战斗力标准，坚持官兵主体地位，坚持依法和从严相统一，坚持法治建设和思想政治建设相结合，创新发展依法治军理论和实践，构建完善的中国特色军事法治体系，推动治军方式根本性转变，提高国防和军队建设法治化水平。

---

① 《习近平关于科技创新论述摘编》，中央文献出版社2016年版，第26页。

3. 构建中国特色现代军事力量体系

构建中国特色现代军事力量体系是建设世界一流军队的力量基础。总体来说，就是要加快形成精干、联合、多能、高效的信息化军事力量体系，重点是优化作战力量结构，建设现代化陆军、海军、空军、火箭军、战略支援部队和武警部队，促进各军兵种力量协调发展。近年来，随着世界新军事革命的深入发展，以信息技术为核心的军事技术发展日新月异，战略预警、军事航天、防空反导、信息攻防、战略投送、远海防卫等力量，成为新型作战力量的代表。当前，世界主要国家军队纷纷围绕新型作战力量建设进行激烈角逐，以便赢得战略主动。我们必须着眼打赢未来信息化战争的要求，加速打造我军新型作战力量。

4. 深入推进练兵备战

兵可以千日而不用，不可一日而不备。人民军队永远是战斗队，人民军队的生命力在于战斗力。新形势下人民军队的职能使命不断拓展，但作为战斗队的根本职能始终没有变。历史经验表明，能战方能止战，准备打才可能不必打，越不能打越可能挨打。中国人民解放军素以能征善战著称于世，创造过许多辉煌的战绩，但以前能打胜仗不等于现在能打胜仗。建设世界一流军队，必须始终聚焦备战打仗，全部心思向打仗聚焦，各项工作向打仗用劲，锻造召之即来、来之能战、战之必胜的精兵劲旅。

(四)加快形成军民融合深度发展格局

长期以来，我国积极推动军民融合实践，取得了丰硕成果，促进了经济实力和国防实力的同步增长。同时要看到，我国军民融合发展刚进入由初步融合向深度融合的过渡阶段，必须坚持问题牵引，正确把握和处理经济建设和国防建设的关系，使两者协调发展、平衡发展、兼容发展。

坚持全国一盘棋。军民融合是国家战略，必须站在党和国家事业发展全局的高度思考问题，切实把思想和行动统一到党中央决策部署上来。强化使命担当，敢于涉险滩、动奶酪，敢于破难题、闯难关，敢于趟路子、辟新径，坚决防止"大利大干、小利小干、无利不干""愿意融别人、不愿意被别人融""共享别人的资源可以、分享自己的资源不行"等不良问题和倾向，切实做到应融则融、能融尽融。自觉在大局下行动，切实把军民融合发展任务落实到位。

健全体制机制。在国家层面，成立中央军民融合发展委员会，建立推动军民融合发展的统一领导、军地协调、需求对接、资源共享机制，努力形成统一领导、军地协调、顺畅高效的组织管理体系，国家主导、需求牵引、市场运作相统一的工作运行体系，系统完备、衔接配套、有效激励的政策制度体系。

强化战略规划。中华人民共和国成立以来特别是改革开放以来，我国充分发挥社会主义制度集中力量办大事的政治优势，举全国之力，集军民之智，取得了以"两弹一星"、载人航天等为代表的一大批重大成果。进入新时代后，进一步推动军民融合深度发展，更需要坚持国家主导，着力加强战略规划。要把国民经济和社会发展规划、军队建设发展规划统筹起来、同步论证，以便军地各部门衔接规划重大项目；要建立专门资金渠道，落实军民融合发展资金保障；要加强督导检查、建立问责机制，强化规划刚性约束和执行力。

突出重点领域。推动军民融合深度发展，必须向重点领域聚焦用力，以点带面推动整体水平提升。民用科技应向军事领域拓展，促进网络信息、新能源、电子信息、民用航天、高端装备制造等产业升级，加强军民通用产品研究开发，承接国防所需装备制造、技术研发任务；发展高新技术武器装备要吸纳和利用民用先进技术，打破行业垄断，在健全竞争、评价、监督、激励机制上迈出更大步伐，引导国家经济社会资源有序进入装备建设领域；重大基础设施建设应考虑国防需求，增强国家基础设施对提升核心军事能力的支撑和保障功能；人才资源共育共享，加大依托国民教育培养军队人才力度，依托国家和军队重大科研项目培养军队高层次人才和创新团队；构建物资储备网络布局，形成骨干在军、主体在民的后勤社会化保障新模式；积极推进海洋、太空、网络空间、生物、新能源等领域的军民融合，抢占经济、科技、军事竞争制高点，夺取未来战争主动权。

军政军民团结是实现富国和强军相统一的重要政治保障，是我党我军特有的政治优势。坚持人民战争的战略思想，把握新的时代条件下人民战争的新特点新要求，创新内容和方式方法，充分发挥人民战争的整体威力。国防动员是军民融合发展的重要纽带。建立健全国防动员体制机制，深化民兵预备役体制改革，优化后备力量规模、结构和布局，完善平时征用和战时动员等法规制度，增强打赢未来战争的国防潜力。边海空防工作是治国安邦的大事，关系国家安全和发展全局。要发挥民兵和人民群众特有优势，组织参与维权斗争、反恐斗争、信息作战和防护救援等军事行动，提高军地联合行动能力，建设强大稳固的现代边海空防。加强国防教育，增强全民国防观念，使关心国防、热爱国防、建设国防、保卫国防成为全社会的思想共识和自觉行动。全党全军全国各族人民要大力弘扬军爱民、民拥军的光荣传统，不断发展坚如磐石的军政军民关系，为实现中华民族的强国梦、强军梦而奋斗。

三、释疑解惑

※ 现在和平与发展是时代主题，为什么还要加强国防和军队建设？

正确认识和处理好战争与和平的关系，是攸关国家安全和发展战略全局的重大问题，是思考筹划国防和军队建设的逻辑起点。习近平认为，能战方能止战，准备打才可能不必打，越不能打越可能挨打，这就是战争与和平的辩证法。历史经验表明，和平必须以强大实力为后盾，能打赢才能有力遏制战争，才能确保和平。中华民族是爱好和平的民族。走和平发展道路，是我们党根据时代发展潮流和我国根本利益作出的战略抉择。我们渴望和平，但绝不会因此而放弃我们的正当权益，绝不会拿国家的核心利益做交易；我们不称王称霸，不搞侵略扩张，但如果有人要把战争强加到我们头上，我们必须能决战决胜。在国际较量中，说到底还是要看有没有实力、会不会运用实力，光靠三寸不烂之舌是不行的。军事斗争是国家政治和外交斗争的坚强后盾，军事手段始终是保底的手段。把军队搞得更强大，这样底气才足、腰杆才硬。

※ 为什么必须反对"军队国家化"的错误观点？

"军队国家化"首先是西方提出来的，"军队国家化"有意搅乱政党与国家、军队的关系，把军队的政治属性与国家属性对立起来，以军队的国家属性否定军队的政治属性，进而否定党对军队的绝对领导。根据马克思主义国家学说，政党作为一定阶级的代表来执掌国家政权，离不开军队这个国家机器，因此，无论是资产阶级政党还是无产阶级政党，政党掌握军队是现代政治发展的一般规律。社会主义政治发展的特殊规律决定了党对军队绝对领导的必然性和必要性，决定了解放军是党领导下的人民军队。西方国家十分清楚，中国发展成功的关键就在于有中国共产党的领导和党领导下的人民军队，敌对势力鼓吹"军队国家化"，其根本目的就是企图在我党与军队的关系上打开缺口，挑动军队脱离党的领导，变社会主义国家的人民军队为反对社会主义国家的力量，从根本上搞垮我国的社会主义制度。在这个至关重要的问题上，我们必须始终保持清醒的认识。

※ 党的十九大后军队在加强党风廉政建设和反腐败斗争方面有哪些重要部署和具体举措？

党的十九大后，军队党风廉政建设和反腐败斗争，以习近平新时代中国特色社会主义思想为指导，深入贯彻习近平强军思想，增强"四个意识"，坚定"四个自信"，落实新时代党的建设总要求，以党的政治建设为统领，纵深推进全面从严治党，坚定自觉维护权威、维护核心、维护和贯彻军委主席负责制，坚定有力聚焦军队职能，服务备战打仗，坚定不移严厉惩贪肃腐，严抓作风风气、严格监督问责，以新气象新作为开创军队正风反腐新局面，为实现党在新时代的强军目标、全面建成世界一流军队提供政治保证和纪律支持。重点要做好以下八个方面工作：一是坚持把"三个维护"作为首责首要，以严格纪律确保部队对党绝对忠诚、听从习主席指挥；二是聚焦能打仗打胜仗强化监督监察，切实提高对打赢能力的贡献率；三是紧盯"四风"顽疾正风肃纪，大力营造风清气正的生态环境；四是贯彻从严要求查案惩腐，巩固发展反腐败斗争的压倒性态势；五是着力提升巡视质量，始终保持利剑高悬、震慑常在；六是积极构建完善不敢腐不能腐不想腐的制度机制，更加科学有效地防治腐败；七是狠抓"两个责任"的落实，推动管党治党责任全面覆盖、层层传导；八是大力加强纪检监察机关建设，锻造让党放心、官兵信赖的过硬队伍。

四、学习测试

（一）单项选择题

1. 我军鲜明特色和政治优势是（　　　）

　　A. 作风优良　　　　B. 绝对忠诚　　　　C. 绝对纯洁　　　　D. 绝对可靠

2. 强军的必由之路是（　　　）

　　A. 科技　　　　　　B. 创新　　　　　　C. 法治　　　　　　D. 改革

3. （　　　）是保持人民军队本质和宗旨的根本保障

　　A. 政治委员制　　　B. 政治建军　　　　C. 党指挥枪　　　　D. 绝对忠诚

4. 党对军队绝对领导的最高实现形式是（　　　）

　　A. 党委制　　　　　　　　　　　　　　　B. 政治委员制

　　C. 军委主席负责制　　　　　　　　　　　D. 政治机关制

5. 党指挥枪原则落地生根的坚实基础是（　　　）

　　A. 完善干部选拔任用机制　　　　　　　　B. 支部建在连上

　　C. 民主集中制　　　　　　　　　　　　　D. 严守政治纪律和政治规矩

6. 我国的基本军事制度是(　　)

    A. 中国特色军事法治体系　　　　　B. 民兵预备役体制

    C. 中国特色现代作战体系　　　　　D. 党对军队的绝对领导

7. 建设世界一流军队的力量基础是(　　)

    A. 构建中国特色现代军事力量体系

    B. 全面提高革命化现代化正规化水平

    C. 推进军队组织形态现代化

    D. 提高国防和军队建设法治化水平

8. 人民军队的生命力在于(　　)

    A. 反腐惩恶　　　B. 集约高效　　　C. 从严治军　　　D. 战斗力

9. 人民军队的立军之本是(　　)

    A. 改革强军　　　B. 政治建军　　　C. 科技兴军　　　D. 依法治军

10. 我国战略威慑的核心力量是(　　)

    A. 空军　　　　　B. 海军　　　　　C. 火箭军　　　　D. 陆军

11. 中国共产党建军治军的基本方略是(　　)

    A. 法治建设和思想政治建设相结合

    B. 革命化现代化正规化建设

    C. 构建完善的中国特色军事法治体系

    D. 依法治军、从严治军

12. 军民融合发展的重要纽带是(　　)

    A. 军地联合行动

    B. 国防教育

    C. 国防动员

    D. 弘扬军爱民、民拥军的光荣传统

13. 实现富国和强军统一的重要途径是(　　)

    A. 走军民融合式发展路子　　　　　B. 军队信息化建设

    C. 新军事革命　　　　　　　　　　D. 强化战略规划

14. 现代战争的核心战斗力是(　　)

    A. 人才　　　　　B. 科技　　　　　C. 士气　　　　　D. 武器

15. 人民军队战无不胜的根本保证是(　　)

A. 先进武器　　B. 科学技术　　C. 党的领导　　D. 军事战略

(二) 多项选择题

1. 中国共产党成立以来，形成的具有中国特色的马克思主义军事理论成果有（　　）

　　A. 毛泽东军事思想　　　　　　B. 邓小平新时期军队建设思想

　　C. 江泽民国防和军队建设思想　D. 胡锦涛国防和军队建设思想

　　E. 习近平强军思想

2. 党在新时代的强军目标是（　　）

　　A. 建设一支听党指挥、能打胜仗、作风优良的人民军队

　　B. 全面提高新时代备战打仗能力

　　C. 力争到 2035 年基本实现国防和军队现代化

　　D. 构建中国特色现代作战体系

　　E. 到本世纪中叶把人民军队全面建成世界一流军队

3. 坚持党对军队绝对领导的制度主要包括（　　）

　　A. 军队最高领导权和指挥权属于党中央和中央军委，中央军委实行主席负责制

　　B. 实行民主集中制

　　C. 实行党委制、政治委员制、政治机关制

　　D. 实行党委统一的集体领导下的首长分工负责制

　　E. 实行支部建在连上

4. 党对军队的绝对领导的基本内容是（　　）

　　A. 军队必须完全地无条件地置于中国共产党的领导之下

　　B. 在思想上政治上行动上始终与党中央、中央军委保持高度一致

　　C. 坚决维护党中央、中央军委权威

　　D. 建设新型人民军队

　　E. 任何时候任何情况下都坚决听从党中央、中央军委指挥。

5. 建设世界一流军队，必须（　　）

　　A. 牢固树立战斗力这个唯一的根本的标准

　　B. 坚持政治建军、改革强军、科技兴军、依法治军

　　C. 构建中国特色现代军事力量体系

D. 深入推进练兵备战

◎ 参考答案

(一)单项选择题

1. A 2. D 3. C 4. C 5. B 6. D 7. A 8. D 9. B 10. C
11. D 12. C 13. A 14. B 15. C

(二)多项选择题

1. ABCDE 2. ACE 3. ACDE 4. ABCE 5. ABCD

第十三章
中国特色大国外交

一、教学基本要求

本章主要讲授中国特色大国外交的根本道路和重大理念，具体包括坚持走和平发展道路，推动构建人类命运共同体。通过本章内容的学习，使同学们了解当前世界正处于大发展大变革大调整时期，我国必须坚持独立自主和平外交政策，走和平发展道路，掌握构建人类命运共同体的必要性和基本内涵。知识点框架图如图13-1所示。

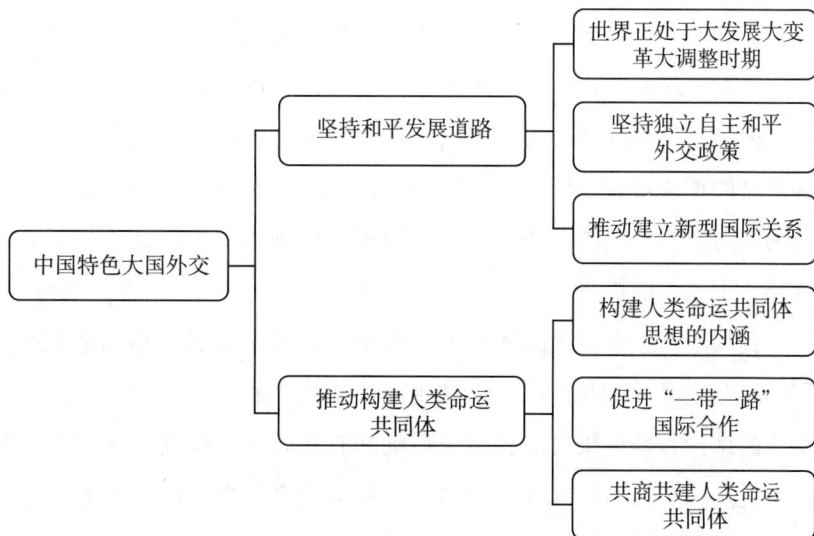

图 13-1　第十三章知识点框架图

二、重点讲解

(一)独立自主的和平外交政策

中国综合国力的快速增长,引起了世界政治、经济、军事格局巨大变化,尤其是2008年金融危机的爆发,世界主要经济体复苏乏力,中国经济发展进入新常态,党的十八大之后的中国成为世界经济发展最重要的动力。这引起了世界的强烈关注,成为热点话题。中国正在日益走进世界舞台的中央。中国的发展引起了国际社会的不同反应:有的高兴,有的疑虑,有的不适应,有的不安,有的恐惧。正是在这种背景下,"中国崩溃论""中国威胁论""中国责任论"甚嚣尘上。一些国家甚至采取各种手段竭力遏制中国的发展。这就注定了中国的和平发展之路不会一帆风顺,必将充满着艰辛和曲折。那么,采取哪种外交战略和政策能够使我们少走弯路、少受挫折呢?中国共产党和中国政府在长期的实践中,作出了明确的回答,那就是坚持独立自主地和平外交政策。中华人民共和国成立70多年来特别是改革开放40多年来,中国奉行独立自主的和平外交政策,成功地走上了一条与本国国情和时代特征相适应的和平发展道路。

党的十九大报告指出:中国坚定奉行独立自主的和平外交政策,尊重各国人民自主选择发展道路的权利,维护国际公平正义,反对把自己的意志强加于人,反对干涉别国内政,反对恃强凌弱。中国绝不会以牺牲别国利益为代价来发展自己,也绝不放弃自己的正当权益,任何人不要幻想让中国吞下损害自身利益的苦果。中国奉行防御性的国防政策。中国发展不对任何国家构成威胁。中国无论发展到什么程度,永远不称霸、永远不搞扩张。

我国奉行独立自主的和平外交政策,走和平发展道路的依据是什么呢?这是由我国的社会主义性质和在国际上的地位所决定的;是从历史、现实、未来的客观判断中得出的结论;是思想自信和实践自觉的有机统一。社会主义制度相较于资本主义制度是更进步、更文明的制度。我国确立社会主义制度之时,正是资本主义国家对社会主义国家进行冷战之时,西方国家对社会主义新中国充满了敌视,而我国在生产力不发达的基础上建设社会主义,没有现成的答案,需要我们独立自主地去探索道路。中华人民共和国成立之前,我国遭受了百年的衰败,帝国主义国家轮番侵略中国,给中国人民和中华民族造成了前所未有的苦难,这样的历史遭遇使中华民族格外珍惜和平、渴望和平。社会主义的制度属性，也要求我们必须走符合人类利益的道路；我国作为最大发展中国家有义务维护和平，以推动并实现全人类的和平。

今天，中国走和平发展道路已经成为自信和自觉，主要来源于中华文明的深厚渊源、来源于对实现中国发展目标条件的认知、来源于对世界发展大势的把握。中华文明是唯一一种没有中断过的古老文明，说明了她的顽强生命力和海纳百川的包容气质，历史证明，我们也是唯一没有侵略、占领、殖民他国的大国强国。通过丝绸之路、南下西洋等加强了我国同世界的文化交流和贸易交往，我们给世界带去的是繁荣与和平。中国已经是世界大国，正在成为世界强国，国强必霸的逻辑是西方中心论的观点，是弱肉强食的资本主义丛林原则，是西方妄图阻止中国强大而散布的针对中国的新版威胁论。经济全球化、世界多极化的趋势加速发展，和平发展成为全人类的渴望，也是必然发展趋势，中国人懂得顺势而为的道理，这本身是对人类社会发展规律的尊重。

（二）推动建立新型国际关系

维护世界和平、促进共同发展，是中国外交政策的宗旨。推动建设相互尊重、公平正义、合作共赢的新型国际关系，是党中央立足时代发展潮流和我国根本利益作出的战略选择，反映了中国人民和世界人民的共同心愿。

我们主题是新型国际关系，所以首先要搞清楚什么是国际关系，以及国际关系演变的简单脉络是什么？

国际关系是指人们超越国家界限而建立起来的一种特殊社会关系。现代意义上的国际关系出现在300多年前的欧洲，当时，新出现的欧洲民族国家为了维护自己的利益和秩序，签订了《威斯特伐利亚和约》，塑造了欧洲最早的国际关系。但是，这种关系最终因欧洲群雄争霸而解体。真正有影响的国际关系出现在第二次世界大战以后。随着传统帝国主义列强在战争中遭到削弱，殖民体系土崩瓦解，许多新兴的民族国家获得了独立。人们终于在世界性的范围内创立了以联合国为核心、以《联合国宪章》宗旨原则为基础的国际秩序和国际关系，这是人类文明的一次巨大进步。但是，由于传统的国际政治经济秩序并没有得到根本改变，国际关系中各种不公正现象时有发生。

随着中华人民共和国的成立，中国以独立的力量参与到国际社会，并对公平合理的国际关系的形成和发展发挥了积极作用。尤其是中国恢复在联合国安理会常任理事国的席位后，利用自己在国际社会的地位，在维护世界和平，协调国家之间的争端，支持发展中国家捍卫领土主权和安全，促进世界可持续发展作出了重大贡献。改革开放以后，面对冷战后国际战略格局的新变化，中国展开全方位的立体外交，在破除旧的政治经济秩序，促进新的公平合理的国际政治经济秩序的形成中发挥了重大作用，赢得了世界各国尤其是发展中国家的广泛好评。

新时代我们要构建新型国际关系，那么"新"在何处呢？如何理解"新型"一词呢？新型国际关系，"新"在相互尊重，"新"在公平正义，特别是"新"在合作共赢。我们正是在相互尊重、公平正义、合作共赢的基础上来构建国际关系，完全有别于西方眼中的"零和博弈"。我们强调把本国利益同各国共同利益结合起来，努力扩大各方共同利益的汇合点，积极树立双赢、多赢、共赢的新理念，摒弃赢者通吃的旧思维。推动建立新型国际关系，我们需要把握以下原则：坚决维护国家核心利益；在和平共处五项原则基础上发展同世界各国的友好合作；积极参与全球治理体系改革和建设；加强涉外法律工作，完善涉外法律法规体系；把相互尊重、公平正义、合作共赢理念体现到政治、经济、安全、文化等对外合作的方方面面，推动构建人类命运共同体。

（三）构建人类命运共同体思想的内涵及其意义

党的十九大报告指出：我们呼吁，各国人民同心协力，构建人类命运共同体，建设持久和平、普遍安全、共同繁荣、开放包容、清洁美丽的世界。

我们为什么要提人类命运共同体呢？中国特色社会主义进入到了新时代，新时代是"强起来"的时代。我们仔细思考"强起来"的内涵和要求，其实除了历史纵向比较以外，比起以往我们要更加富强，从普通民众的角度来看，"强起来"的一个直观判断，就是横向视野的比较——我们要成为世界上的强大国家。我们有没有思考过，成为世界强国，我们会对世界产生更大的影响力，我们和世界在利益、责任等方面就建立起了更加密切的关系。因此，通俗来讲，我们和世界到底要构建一种什么样的关系？如果我们忽视这个问题，就会造成对我们的各种猜测和怀疑，甚至是诋毁和中伤，这些年"中国威胁论""怀疑中国论"等也不绝于耳。习近平非常明确地回答了这个问题，那就是人类命运共同体。

同时今天世界也处于发展的关键时期，2008 年金融危机后世界经济复苏乏力，经济全球化、政治多极化、文化多样性、社会信息化、新科技革命呼之欲出，等等，让我们感觉到世界格局正在加速演变，中国改革开放 40 多年来，尤其是党的十八大之后的发展成就令世人瞩目，世界也普遍期待在关键时期，我们能够贡献中国智慧、提供中国方案。

构建人类命运共同体思想，是一个科学完整、内涵丰富、意义深远的思想体系，其核心就是"建设持久和平、普遍安全、共同繁荣、开放包容、清洁美丽的世界"。

第一，政治上，要相互尊重、平等协商，坚决摒弃冷战思维和强权政治，走对话而不对抗、结伴而不结盟的国与国交往新路。

人类的历史是发展进步的历史，同时也伴随着贫困和战乱等不和谐的现象。已经过去的20世纪，创造了辉煌的精神文明和物质文明，但战争因素始终是世界秩序的破坏力量，小规模的冲突不计其数，世界大战就有两次，二战结束后，紧接着是持续半个世纪之久的冷战，核战争的阴影始终笼罩着人类社会。关于我国近代的历史遭遇，国人印象深刻，那时生灵涂炭、民族衰败。广大弱小国家更是沦为西方国家的殖民地。这些教训惨痛而深刻。要和平、不要战争是各国人民朴素而真实的愿望。建设一个持久和平的世界，根本要义在于国家之间要构建平等相待、互商互谅、互学互鉴的伙伴关系。大国要尊重彼此核心利益和重大关切，管控矛盾分歧，努力构建不冲突不对抗、相互尊重、合作共赢的新型关系。大国对小国要平等相待，不搞唯我独尊、恃强凌弱的霸道。国家间出现矛盾、分歧和争端，要通过平等协商的和平方式处理，以最大诚意和耐心，坚持对话解纷争、对话促安全。只有各国都走和平发展道路，各国才能共同发展，国与国才能和平相处。

第二，安全上，要坚持以对话解决争端、以协商化解分歧，统筹应对传统和非传统安全威胁，反对一切形式的恐怖主义。

安全问题始终是各个国家利益的底线。没有国家的安全，世界就会陷入动荡之中。当前，国际安全形势动荡复杂，传统安全威胁和非传统安全威胁相互交织，安全问题的内涵和外延都在进一步拓展，同时人类越来越利益交融、安危与共。2001年"911事件"让我们注意到非传统安全成为威胁人类共同安全的主要威胁之一，以反人类的方式挑战人类社会的和平与发展。

恐怖主义没有国界，网络安全问题、环境安全问题等更是全球蔓延……在这种新形势下，各国应树立共同、综合、合作、可持续的新安全观。国家不论大小、强弱、贫富以及历史文化传统，不论社会制度存在多大差异，都要尊重和照顾其合理的安全关切。人类理应是安全的共同体，我们要恪守尊重主权、独立和领土完整，互不干涉内政等国际关系基本准则，统筹维护传统和非传统安全。各国都有平等参与地区安全事务的权利，也都有维护地区安全的责任，要以对话协商、互利合作的方式解决安全难题。

第三，经济上，要同舟共济，促进贸易和投资自由化便利化，推动经济全球化朝着更加开放、包容、普惠、平衡、共赢的方向发展。

经济全球化是世界经济发展的必然趋势，国与国已经形成了经济命运的共同体，往往是牵一发而动全身。2008年美国金融危机之后，许多国家经济上遇到困难，二十国集团领导人峰会应运而生，大家齐心协力，致力于国际治理体系的改革，共渡难关。但是个别国家却以自己的利益实现为优先原则，破坏了世界经济整体性稳定与发展，世界出现了一股"逆全球化"的潮流。

发展是第一要务，适用于各国，而人类命运共同体追求的是共同发展。我们要顺势而为，尊重经济和贸易发展的规律，摒弃经济上的零和博弈思想。我们认为要增强各国的发展能力，尤其是发展中国家的发展能力，归根到底要靠本国自身努力，各国要根据自身禀赋特点，制定适合本国国情的发展战略。要改善国际发展环境，各国要共同维护国际和平，以和平促进发展，以发展巩固和平。要创造良好外部制度环境，加强全球经济治理，健全发展协调机制，各国特别是主要经济体要加强宏观经济政策协调。要维护世界贸易组织规则，支持开放、透明、包容、非歧视性的多边贸易体制，推动建设开放型世界经济。要优化发展伙伴关系，最大限度地解决南北之间和地区内部发展失衡问题，让发展成果更多惠及全体人民，为世界经济全面可持续增长提供新动力。发达国家和大国在维护经济、贸易发展环境上要承担更多责任。

第四，文化上，要尊重世界文明多样性，以文明交流超越文明隔阂、文明互鉴超越文明冲突、文明共存超越文明优越。

文明多样性是世界的共同财富，是世界丰富多彩、生动活泼局面的基础。多样性、差异性是世界的基本特征，是客观的存在，也是人类进步的源泉，是人类智慧的结晶，多样带来交流，交流孕育融合，融合产生进步。不同文明凝聚着不同民族的智慧和贡献，没有高低之别，更无优劣之分。"文明冲突"不应该是解读文明的正确方式，关键还是在于文明是否尊重不同文明的差异，要摒弃文明优劣之分的观念，文明差异不应该成为世界冲突的根源，而应该成为人类文明进步的动力。要促进和而不同、兼收并蓄的文明交流对话，在竞争比较中取长补短，在交流互鉴中共同发展，使文明交流互鉴成为增进各国人民友谊的桥梁、推动人类社会进步的动力、维护世界和平的纽带。

第五，生态上，要坚持环境友好，合作应对气候变化，保护好人类赖以生存的地球家园。

地球是人类共同的家园，是人类孕育、产生、发展、赖以生存的空间。人类可以利用自然、改造自然，但归根结底是自然的一部分。我们要有对大自然的敬畏之心和感恩之情。我们必须呵护自然，不能凌驾于自然之上。建设生态文明关乎人类未来。要解决好工业文明带来的矛盾，以人与自然和谐相处为目标，实现世界的可持续发展和人的全面发展。要牢固树立尊重自然、顺应自然、保护自然的意识，绿水青山就是金山银山。要坚持走绿色、低碳、循环、可持续发展之路，平衡推进 2030 年可持续发展议程，采取行动应对气候变化等新挑战，不断开拓生产发展、生活富裕、生态良好的文明发展道路，构筑尊崇自然、绿色发展的全球生态体系。对环境的保护，以及应对全球气候变化等问题，只能是人类共同的责任，尤其是经济发达国家要承担起更主要的工作。

构建人类命运共同体思想顺应了历史潮流，回应了时代要求，凝聚了各国共识，为人类社会实现共同发展、持续繁荣、长治久安绘制了蓝图。这一思想继承和发展了新中国不同时期重大外交思想和主张，反映了中外优秀文化和全人类共同价值追求，适应了新时代中国与世界关系的历史性变化，成为中国引领时代潮流和人类文明进步方向的鲜明旗帜，已被多次写入联合国文件，对中国的和平发展、世界的繁荣进步都具有重大和深远的意义。

（四）推进"一带一路"建设

2013 年 9 月 7 日，习近平在哈萨克斯坦纳扎尔巴耶夫大学作了题为《弘扬人民友谊　共创美好未来》的演讲，提出共同建设"丝绸之路经济带"。同年 10 月 3 日，习近平在印度尼西亚国会发表题为《携手建设中国—东盟命运共同体》的演讲，提出共同建设"21 世纪海上丝绸之路"，得到了国际社会的高度关注和积极回应。

"丝绸之路经济带"和"21 世纪海上丝绸之路"，简称"一带一路"倡议。共建"一带一路"符合国际社会的根本利益，彰显了人类社会的共同理想和美好追求，是国际合作以及全球治理新模式的积极探索，将为世界和平发展增添新的正能量。

国内外民众对"一带一路"日益关注，它成为当今世界最受瞩目的国际交流合作的平台之一。"一带一路"倡议如今已经是家喻户晓、耳熟能详。中国政府倡议，共建"一带一路"恪守联合国宪章的宗旨和原则，坚持开放合作、和谐包容、市场运作、互利共赢。中国提出共建"一带一路"倡议以来，开展了积极行动，得到了全球 140 多个国家和 80 多个国际组织的积极支持和参与，联合国大会、联合国安理会等重要决议纳入相关内容。2017 年 5 月首届"一带一路"国际合作高峰论坛成功举办，高峰论坛形成涵盖政策沟通、设施联通、贸易畅通、资金融通、民心相通5大类、共76大项、270多项具体成果，成为新时期推动全球发展合作的机制化平台。仅仅用5年的时间我们就取得这样的共识和成绩实属不易。

中国古代就有丝绸之路，中国现在再提"一带一路"，有什么特别的含义和背景吗？其实包含了两层意思，一个是古代的丝绸之路，另一个是今天的"一带一路"倡议的背景以及它们之间的关系。关于"一带一路"的学习，我们需要以"过去、现在和未来"的视角进行观察，以便于我们更好地找到它们之间的联系，来推进"一带一路"建设。

丝绸之路是起始于古代中国，连接亚洲、非洲和欧洲的古代陆上商业贸易路线，最初的作用是运输古代中国出产的丝绸、瓷器等商品，后来成为东方与西方之间在经济、政治、文化等诸多方面进行交流的主要道路。1877年，德国地质地理学家李希霍芬在其著作《中国》一书中，把"从公元前114年至公元127年间，中国与中亚、中国与印度间以丝绸贸易为媒介的这条西域交通道路"命名为"丝绸之路"，这一名词很快被学术界和大众所接受，并正式运用。其后，德国历史学家郝尔曼在20世纪初出版的《中国与叙利亚之间的古代丝绸之路》一书中，根据新发现的文物考古资料，进一步把丝绸之路延伸到地中海西岸和小亚细亚，从而确定了丝绸之路的基本内涵，即它是中国古代经过中亚通往南亚、西亚以及欧洲、北非的陆上贸易交往的通道。

了解了古代丝绸之路的基本信息，我们注意到古代丝绸之路就是一条中国和世界进行经济、政治、文化等方面交流的通道，通过交流促进了古代中国和世界的交往与发展。当今世界正发生复杂深刻的变化，国际金融危机深层次影响继续显现，世界经济缓慢复苏、发展分化，国际投资贸易格局和多边投资贸易规则酝酿深刻调整，各国面临的发展问题依然严峻。尤其当下贸易保护主义抬头，逆全球化的苗头出现，对世界经济发展形成了不利因素。世界经济复苏出现了许多新的不确定因素。所以，共建"一带一路"顺应世界政治多极化、经济全球化、文化多样化、社会信息化的潮流，秉持开放的区域合作精神，致力于维护全球自由贸易体系和开放型世界经济。推动沿线各国实现经济政策协调，开展更大范围、更高水平、更深层次的区域合作，共同打造开放、包容、均衡、普惠的区域经济合作架构。

党的十九大提出要以"一带一路"建设为重点，坚持引进来和走出去并重，遵循共商共建共享原则，加强创新能力开放合作，形成陆海内外联动、东西双向互济的开放格局。一是要坚持引进来和走出去并重，深化双向投资合作。二是坚持共商共建共享原则。三是加强创新能力开放合作，主要是加强技术创新合作、理论创新交流互鉴、创新人才资源交流合作。四是把"一带一路"与构建人类命运共同体更加紧密结合起来，与落实 2030 年可持续发展议程紧密结合起来，打造国际合作新平台，增添共同发展新动力，把"一带一路"建成和平之路、繁荣之路、开放之路、创新之路、文明之路。

三、释疑解惑

※ 如何理解我国独立自主的和平外交政策？

对于这个问题，我们需要认识到，独立自主的和平外交政策是由我国的社会主义性质和在国际上的地位所决定的，是从历史、现实、未来的客观判断中得出的结论，是思想自信和实践自觉的有机统一。要从时间和空间结合的维度上理解，从我国社会的性质上理解。需要结合我国近代以来的发展历史，新中国成立后社会主义建设和改革的时代背景、国内外因素，以及我国外交实践的经验和教训，从以上几个层次的分析中，来说明我国独立自主和平外交政策选择的必然性和合理性。然后具体把握独立自主的和平外交政策的内涵。

第一，把国家主权和安全放在第一位。我国外交政策首先要确保国家的主权和安全。要辨证地理解二者之间的关系，主权确保安全，安全工作事关主权是否能够得以维护。世界上有 200 多个国家和地区，部分国家安全、经济甚至政治上的独立自主权利都得不到有效保证。有的国家在安全上需要别国保护，经济上的权利受制于别国、跨国公司，甚至在政治上，国家的领导人选举都由别国背地里操纵，本国领导人不能满足他国利益时，就会受他国干涉，以致引起局势动荡、政权垮台。这样的例子比比皆是。我国近代屈辱的历史也是有力的证明。从反面的素材中，我们就应该能够更好地认识到，我国选择独立自主和平外交政策的必然性和合理性。

第二，从我国人民和世界人民的根本利益出发。"以人民为中心"的发展理念始终贯彻在我国的外交政策中。社会主义是人类文明进步的制度设计，确保人民利益，是社会主义的根本属性决定的。我国外交政策首先要依法维护我国人民的利益。这些年国家展开的"侨民撤离"行动，依法维护我国公民在海外利益的行为，大家有目共睹。在国际问题上中国秉持正义，维护世界经济稳定、发展，保护贸易自由，引领经济全球化，减免发展中国家债务。例如，打击海盗，保持国际航道畅通与安全，援助困难国家的救灾行动，气候问题上的国际担当，等等，不胜枚举。

第三，坚持各国的事务应由本国政府和人民决定。这是尊重别国主权、不干涉他国内政的基本原则。各国事务理应由各国决定。有些国家总是站在"道德的制高点"上，动辄对别国指手画脚、说三道四、评头论足，或者干脆通过制裁甚至战争的方式去干涉他国主权范围内的事情。"己所不欲，勿施于人"，干涉别国的结果是引起世界的普遍反感。中国曾深受其害，感同身受，我国作为一个大国始终恪守"坚持各国的事务应由本国政府和人民决定"的原则，对别国援助从来不附加任何政治条件，"得道者多助，失道者寡助"，中国赢得的是友谊和尊重。

第四，不以社会制度和意识形态的异同决定国家关系的亲疏。以社会制度和意识形态的异同决定国家关系的亲疏是典型的冷战思维。冷战已结束，但是这种思想的余孽依然影响今天的国际关系。个别国家依然以所谓的"价值观外交"来划分世界，是一种典型的破坏世界整体性的错误做法。我们认为不论社会制度、意识形态，都可以发展正常国家关系，社会制度、意识形态都是由各国独特的历史、国情，由各国人民作出的选择，它们的存在是符合规律的，是世界多样化的表现，不能够成为国家关系发展的障碍。

第五，和平解决国际争端和热点问题。当今世界和平与发展仍然是主题，但局部冲突依然存在，各种争端和热点问题也不断发生。面对争端、热点，我们主张以对话的方式解决。很多问题的产生是由于双方信息沟通不畅，或者彼此误解、不信任导致，只要沟通对话，总会推动问题的解决，只是需要时间和耐心。面对国际问题的解决，往往需要双方的耐心和毅力，需要双方善意的释放和智慧的展现，需要有大局观和解决问题的坚强决心。我们反对动辄以制裁或者以武力相威胁的方式解决，也不主张不通过对话的方式就急于将问题扩大化、国际化，甚至寻求没有直接关系的大国干涉问题的解决，使问题复杂化。

第六，不同任何大国或大国集团结盟，不进行军事扩张，不谋求霸权。中国不同任何大国或者大国集团结盟，主张各国家不分大小、强弱一律平等，通过平等对话，发展伙伴关系。结伴不结盟，保持各自独立自主的政策，不以大欺小。结盟的做法，往往使小国弱国依附于大国强国，被大国强国进行"政策绑架"，这是对别国主权的干涉。中国发展军事力量，是为了捍卫领土主权的安全，保障中国公民的安全和利益，不对任何国家构成威胁，历史证明中国从来不搞军事扩张，从来不谋求通过武力去解决问题，从来不通过武力去侵犯别国。中国强大了也不搞扩张，不谋求霸权，因为扩张与霸权不符合中华民族的民族精神，也不符合社会主义强国的价值理念。

※ 如何理解合作共赢？

我们主张和平而不是战争，合作而不是对抗，共赢而不是零和，才是人类社会和平、进步、发展的永恒主题。合作共赢使双方或多方在合作中互惠互利、相得益彰，从而实现各方的共同受益。中国是主持国际正义的国家。最重要原因也是因为我们一贯主张"相互尊重，公平正义，合作共赢"，我们是这么说的，也是这么做的，所以树立了良好的国际形象。

同时，我们要强调的是中国倡导建立合作共赢的新型国际关系，核心是维护联合国宪章的宗旨和原则，维护不干涉别国内政和尊重国家主权、独立、领土完整等国际关系基本准则，维护联合国及其安理会对世界和平承担的首要责任，开展对话和合作，而不是对抗；实现双赢和共赢，而不是单赢。

四、学习测试

(一) 单项选择题

1. (　　) 是我国外交政策的基本立场

　　A. 和平外交　　　B. 独立自主　　　C. 尊重互利　　　D. 合作共赢

2. 维护我国的独立的主权，促进世界(　　)，是我国外交政策的基本目标

　　A. 和平与发展　　B. 和平　　　　　C. 发展　　　　　D. 公平和正义

3. (　　) 是我国对外关系的基本准则

　　A. 和平共处五项原则　　　　　B. 主权和领土完整

　　C. 加强国际交往　　　　　　　D. 坚持对外开放

4. 加强同(　　)的团结与合作，是我国对外关系的基本立足点

　　A. 发达国家　　　B. 第二世界国家　　C. 第三世界国家　　D. 世界组织

5. 坚持(　　)，加强国际交往，是我国的基本国策

　　A. 改革开放　　　B. 融入世界　　　C. 对外开放　　　D. 一带一路

6. 贯彻新型大国关系精神，首先要提升(　　)水平

　　A. 经济贸易　　　B. 对话互信　　　C. 文化交流　　　D. 基础设施建设

7. 构建新型大国关系，体现了中国领导人决心打破大国(　　)的传统规律，开创了大国关系发展新模式的政治担当

    A. 霸权主义   B. 合作双赢   C. 殖民主义   D. 冲突对抗

8. 构建新型国际关系，发展全球伙伴，坚持国家间关系(　　)

    A. 和平友好   B. 平等中立   C. 相互尊重   D. 结伴而不结盟

9. 人类只有一个地球，各国共处一个世界，要倡导(　　)意识

    A. 人类命运共同体   B. 生态文明

    C. 和平发展   D. 地球村

10. 2017 年 10 月 18 日，习近平同志在党的十九大报告中提出，坚持和平发展道路，推动构建(　　)

    A. "一带一路"   B. 和谐世界   C. 和平发展   D. 人类命运共同体

11. 推动建设人类命运共同体，是中国领导人基于对世界大势的准确把握而贡献的(　　)

    A. 北京共识   B. 中国方案   C. 中国模式   D. 中国经验

12. 我国倡导"一带一路"建设，体现的是(　　)精神

    A. 科教兴国   B. 可持续发展   C. 合作共赢开放   D. 西部开发开放

13. "一带一路"指的是(　　)和"21 世纪海上丝绸之路"

    A. 丝绸之路经济带   B. 古丝绸之路经济带

    C. 新丝绸之路   D. 路上丝绸之路经济带

14. 2013 年 9 月，习近平访问(　　)期间首次提出建设丝绸之路经济带倡议

    A. 巴基斯坦   B. 阿富汗   C. 土库曼斯坦   D. 哈萨克斯坦

15. 下列不属于丝绸之路精神内涵的是(　　)

    A．和平合作   B. 开放包容   C. 互学互鉴   D. 自力更生

(二)多项选择题

1. 和平共处五项原则是指(　　)

    A. 互相尊重主权和领土完整   B. 互不侵犯

    C. 互不干涉内政   D. 平等互利

    E. 和平共处

2. 新型国际关系"新"在哪里？包括(　　)

    A. 相互尊重   B. 公平正义   C. 合作共赢   D. 贸易先行

    E. 和平发展

3. 新型大国关系的内涵包括( )

    A. 不冲突　　　　B. 不对抗　　　　C. 相互尊重　　　D. 合作共赢

    E. 组成联盟

4. 党的十九大提出，中国发展不对任何国家构成威胁，中国无论发展到什么程度( )

    A. 永远主持正义　B. 永远不称霸　　C. 永远不搞扩张　D. 永远爱好和平

    E. 永远不支持霸权

5. 人类命运共同体这一全球价值观包含相互依存的( )

    A. 国际权力观　　B. 世界主义观　　C. 共同利益观　　D. 可持续发展观

    E. 全球治理观

◎ 参考答案

(一)单项选择题

1. B　2. A　3. A　4. C　5. C　6. B　7. D　8. D　9. A　10. D

11. B　12. C　13. A　14. D　15. D

(二)多项选择题

1. ABCDE　2. ABC　3. ABCD　4. BC　5. ACDE

第十四章
坚持和加强党的领导

一、教学基本要求

本章主要讲授新时代坚持和加强党的领导的必要性和具体措施，具体包括两方面内容：一是实现中华民族伟大复兴关键在党；二是坚持党对一切工作的领导。通过本章内容的学习，使同学们了解"中国共产党的领导是中国特色社会主义最本质的特征""中国共产党的领导是中国特色社会主义制度的最大优势""党是最高政治领导力量"，掌握新时代坚持党对一切工作的领导的科学内涵和具体措施。知识点框架图如图 14-1 所示。

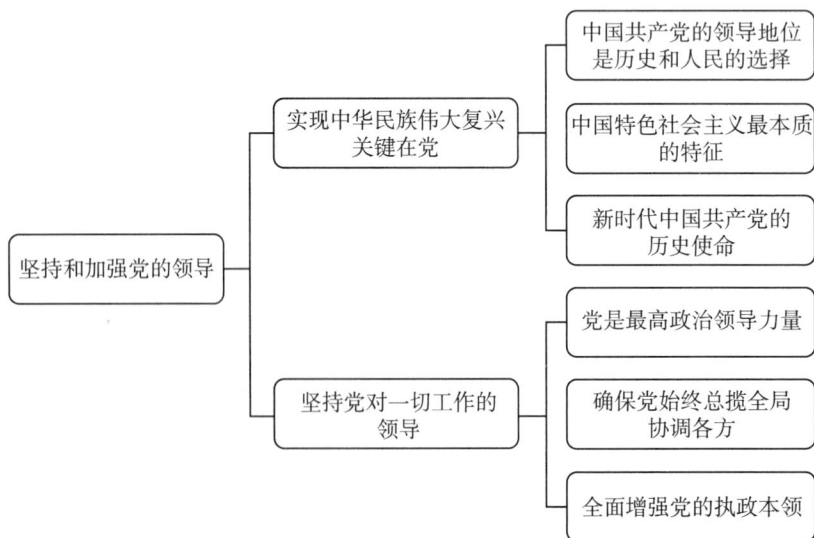

图 14-1 第十四章知识点框架图

二、重点讲解

(一)实现中华民族伟大复兴关键在党

1. 中国共产党的领导地位是历史和人民的选择

近代以来，中华民族面临两大历史任务：一是求得民族独立和人民解放，二是实现国家富强和人民富裕。哪种理论能够对这两大历史性课题作出正确解答，它就会成为中国人民的坚定信仰；哪条道路能够指引中国人民完成这两大历史任务，它就会成为中国人民的必然选择；哪种政治力量能够带领人民完成这两大任务，它就会成为引领中国历史发展前进方向的领导力量。

在中国近代历史上，面对西方列强的侵略和本国落后封建势力的压迫，无数先进的、不同阶级的中国人相继奋起反抗，开始寻求一条救国救民的道路。以洪秀全为首的农民阶级领导发动了太平天国运动，以康有为、梁启超为首的资产阶级改良派的维新变法都以失败告终。以孙中山、黄兴等人为首的资产阶级革命派高举民主革命的大旗，虽推翻了清王朝的统治，但没有改变中国半殖民地半封建社会的面貌，其胜利果实也被袁世凯窃取，中华民国名存实亡。因此，由于自身的局限性，这些不同阶级的人们所进行的斗争或革命，其结果都大体相似：即无论最终是否取得成功，这些斗争并没有改变中国半殖民地半封建社会的面貌，没有改变中国落后的地位，没有改变中国的历史命运。

中国共产党的应运而生和发展壮大，正是中国的这种国情和历史发展的必然结果。正如党的十九大报告指出的："一九二一年中国共产党应运而生。从此，中国人民谋求民族独立、人民解放和国家富强、人民幸福的斗争就有了主心骨，中国人民就从精神上由被动转为主动。"

中国共产党一诞生，中国革命的面貌就焕然一新了。中国共产党成立后，准确把握中国国情，举起反帝反封建的大旗，最终完成了中国民主革命的任务。实践证明，党的领导和执政地位不是与生俱来的，而是历史的选择，是近现代中国社会矛盾演变发展的必然结果，是在中国革命实践发展中逐步形成并巩固起来的。

同样，中国共产党的领导和执政地位，也是人民的选择。中国共产党一经诞生，就与群众打成一片，以群众利益的实现为己任和目标。在这一过程中，中国共产党根据革命形势发展的需要制定了不同的土地政策、进行了土地改革，解决了农民最关心的土地问题，翻身的喜悦直接到达每一个农民的心头。而农民的力量，则是决定中国命运的力量。

解放战争中，仅仅经过3年多的时间，就消灭了蒋介石的800万军队，推翻了国民党政府，建立了中华人民共和国，取得了新民主主义革命的基本胜利，党转变为代表全国各族人民根本利益的执政党。

在庆祝中国共产党成立95周年大会上的讲话中，习近平指出，历史告诉我们，没有先进理论的指导，没有用先进理论武装起来的先进政党的领导，没有先进政党顺应历史潮流、勇担历史重任、敢于作出巨大牺牲，中国人民就无法打败压在自己头上的各种反动派，中华民族就无法改变被压迫、被奴役的命运，我们的国家就无法团结统一，无法在社会主义道路上走向繁荣富强。这也是历史和人民选择中国共产党的生动注脚。

2. 实现中华民族的伟大复兴，要始终坚持党的领导

在新的历史条件下实现中华民族的伟大复兴，更要始终坚持党的领导。第一，坚持中国现代化建设的正确方向需要党的领导。摆脱国家贫穷落后面貌，实现现代化和民族复兴，是中国人民的百年追求和梦想。近代中国历史反复证明，企图通过走资本主义道路使中国实现现代化，根本行不通。2013年，在莫斯科国际关系学院演讲时，习近平指出："'鞋子合不合脚，自己穿了才知道'。一个国家的发展道路合不合适，只有这个国家的人民才最有发言权。"[①]2014年习近平在谈到中国的发展道路问题时形象地指出，橘生淮南则为橘，生于淮北则为枳，强调中国的现代化道路是符合中国国情的。这非常形象地说明，做任何事都要从实际出发，不能照抄照搬别人的做法。在党的领导下走中国特色社会主义道路，才能保证现代化建设事业的正确方向，才能制定和执行正确的路线、方针、政策，保证现代化建设事业不断取得进步，最终实现中华民族的伟大复兴。

第二，维护国家统一、社会和谐稳定需要党的领导。维护国家统一和社会稳定，历来是中国各族人民最关切的头等重要的大事。近代中国，深受外国入侵、军阀混战和政局动荡之害，中国人民对此刻骨铭心。在新世纪新阶段，党作为中国各族人民根本利益的忠实代表，以科学理论为指导，凭借其丰富的实践经验和驾驭全局的能力，统筹经济社会等各方面发展，努力构建社会主义和谐社会，能够维护国家统一和社会

---

① 《十八大以来重要文献选编》上，中央文献出版社2014年版，第260页。

和谐稳定。

第三，正确处理各种矛盾，凝聚亿万人民力量，需要党的领导。我们知道，中国地域广、人口多，且城乡之间、地区之间发展不平衡，差异较大，社会矛盾复杂。只有加强和改善党的领导，充分发挥党总揽全局、协调各方的领导核心作用，提高党的领导水平和执政能力，才能正确处理人民内部矛盾，顺利解决前进中的各种困难和问题，才能凝聚人心、汇聚力量，确保改革取得成功。

第四，应对复杂国际环境需要党的领导。当前，世界发展的总体趋势是经济全球化和政治多极化曲折发展，科学技术日新月异，综合国力的竞争日趋激烈，敌对势力仍然对我国实施西化、分化战略。在复杂的国际局势下，只有以坚强的政治核心把全国各族人民团结起来，才能保证我国真正走独立自主的和平发展道路。

习近平在庆祝中国共产党成立95周年大会上的讲话中指出：历史和人民选择中国共产党领导中华民族伟大复兴的事业是正确的，必须长期坚持、永不动摇；中国共产党领导中国人民开辟的中国特色社会主义道路是正确的，必须长期坚持、永不动摇；中国共产党和中国人民扎根中国大地、吸纳人类文明优秀成果、独立自主实现国家发展的战略是正确的，必须长期坚持、永不动摇。

当然，肯定党的历史功绩，肯定坚持党的领导，并不意味着我们忘记风险和考验。我们也要看到，党的领导地位和执政地位不是与生俱来的，也不是一劳永逸的，过去拥有不等于现在拥有，现在拥有不等于永远拥有。昨天的成功并不代表着今后能够永远成功，过去的辉煌并不意味着未来可以永远辉煌。以史为鉴可以知兴替。功成名就时做到居安思危、保持创业初期那种励精图治的精神状态不容易，执掌政权后做到节俭内敛、敬终如始不容易，承平时期严以治吏、防腐戒奢不容易，重大变革关头顺乎潮流、顺应民心不容易。中国共产党立志于中华民族千秋伟业，要把新时代坚持和发展中国特色社会主义这场伟大社会革命进行好，党必须勇于进行自我革命，全面增强党的执政本领，以领导人民进行伟大的社会革命。

(二)中国共产党的领导是中国特色社会主义最本质的特征

2014年9月5日，习近平在庆祝全国人民代表大会成立60周年大会上的讲话中指出：中国共产党的领导是中国特色社会主义最本质特征。党的十九大报告指出，中国特色社会主义制度的最大优势是中国共产党领导，党是最高政治领导力量。这两个论断揭示出党的领导与中国特色社会主义的关系，也反映了以习近平同志为核心的党中央对共产党执政规律、社会主义建设规律、人类社会发展规律认识的深化。我们可以从多个维度来认识和理解两个科学论断的深刻含义。

第一，从科学社会主义基本原则来看，坚持中国共产党的领导是中国特色社会主义事业取得胜利的根本政治保证。

科学社会主义的核心观点是社会主义必然代替资本主义。马克思、恩格斯对社会主义的实现条件和途径进行了深入研究和系统阐述，认为社会主义代替资本主义必须通过无产阶级革命运动来实现。无产阶级只有建立代表自己阶级利益的先进政党，才能最终完成其阶级解放和人类解放的历史任务。马克思主义创始人将这个党命名为共产党。这一事实本身就说明了共产党的领导是科学社会主义的题中应有之意，是科学社会主义最本质的特征。

中国特色社会主义是马克思主义与当代中国实际和时代特征相结合的产物，是中国共产党团结带领人民经过 90 多年的奋斗、创造、积累的重大成果，是党和人民必须倍加珍惜、长期坚持、不断发展的重大成就，是植根于当代中国的科学社会主义。中国共产党之所以能够团结带领人民坚持和发展中国特色社会主义，是因为中国共产党是中国工人阶级的先锋队，同时是中国人民和中华民族的先锋队，是中国特色社会主义事业的领导核心，能够代表中国先进生产力的发展要求，代表中国先进文化的前进方向，代表中国最广大人民的根本利益。坚持和发展中国特色社会主义，必须坚持中国共产党领导。离开党的领导，中国特色社会主义就缺乏根本的政治保证，就会失去正确方向。

第二，从中国特色社会主义的形成发展来看，中国共产党是中国特色社会主义事业的开创者和引领者。

习近平多次强调，中国特色社会主义不是从天上掉下来的，而是在改革开放 40 多年的伟大实践中得来的，是在中华人民共和国 70 年的持续探索中得来的，是在我们党领导人民进行伟大社会革命 90 多年的实践中得来的，是对中华文明 5000 多年的传承发展中得来的，是党和人民历经千辛万苦、付出各种代价取得的宝贵成果。取得这一成果最根本的就是中国共产党的坚强领导。中国共产党是中国特色社会主义事业的开创者、推动者、引领者，党团结带领人民开辟了中国特色社会主义道路，创立了中国特色社会主义理论体系，创建了中国特色社会主义制度，发展了中国特色社会主义文化。历史和现实证明，没有中国共产党的领导，就没有中国特色社会主义的产生与发展，党的领导是坚持和发展中国特色社会主义事业的根本政治保证。

第三，从当代中国的历史任务来看，中国共产党的领导是实现"两个一百年"奋斗目标、实现中华民族伟大复兴中国梦的根本保证。

实现中华民族伟大复兴，关键在党。要坚定走中国道路，把 14 亿多人口凝聚成中国力量，焕发出中国精神，实现"两个一百年"的奋斗目标，我们国家和民族必须有一个坚强的领导核心，这个领导核心就是中国共产党。习近平明确指出："我国社会主义政治制度优越性的一个突出特点是党总揽全局、协调各方的领导核心作用，形象地说是'众星捧月'，这个'月'就是中国共产党。在国家治理体系的大棋局中，党中央是坐镇中军帐的'帅'，车马炮各展其长，一盘棋大局分明。如果中国出现了各自为政、一盘散沙的局面，不仅我们确定的目标不能实现，而且必定会产生灾难性后果。"①要走好新时代的长征路，不断跨越"雪山"、征服"腊子口"，把新时代中国特色社会主义这篇大文章继续写好、写精彩，离不开中国共产党的领导。

第四，从中国共产党自身特质看，中国共产党有资格有能力担当起中国特色社会主义事业领导核心的历史重任。

中国共产党鲜明的领导特质表现在许多方面，最主要的有四个方面：

一是在思想信仰上，党坚定不移地信仰马克思主义，"始终把马克思主义这一科学理论作为自己的行动指南，并坚持在实践中不断丰富和发展马克思主义。这使我们党得以摆脱以往一切政治力量追求自身特殊利益的局限，以唯物辩证的科学精神、无私无畏的博大胸怀领导和推动中国革命、建设、改革，不断坚持真理、修正错误"②。

二是在理想信念上，党从成立之日起就把共产主义确立为远大理想和崇高追求，把为共产主义、社会主义而奋斗确立为自己的纲领，坚定理想信念，为崇高理想奋斗，具有强烈的历史使命感与责任担当，牢牢占据推动人类历史进步、实现人类美好理想的道义制高点。

三是在组织上，党拥有一支不断发展壮大的党员队伍，拥有一支高素质的干部队伍，依据民主集中制的原则组织起来，具有强大的组织与动员能力，以及自上而下的强大支配能力。

四是在作风上，党在长期实践中形成了理论联系实际、密切联系群众、批评和自我批评、艰苦奋斗、谦虚谨慎的优良传统作风，着力解决党自身存在的突出问题，具有自我革命的政治勇气和自我净化、自我完善、自我革新、自我提高的能力。此外，

① 《习近平关于全面建成小康社会论述摘编》，中央文献出版社 2016 年版，第 96～97 页。
② 《习近平谈治国理政》第 2 卷，外文出版社 2017 年版，第 33 页。

党一贯重视学习、善于学习，注重实践探索，敢于直面各种问题、勇于应对风险和挑战、善于总结经验教训，不断推进理论创新，能够有效地实现指导思想、政策与制度的继承与创新，具有实践思维、理论思维、创新思维和与时俱进品格。这些鲜明特质使中国共产党当之无愧地成为中华民族伟大复兴征程无可替代的领路人。

十三届全国人大一次会议审议通过的宪法修正案，把"中国特色社会主义最本质的特征是中国共产党的领导"载入宪法总纲，有利于把党的领导贯彻落实到国家政治生活和社会生活的各个领域，确保中国特色社会主义事业始终沿着正确轨道推进。

（三）新时代中国共产党的历史使命

实现中华民族伟大复兴是近代以来中华民族最伟大的梦想，实现这个伟大梦想是中国共产党自成立以来就肩负的历史使命。

1. 中国共产党是民族复兴使命的合格担当者

中国共产党的历史使命首先是从初心出发，是党一成立就肩负起来的重大的历史任务。中国共产党成立时中国是个什么状况呢？是山河破碎、民不聊生的状况；是无数仁人志士为了民族复兴进行不屈不挠斗争，但终究未能改变半殖民地半封建社会的性质和中国人民的悲惨命运的状况。正是在这样一个背景下，中国共产党应运而生。中共一大的召开，标志着中国共产党的成立，标志着中国共产党由此肩负起了实现民族独立和人民解放、国家富裕和人民幸福的使命，也就是肩负起实现中华民族伟大复兴的中国梦的使命。从此，中国人民谋求民族独立、人民解放和国家富强、人民幸福的斗争就有了主心骨，中国人民就从精神上由被动转为主动。

此后，为了实现民族复兴，党又领导带领人民完成了三件大事。党团结带领人民进行了28年的浴血奋战，打败了日本侵略者，打败了国民党反动派，推翻了帝国主义、封建主义、官僚资本主义统治，完成了新民主主义革命，建立了中华人民共和国，实现了中国从几千年封建专制政治向人民民主的伟大飞跃，为中华民族伟大复兴扫清了根本障碍。

党团结带领人民完成社会主义革命，确立社会主义基本制度，推进社会主义建设，完成了中华民族有史以来最为广泛而深刻的社会变革，实现了中华民族由近代不断衰落到根本扭转命运、持续走向繁荣富强的伟大飞跃，为中华民族伟大复兴奠定了坚实基础。

党团结带领人民进行改革开放新的伟大革命，开辟了中国特色社会主义道路，使中国大踏步赶上时代，迎来了中华民族从站起来到富起来、强起来的伟大飞跃，为中华民族伟大复兴开辟了光明前景。

回顾近代以来的中国历史，正是有了中国共产党，才改变了中国人民的命运，创造了中华民族新辉煌。为了实现中华民族伟大复兴的历史使命，一代又一代中国共产党人同中国人民接续奋斗，攻克了一个又一个看似不可攻克的难关，创造了一个又一个彪炳史册的人间奇迹。实践充分证明，中国共产党是民族复兴使命的合格担当者，只有中国共产党才能带领人民实现中华民族伟大复兴的梦想。

2. 坚定信念、倍加努力，实现新时代中国共产党的历史使命

党的十八大以来，在中华人民共和国成立特别是改革开放以来我国发展取得的重大成就基础上，党和国家事业发生了历史性变革，我国发展站到了新的历史起点上，中国特色社会主义进入了新时代。今天，我们比历史上任何时期都更接近、更有信心和能力实现中华民族伟大复兴的目标，因此，对实现新时代的历史使命要坚定信念、保持信心。中国已经是世界第二大经济体，很多重要经济指标都居于世界前列，我们改革发展的成就巨大，也为使命的实现奠定了重要的基础。但也要看到，由于我国改革发展已进入深水区，改革发展面临的内外环境依然艰巨复杂，因此，我们要有足够的耐心和继续艰苦奋斗的准备。正如习近平在党的十九大报告中所指出的，中华民族的伟大复兴，绝不是轻轻松松、敲锣打鼓就能实现的，全党必须准备付出更为艰巨、更为艰苦的努力。

中华民族伟大复兴是全体中国人民的伟大梦想，也是中国人民的根本利益所在，表达了全体中华儿女的共同愿景。习近平深刻指出，实现伟大梦想，必须进行伟大斗争，必须建设伟大工程，必须推进伟大事业。这"四个伟大"，各有其特定的内涵和要求，相互之间又有着紧密联系。

实现伟大梦想，必须进行伟大斗争。今天，我们站在了一个新的历史起点上，我们更加接近目标，但同时面临的风险也更大，遇到的问题更复杂，正所谓"行百里者半九十"，因此，必须进行具有许多新的历史特点的伟大斗争。正如党的十九大报告指出的，全党要同一切削弱、歪曲、否定党的领导和我国社会主义制度的言行进行斗争；同损害人民利益、脱离群众的行为进行斗争；更加自觉地投身改革创新时代潮流；更加自觉地维护我国主权、安全、发展利益；更加自觉地防范各种风险，等等。这都是新时代伟大斗争的表现，也是实现伟大梦想的必然要求。

实现伟大梦想，必须建设伟大工程。这个伟大工程就是党的建设新的伟大工程。

历史已经证明并将继续证明，没有党的领导，民族复兴必然是空想。但我们党要始终担当重任，始终走在前列，自身必须始终过硬，正所谓打铁还需自身硬。所以，必须推进党的建设伟大工程，把党建设的更加坚强有力。

实现伟大梦想，必须推进伟大事业。这个伟大事业就是中国特色社会主义事业。中国特色社会主义是改革开放以来党的全部理论和实践的主题，也是党和人民历尽千辛万苦、付出巨大代价取得的根本成就。因此，我们要增强道路自信、理论自信、制度自信、文化自信，既不走封闭僵化的老路，也不走改旗易帜的邪路，保持政治定力，坚持实干兴邦，始终坚持和发展中国特色社会主义。

"四个伟大"紧密联系、相互贯通、相互作用。这其中，起决定性作用的是党的建设伟大工程。伟大工程建设得好不好，直接关系到党有没有底气和能力去进行伟大斗争，有没有责任和策略去推进伟大事业，有没有韧性和途径去实现伟大梦想。因此，必须把党建设好，把伟大工程建设好，确保党在世界形势深刻变化的历史进程中始终走在时代前列，在应对国内外各种风险和考验的历史进程中始终成为全国人民的主心骨，在坚持和发展中国特色社会主义的历史进程中始终成为坚强领导核心。

（四）确保党始终总揽全局、协调各方

党政军民学，东西南北中，党是领导一切的。中国共产党是最高政治领导力量，坚持党总揽全局、协调各方的领导核心地位，就是党作为最高政治力量在治国理政中的重要体现。如前文所述，习近平曾形象地指出，在国家治理体系的大棋局中，党中央是坐镇中军帐的"帅"，车马炮各展其长，一盘棋大局分明。各个领域、各个方面都必须自觉坚持党的领导，突出党的核心领导地位，发挥好领导核心作用。

确保党始终总揽全局、协调各方，必须增强政治意识、大局意识、核心意识、看齐意识，自觉维护党中央权威和集中统一领导，自觉在思想上政治上行动上同党中央保持高度一致。每一个党的组织、每一名党员干部，无论处在哪个领域、哪个层级、哪个部门和单位，都要服从党中央集中统一领导，确保党中央令行禁止。坚持以党的旗帜为旗帜、以党的方向为方向、以党的意志为意志，实现全党思想上统一、政治上团结、行动上一致，切实把党中央重大决策部署落实到改革发展稳定、内政外交国防、治党治国治军等各个方面。

确保党始终总揽全局、协调各方，必须坚持和完善党的领导的体制机制。中央委

员会、中央政治局、中央政治局常委会，这是党的领导决策核心。党中央作出的决策部署，人大、政府、政协以及法院、检察院等的党组织要贯彻落实。党的十八大以来中央政治局常务委员会先后多次召开会议，听取全国人大常委会、国务院、全国政协和最高人民法院、最高人民检察院党组工作汇报，这已成为实现党中央集中统一领导的重要制度安排。党中央作出的决策部署，党的组织、宣传、统战、政法等部门要贯彻落实，各事业单位、人民团体等的党组织也要贯彻落实。各方面党组织都要对党委负责，自觉向党委报告重大工作和重大情况，在党委统一领导下做好自身职责范围内的工作。各地区各部门党委（党组）要加强向党中央报告工作。

确保党始终总揽全局、协调各方，必须坚持党的民主集中制原则。我们党实行的民主集中制，是民主基础上的集中和集中指导下的民主相结合的制度，既要充分发扬民主，又要善于集中。一方面，党的重大决策都要严格按照程序办事，充分发扬民主，广泛听取意见和建议，做到科学决策、民主决策、依法决策。另一方面，在充分发扬民主的基础上，要有正确的集中，党中央从全局出发、集中各方面智慧作出的决定，各地方、各部门要坚决贯彻执行。各地方、各部门要充分发挥积极性、主动性、创造性，但不允许自行其是、各自为政，不允许有令不行、有禁不止，不允许搞上有政策、下有对策。

中国共产党作为最高领导力量，既要政治过硬，又要本领高强、不断锻造领导社会主义建设事业的本领。

一是要增强学习本领。面对新时代新使命，必须在全党营造善于学习、勇于实践的浓厚氛围，建设马克思主义学习型政党，推动建设学习大国。要坚持用习近平新时代中国特色社会主义思想武装头脑、指导实践、推动工作，全面、系统、富有探索精神的学习，既把学到的知识运用于实践，又在实践中增长解决问题的新本领。

二是要增强政治领导本领。党必须着力增强政治领导本领，不断提高把方向、谋大局、定政策、促改革的能力，提高保持政治定力、驾驭政治局面、防范政治风险的能力。要坚持战略思维、创新思维、辩证思维、法治思维、底线思维，科学制定和坚决执行党的路线方针政策，把党总揽全局、协调各方落到实处。

三是要增强改革创新本领。各级党组织和广大党员要保持锐意进取的精神风貌，进一步解放思想、与时俱进，做到登高望远、居安思危，勇于变革、勇于创新、永不僵化、永不停滞；善于结合实际创造性推动工作，加强调查研究，坚持问题导向，精准施策发力，确保中央决策部署落地生根、开花结果；善于运用互联网技术和信息化手段开展工作，真正过好互联网这一关，不断提高信息化条件下党的执政能力和领导水平。

四是要增强科学发展本领。要坚定不移贯彻创新、协调、绿色、开放、共享的发展理念，统筹推进"五位一体"总体布局，协调推进"四个全面"战略布局，不断增强我国经济创新力和竞争力，不断开创发展新局面。

五是要增强依法执政本领。依法执政是新的历史条件下党执政的基本方式。要加快形成覆盖党的领导和党的建设各方面的党内法规制度体系，坚持依法治国与依规治党统筹推进、一体建设，坚持依法治国与依规治党有机统一，不断提升制度执行力。要加强和改善党对国家政权机关的领导，善于通过国家政权机关实施党对国家和社会的领导。

六是要增强群众工作本领。要创新群众工作体制机制和方式方法，既服务群众，又带领群众坚定不移贯彻落实党的理论和路线方针政策，把党的主张变为群众的自觉行动，组织动员广大人民群众坚定不移跟党走。要加强和改进党对群团工作的领导，推动工会、共青团、妇联等群团组织增强政治性、先进性、群众性，发挥联系群众的桥梁和纽带作用。

七是要增强狠抓落实本领。要把党的十九大确定的宏伟蓝图变为现实，关键就是要狠抓落实。要坚持说实话、谋实事、出实招，把雷厉风行和久久为功有机结合起来，勇于攻坚克难，以钉钉子精神做实做细做好各项工作。

八是要增强驾驭风险本领。当今世界国际力量对比发生新的变化，我国发展面临的国际环境更加严峻复杂。改革进入深水区，经济发展进入新常态，各种矛盾叠加，风险隐患集聚。这就要求我们健全各方面风险防控机制，善于处理各种复杂矛盾，勇于战胜前进路上的各种艰难险阻，牢牢把握工作主动权。

总之，坚持党的领导，是党和国家的根本所在、命脉所在，是全国各族人民的利益所系、幸福所系。现在，我们已站上一个新的历史起点，开启了新的奋斗征程，党带领全国各族人民实现"两个一百年"奋斗目标、实现中华民族伟大复兴，不知还要爬多少坡、过多少坎、经历多少风风雨雨、克服多少艰难险阻。所以，在新时代新征程的历史背景下，完成光荣艰巨的历史使命，战胜前进道路上的风险挑战，一个能够总揽全局、协调各方又本领高强的政党，是我们建设中国特色社会主义事业所必需的，也是国家之幸、民族之幸、人民之幸。

三、释疑解惑

※ 为什么说党的领导是历史和人民的选择?

中国共产党自 1921 年建立以来,从一个只有 50 多名成员的组织发展到现在有 9000 多万名党员、领导着 14 亿多人口的伟大的中华人民共和国的执政党,成为中国各族人民公认的领导核心。中国共产党的领导地位不是自封的,而是在长期的斗争实践中逐步地形成的,党的领导地位和核心作用的确立,符合中国社会发展的客观规律和广大人民的根本利益,具有历史的必然性。中国共产党成立以后,团结带领中国人民,打败日本帝国主义,推翻国民党反动统治,完成新民主主义革命,建立了中华人民共和国;完成社会主义革命,确立社会主义基本制度,消灭一切剥削制度,推进了社会主义建设;进行改革开放新的伟大革命,极大激发广大人民群众的创造性,极大解放和发展社会生产力,极大增强社会发展活力,人民生活显著改善,综合国力显著增强,国际地位显著提高。

中国共产党领导中国人民取得的伟大胜利,使具有 5000 多年文明历史的中华民族全面迈向现代化,让中华文明在现代化进程中焕发出新的蓬勃生机;使具有 500 年历史的社会主义主张在世界上人口最多的国家成功开辟出具有高度现实性和可行性的正确道路,让科学社会主义在 21 世纪焕发出新的蓬勃生机;使具有 70 多年历史的新中国建设取得举世瞩目的成就,中国这个世界上最大的发展中国家在短短 40 多年里摆脱贫困并跃升为世界第二大经济体,创造了人类社会发展史上惊天动地的发展奇迹。历史表明,历史和人民选择中国共产党领导中华民族伟大复兴的事业是正确的,必须长期坚持、永不动摇;中国共产党领导中国人民开辟的中国特色社会主义道路是正确的,必须长期坚持、永不动摇;中国共产党和中国人民扎根中国大地、吸纳人类文明优秀成果、独立自主实现国家发展的战略是正确的,必须长期坚持、永不动摇。

※ 实现新时代中国共产党的历史使命,为什么必须统揽"四个伟大"?

实现中华民族伟大复兴是近代以来中华民族最伟大的梦想,实现这个伟大梦想是中国共产党自成立以来就肩负的历史使命。实现伟大梦想,必须进行伟大斗争,必须建设伟大工程,必须推进伟大事业。这"四个伟大",各有其特定的内涵和要求,相互之间又有着紧密联系。

实现伟大梦想,必须进行伟大斗争。伟大斗争是实现伟大梦想的行动措施、方式手段、精神状态。处在中国特色社会主义新时代的新历史方位，我们党要团结带领人民有效应对重大挑战、抵御重大风险、克服重大阻力、解决重大矛盾，必须进行具有许多新的历史特点的伟大斗争。实现伟大梦想，必须建设伟大工程。这个伟大工程就是党的建设新的伟大工程。历史已经证明并将继续证明，没有党的领导，民族复兴必然是空想。但党要始终担当重任，始终走在前列，自身必须始终过硬，正所谓打铁还需自身硬。所以，必须要推进党的建设伟大工程，把党建设的更加坚强有力。实现伟大梦想，必须推进伟大事业。这个伟大事业就是中国特色社会主义事业。中国特色社会主义是改革开放以来党的全部理论和实践的主题，也是党和人民历尽千辛万苦、付出巨大代价取得的根本成就。因此，我们要增强道路自信、理论自信、制度自信、文化自信，既不走封闭僵化的老路，也不走改旗易帜的邪路，保持政治定力，坚持实干兴邦，始终坚持和发展中国特色社会主义。

"四个伟大"紧密联系、相互贯通、相互作用。这其中，起决定性作用的是党的建设伟大工程。必须把党建设好，把伟大工程建设好，确保党在世界形势深刻变化的历史进程中始终走在时代前列，在应对国内外各种风险和考验的历史进程中始终成为全国人民的主心骨，在坚持和发展中国特色社会主义的历史进程中始终成为坚强领导核心。

四、学习测试

(一)单项选择题

1. 中国共产党取得领导和执政地位，主要是由（　　　）

    A. 党在国家中的领导地位决定的　　　B. 党的路线方针政策决定的

    C. 党的性质和宗旨决定的　　　D. 党员数量众多决定的

2. 新时代中国特色社会主义思想，明确中国特色社会主义最本质的特征是（　　　）

    A. "五位一体"总体布局　　　B. 建设中国特色社会主义法治体系

    C. 人民利益为根本出发点　　　D. 中国共产党领导

3. 中国共产党团结带领人民找到了一条以农村包围城市、武装夺取政权的正确革命通路，进行了 28 年浴血奋战，完成了（　　　），1949 年建立了中华人民共和国，实现了中国从几千年封建专制政治向人民民主的伟大飞跃

A. 旧民主主义革命　　　　　　B. 新民主主义革命

C. 社会主义革命　　　　　　　D. 土地革命

4. 实现伟大梦想，必须建设伟大工程。这个伟大工程就是我们党正在深入推进的
(　　)

A. 马克思主义理论研究和建设工程　B. 党的建设新的伟大工程

C. 中国特色社会主义伟大事业　　　D. 具有许多新的历史特点的伟大斗争

5. (　　)是改革开放以来党的全部理论和实践的主题，是党和人民历尽千辛万苦、付出巨大代价取得的根本成就

A. 新民主主义　　　　　　　　B. 社会主义

C. 中国特色社会主义　　　　　D. 共产主义

6. 伟大斗争、伟大工程、伟大事业、伟大梦想，这"四个伟大"紧密联系、相互贯通、相互作用，其中起决定性作用的是(　　)

A. 具有许多新的历史特点的伟大斗争

B. 党的建设新的伟大工程

C. 中国特色社会主义伟大事业

D. 中华民族伟大复兴梦想

7. 伟大斗争、伟大工程、伟大事业、伟大梦想是一个紧密联系、相互贯通、相互作用、有机统一的整体，统一于新时代坚持和发展中国特色社会主义伟大实践。其中，作为手段的是(　　)

A. 伟大斗争　　　B. 伟大工程　　　C. 伟大事业　　　D. 伟大梦想

8. 伟大斗争、伟大工程、伟大事业、伟大梦想是一个紧密联系、相互贯通、相互作用、有机统一的整体、统一于新时代坚持和发展中国特色社会主义伟大实践。其中，开辟前进道路的是(　　)

A. 伟大斗争　　　B. 伟大工程　　　C. 伟大事业　　　D. 伟大梦想

9. 中国特色社会主义制度的最大优势是(　　)

A. 中国共产党的领导　　　　　B. 以经济建设为中心

C. 人民利益为根本出发点　　　D. "五位一体"总体布局

10. (　　)审议通过的宪法修正案，把"中国共产党的领导是中国特色社会主义最本质的特征"载入宪法总纲

A. 十一届全国人大一次会议　　B. 十二届全国人大一次会议

C. 十二届全国人大二次会议　　　　D. 十三届全国人大一次会议

11. 党的领导核心作用主要表现在( )

    A. 统筹兼顾、科学谋划　　　　B. 总揽全局、协调各方

    C. 科学谋划、总揽全局　　　　D. 扬长避短、趋利避害

12. ( )能集中体现中国特色社会主义的特点和优势，是中国发展进步的根本制度保障

    A. 中国特色社会主义理论体系　　B. 人民民主专政的国体

    C. 人民代表大会制度　　　　D. 中国特色社会主义制度

13. 党作为最高政治力量在治国理政中的重要体现是( )

    A. 坚持和完善党的领导体制机制

    B. 确保党始终总揽全局协调各方

    C. 坚持党的民主集中制原则

    D. 增强政治意识、大局意识、核心意识、看齐意识

14. 在党的领导人中，明确提出"领导我们事业的核心力量是中国共产党"论断的是( )

    A. 毛泽东　　　　B. 邓小平　　　　C. 江泽民　　　　D. 习近平

15. 党的十九大提出，党的基础性建设是( )

    A. 思想建设　　　　B. 制度建设　　　　C. 政治建设　　　　D. 组织建设

(二)多项选择题

1. 中国共产党的性质是( )

    A. 代表中国先进生产力的发展要求，代表中国先进文化的前进方向，代表中国最广大人民的根本利益

    B. 中国工人阶级的先锋队

    C. 中国人民和中华民族的先锋队

    D. 中国特色社会主义事业的领导核心

2. 中国共产党的执政地位是在长期革命斗争中逐步形成的，是近现代中国历史发展的必然，是人民拥护和选择的结果。坚持党的领导，是( )

    A. 党和国家的根本所在、命脉所在

    B. 全国各族人民的利益所系、幸福所系

    C. 中国特色社会主义最本质的特征

    D. 中国特色社会主义制度的最大优势

3. 中国共产党的领导是中国特色社会主义最本质的特征，这一论断是由(　　　)

    A. 科学社会主义的理论逻辑所决定的

    B. 中国特色社会主义产生与发展的历史逻辑所决定的

    C. 中国特色补会主义迈向新征程的实践逻辑所决定的

    D. 国际共产主义运动的格局所决定的

4. 中国共产党的领导是中国特色社会主义制度的最大优势，这是因为(　　　)

    A. 中国特色社会主义制度是党领导人民创建的

    B. 党的领导是充分发挥中国特色社会主义制度优势的根本保障

    C. 党以自身优势引领和锻造了中国特色社会主义的制度优势

    D. 党的自身优势保证了中国特色社会主义制度优势的有效发挥

5. 党是最高政治领导力量，这是(　　　)

    A. 马克思主义政党学说的基本原则

    B. 对党领导革命、建设和改革历史经验的深刻总结

    C. 马克思主义政党的基本要求

    D. 推进伟大事业的根本保证

◎ 参考答案

(一)单项选择题

1. C　2. D　3. B　4. B　5. C　6. B　7. A　8. C　9. A　10. D
11. B　12. D　13. B　14. A　15. A

(二)多项选择题

1. ABCD　2. ABCD　3. ABC　4. ABCD　5. ABCD

后　记

　　为提高"毛泽东思想和中国特色社会主义理论体系概论"课程教学的针对性和有效性，为广大师生提供课程教学与学习参考，武汉大学马克思主义学院"毛泽东思想和中国特色社会主义理论体系概论"课程教学研究中心组织参与录制 2018 年版"概论"慕课的教师编撰了本书。本书参考借鉴了武汉大学"毛泽东思想和中国特色社会主义理论体系概论"国家精品在线开放课程相关建设资料，结合新的理论和实践，聚焦当前课程教学中重点和难点问题，进行了重点阐释和理论分析。全书包括导论和十四章内容，其中第十章"五位一体"总体布局由于内容较多而分为五节单独呈现。每一部分内容由"教学基本要求""重点讲解""释疑解惑""学习测试"四个板块构成。

　　本书撰写工作开始于 2018 年年底，于 2019 年 7 月初形成第一稿，之后经过多次修改完善。编撰工作由武汉大学"毛泽东思想和中国特色社会主义理论体系概论"教学研究中心主任丁俊萍教授负总责，教学研究中心副主任李向勇副教授、李华副教授分工负责对有关章节进行统稿。具体章（节）撰写分工为：导论丁俊萍，第一章付克新，第二章吴向伟，第三章邹金堂，第四章杨军，第五章范卫青，第六章李向勇，第七章朱凌，第八章罗永宽，第九章陈慧女，第十章第一节李楠，第十章第二节王双群，第十章第三节简繁，第十章第四节任艳，第十章第五节余永跃，第十一章刘明松，第十二章李美幸，第十三章曹亚雄，第十四章李华。武汉大学马克思主义学院博士研究生王欣、刘秀华、赵翀，硕士研究生尚肖刚、孙宇光参与了部分章节的文字校对工作。

　　本书在编撰出版过程中，得到了武汉大学出版社领导和编辑部门的大力支持和帮助，在此特别表示感谢。由于本书编撰时间紧张、参与人员较多，不可避免地会存在一些不足，敬请读者批评指正。

丁俊萍

2019 年 12 月于武昌珞珈山